青少年
心理健康管理

MANAGEMENT
OF ADOLESCENT MENTAL HEALTH

杭州市城西中学　编

ZHEJIANG UNIVERSITY PRESS
浙江大学出版社

图书在版编目（CIP）数据

青少年心理健康管理 / 杭州市城西中学编. —杭州：
浙江大学出版社，2020.10（2022.1 重印）
ISBN 978-7-308-20430-9

Ⅰ. ①青… Ⅱ. ①杭… Ⅲ. ①青少年—心理健康—健
康教育 Ⅳ. ①G444

中国版本图书馆 CIP 数据核字（2020）第 139740 号

青少年心理健康管理

杭州市城西中学　编

策划编辑	阮海潮（1020497465@qq.com）
责任编辑	阮海潮
责任校对	高士吟
封面设计	杭州林智广告设计有限公司
出版发行	浙江大学出版社
	（杭州市天目山路 148 号　邮政编码 310007）
	（网址：http://www.zjupress.com）
排　　版	杭州好友排版工作室
印　　刷	广东虎彩云印刷有限公司绍兴分公司
开　　本	710mm×1000mm　1/16
印　　张	17
字　　数	323 千
版 印 次	2020 年 10 月第 1 版　2022 年 1 月第 2 次印刷
书　　号	ISBN 978-7-308-20430-9
定　　价	69.00 元

《青少年心理健康管理》

编委会名单

前　言

近年来,青少年的行为问题事件不断见诸媒体,引起了教育界及全社会的高度关注。探究这些问题行为的发生,几乎都有其深层的心理动因。

中学阶段是青少年成长的特殊时期,每位学生的心理在此期间都不可避免地发生着或大或小的变化。在人际交往方面,青少年学生自我意识觉醒,人际交往范围不断扩大,同时也出现了许多人际关系问题。在情绪体验方面,青少年学生对情绪的体验更加敏感和丰富,但具有明显的不稳定性,容易走极端。此外,学业压力和家庭教养方式缺位也会对学生的正常心理发展产生一定的影响。以上任何一个方面的变化,如果协调不力、处置失当,都可能造成青少年学生心理失衡、人格扭曲,进而导致不良行为甚至违法犯罪行为的发生。

早在两千多年前,《黄帝内经》就已提出了"健康管理"的理念。而今,心理健康作为健康管理的一部分,其实也可以和身体健康一样,通过管理手段达到最好的健康效果。现代管理学奠基人、美国管理学大师德鲁克于 1954 年在《德鲁克论管理》一书中提出了与"管理"相关的关键五问:我们的事业是什么? 谁是我们的客户? 客户需要什么? 我们要追求什么样的结果? 我们的计划是什么? 这五问如果从"学校心理健康管理"这一概念来阐发,我们发现,就是"人"的管理,是"以学生为本"的管理,所有的研究探索实践都直指心理健康管理的对象——学生。学校作为开展青少年学生教育活动的主要阵地,将青少年学生的心理健康纳入学校的教育管理顶层设计,理应受到重视,也是极有必要的,事实上也具有很强的可操作性。

作为一所对有不良行为未成年学生进行矫治和转化的专门学校,在40年的教育探索中,杭州市城西中学成功帮扶过形形色色的问题学生,圆满解决过各式各样的学生问题,积累了极其丰富的问题学生矫治和转化案例,最终形成了一套卓有成效的"一轴三翼"德育管理模式:以行为规范教育为核心,以心理健康教育、法制教育和生命教育为辅助。其中,心理健康教育更是我校的一张金名片,得益于学校完善的顶层设计,把心理健康教育项目单列纳入学校五年发展规划,通过科学精准管理、硬件设施提升和专业心理人才引进,助推学校心理健康教育快速发展。学校心理辅导站2010年被评为"杭州市中小学优秀心理辅导站",2014年被评为"浙江省中小学心理辅导一级站",2015年被教育部授予首批"全国中小学心理健康教育特色学校"。

目前,学校已拥有6名心理学硕士和2名心理学本科专职心理教师,以及600平方米的一幢独立学校心理辅导中心和1500平方米的户外心理拓展场地。通过"联合诊断""早期识别"建立筛查机制;通过"综合干预"与"1+X介入干预"相结合建立帮扶机制,形成了独特的青少年学生心理健康"三级预警"舆情管理网络体系。

经过长时间的沉淀,杭州市城西中学在心理健康管理的理论和实践方面逐步取得了一些成果,本书便是对这些成果的汇集。在书中重点阐述了青少年学生的心理健康问题及相应的心理健康管理措施。前两章梳理了健康管理和心理健康管理的相关理论及其发展过程。第三章总结了目前青少年学生的心理健康状况,并介绍了我校心理健康管理体系建设,具体包括"制度体系建设""评估体系建设""心理课程建设""心灵家园建设""心理辅导建设"和"危机干预建设"六个板块。第四章至第八章从"情绪管理""问题行为管理""同伴交往管理""家庭心理管理"和"校园危机管理"五个方面出发,以案例的形式,生动鲜活地分享了我校教师在开展学生心理健康管理工作中的具体对策。这些具体生动、全部来自教师工作实践中的案例,也从一个侧面回答了德鲁克五问中最重要的一问:我们的事业是什么?

可以说,本书是我校教师心理健康管理工作的智慧结晶,总结性和前瞻性并存,理论性和实践性兼具,能为广大教育同行开展心理健康管理工作提供参考,为广大家长帮助孩子平稳度过心理发展动荡期提供借鉴。

因水平有限,书中难免有不妥之处,敬请各位专家批评指正,诚挚欢迎大家与我们探讨交流。

章建华

目　　录

第一章　健康管理

第一节　健　康

健康是人类一切活动的基石,是人类进步的基本保障,更是人类探索美好未来的根基。2016 年,习近平总书记在全国卫生与健康大会上明确指出:"悠悠民生,健康最大。"在 2017 年中国共产党第十九次全国代表大会上,习近平总书记更是强调:"人民健康是民族昌盛和国家富强的重要标志。要完善国民健康政策,为人民群众提供全方位全周期健康服务。"2020 年 1 月 20 日,习近平总书记对新型冠状病毒感染的肺炎疫情防治工作作出重要指示强调:"要把人民群众生命安全和身体健康放在第一位,坚决遏制疫情蔓延势头。"由此可见,我国是一个高度重视人民群众健康问题的国家,并将人民健康作为奋斗的目标。

一、健康意识的发展

可以说,自诞生之日起,人类就开始了对自身身体的探索,在探索过程中,人类对健康(health)概念的认识经历了不同的发展阶段。很久以前,人类在探索身体、思考健康与疾病的过程中,将一切归于神的意志,用"上天和神灵的力量"来认识疾病,这是一种迷信的医学模式。公元前 1 万年的史前文化认为,疾病是由体外的邪魔或恶灵侵入人体产生的,把这些恶魔从体内驱除就能达到健康状态,考古学家发现人类头盖骨上的小洞,就是当时巫医使用颅骨环钻术为患者驱除邪魔的证据。在古巴比伦时期,人们都认为是上帝主宰了一切,健康是上帝的恩赐,疾病是上帝的惩罚,这和中国的鬼神说不谋而合。中国古代人民认为一些疾病是"鬼压身"导致的,是邪恶力量造成的。直至今日,在世界各地,特别是一些偏僻落后的山区、农村,依然可以见到这种观念的遗留,例如为治病求神占卜、烧香拜佛、跳大神、念咒语等。

古希腊医师希波克拉底(Hippocrates)为了抵制"神赐疾病"的谬说,积极探索人的机体特征和疾病的成因,并提出了著名的"体液说"(humoral theory)。体液说认为,人体中存在四种液体:血液(blood)、黏液(phlegm)、黄胆液(yellow bile)和黑胆液(black bile)。血液出自肝脏,温暖而潮湿;黏液是血液分泌物的副产品,寒冷而潮湿,通常是由脑部和肺部溢出;黄胆液来自胆囊,温暖而潮湿;黑胆液是从血液或黄胆液中析出的,通常寒冷而干燥,是一种成熟体液。希波克拉底提出,正是这四种液体决定了生物体的体质,只有四种液体的比例、能力和体积配合得当,才能达到健康状态;当四种体液中的任何一种过量或者不足,或某一体液单独处于身体某部分,而不能与其他体液合理搭配时,人体就会出现问题。希波克拉底的体液说挑战了当时宗教迷信对人体健康意识的禁锢,批判了疾病是外来恶魔导致的荒谬说法,为后代医学的科学发展奠定了基础,希波克拉底本人也因此被称为"医学之父",但是他的医学思想仍过于神秘,无法科学地解释疾病的形成。

小贴士

希波克拉底(Hippocrates,前460年—前370年),为古希腊伯里克利时代的医师,后世人普遍认为其是医学史上杰出人物之一。当时的古希腊,医学并不发达,但是希波克拉底将医学发展为专业学科,将医学与巫术、宗教分离,并创立了以之为名的医学学派,对古希腊的医学发展贡献较大,被尊称为"医学之父"。

希波克拉底

希波克拉底还对医道规范做出了制定,著有《希波克拉底誓言》,古代西方医生在开业时都要宣读文中的誓词:"我要遵守誓约,矢志不渝。对传授我医术的老师,我要像父母一样敬重。对我的儿子、老师的儿子以及我的门徒,我要悉心传授医学知识。我要竭尽全力,采取我认为有利于病人的医疗措施,不能给病人带来痛苦与危害。我不把毒药给任何人,也决不授意别人使用它。我要清清白白地行医和生活。无论进入谁家,只是为了治病,不为所欲为,不接受贿赂,不勾引异性。对看到或听到不应外传的私生活,我决不泄露。"

随着文艺复兴运动的进展,西方医学也有了重大突破。众所周知,伟大的意大利学者达·芬奇(Da Vinci)是一位"画痴",为了画好人物图,达·芬奇总共观察并解剖了 30 多具尸体,他对人体结构的关注同时影响到了医学的发展,为后续解剖学的发展奠定了基础。1543 年,维萨里(Vesal)在文艺复兴新思想的熏陶下,发表了《人体的构造》一书,首次正确地描述了静脉和人的心脏,并运用大量插图对人体的结构进行了精确的描述,这部著作的出版使解剖学步入了正轨。文艺复兴时期,由于解剖学的蓬勃发展,人们对于健康和疾病的认识更贴近人体本身,但是这一时期,医学界片面强调"身"的作用,忽视"心"的作用,从而走向了极端的机械唯物主义。

19 世纪末,伴随自然科学的发展,人们对自然界的认识有了飞跃,打破了机械唯物主义的观点,基础医学相继独立完善起来,如生理学、病理学、微生物学和免疫学,为辩证唯物主义世界观的诞生奠定了基础。这一时期的西方医学,有了独立的内科、外科、精神科和妇产科等,麻醉术、消毒法和输血术被广泛应用,人们已经意识到了疾病完全可以用可测量的生物学变量和指标来说明,对于人体健康有了新的认识。

迈入 20 世纪后,在计算机技术的推动下,医学研究能够深入人体内部直至亚细胞和生物大分子层次,探索疾病的发生、发展规律。到了 20 世纪 80 年代,医学界所取得的成就几乎超过了有史以来的总和,昔日众多的不治之症相继被攻克,传染病和营养缺乏病被控制,天花被消灭,人类死亡率大幅度降低,人类平均寿命得以延长。但是,随着医疗水平的不断进步,一些新兴疾病出现在了大众面前,人类开始意识到,只有综合运用医学、心理学、社会学等理论和有关流行病学的调查与统计方法,做到预防为主,防治结合,才能真正得以健康发展。

人类对于健康的认识经历了数千年的发展,随着社会的发展、技术的进步,人类看待健康的角度不同了,对于疾病的态度也不同了。从远古时期的鬼神说到现今依赖于科学技术,人类对于健康的认识越来越多维,对于健康的把控也越来越有自主权。

二、健康的定义

在过去很长一段时间内,人们认为健康就是没有疾病,这种说法与健康的本质其实存在很大偏差。健康(health)和疾病(disease)是两个对立的概念,但没有疾病并不等同于健康,在健康和疾病之间存在着过渡的状态,这种状态可能是没有疾病,也非健康。例如,从健康状态到重感冒状态可能会经历咳嗽、流鼻涕、头晕、手脚无力等阶段,但我们不会因为一个人咳嗽几声或一时的头晕就判定他得了重感冒。从健康到疾病是量变到质变的过程,中间存在着一系列量变阶段,因此,不能简单地将健康定义为没有疾病。

1948 年,世界卫生组织(World Health Organization,WHO)提出,健康

是一种躯体、精神与社会和谐融合的完好状态,而不仅仅是没有疾病或身体虚弱,具体来说,健康包括三个层次:躯体健康、心理健康和社会适应能力良好。该定义纠正了健康就是没有疾病这一定义的偏差,明确指出了健康应该包括精神和身体两方面,克服了那种把身体、心理、社会诸方面机械分开的传统观念。但这一定义也引起了一部分学者的质疑,美国学者卡拉汉(Callahan)就认为:"对个人或社会来说,过去是否有过或将来是否会有身体、精神和社会关系都处于完全良好的状态是值得怀疑的,那恰恰不是也不可能是生活的方式。"

1986年,世界卫生组织从"健康促进"(health promotion)的角度对健康重新进行了定义:健康是每天生活的资源,并非生活的目的,健康是社会和个人的资源,是个人能力的体现。健康促进是促使人们提高、维护和改善他们自身健康状况的过程,目的是为让人们在以后的生活中,自愿地采取有益于健康的行为和方法。从健康促进的角度定义健康,将健康从一种完美的目标转化为一个追求完美目标的过程,鼓励人们运用个人、家庭、学校、社会和自然的各项资源,以达到生理健康和心理健康,并拥有良好的社会适应能力。这种说法将健康定义为一种资源,重视健康在我们日常生活中的作用,健康不仅仅是个人身体素质的体现,也是社会和个人的资源,健康的状态能够帮助我们构建良好的人际关系网络,能够加速我们对社会的适应,也能带来躯体和心理的舒适感。

1990年,世界卫生组织对健康又做出了新的定义:健康是在躯体、心理、社会适应和道德方面都健全。躯体健康,指人体生理的健康。心理健康,一般有三个方面的标志:第一,具备健康心理的人,人格是完整的,自我感觉是良好的。情绪是稳定的,积极情绪多于消极情绪,有较好的自控能力,能保持心理上的平衡。有自尊、自爱、自信心以及有自知之明。第二,一个人在自己所处的环境中有充分的安全感,且能保持正常的人际关系,能受到大多数人的欢迎和尊重。第三,健康的人对未来有明确的生活目标,能切合实际不断地进取,有理想和事业的追求。社会适应良好,是指一个人的心理活动和行为能适应社会环境变化,为他人所理解,为大家所接受。道德健康,最主要的是不会损害他人利益来满足自己的需要,有辨别真伪、善恶、荣辱和美丑等是非观念,能按社会认定规范的准则约束、支配自己的行为,能为他人的幸福做贡献。

2000年,世界卫生组织提出了健康的10条标准:①有足够充沛的精力,能从容不迫地担负日常生活和工作的压力而不感到过分紧张;②处事乐观,态度积极,乐于承担责任,事无巨细不挑剔;③善于休息,睡眠良好;④应变能力强,能适应环境的各种变化;⑤能够抵御一般感冒和传染病;⑥体重适当,身体匀称,站立时头、肩位置协调;⑦眼睛明亮,反应敏捷,眼睑不发炎;⑧牙齿整洁,无空洞,无痛感,牙龈色泽正常,无出血现象;⑨头发有光泽,无头屑;⑩肌肉丰满,皮肤富有弹性。

小贴士

世界卫生组织(WHO)成立于1948年,是国际上最大的政府间卫生组织,是联合国系统内卫生问题的指导和协调机构。世界卫生组织的宗旨是使全世界人民获得尽可能高水平的健康,主要职能包括:促进流行病和地方病的防治;提供和改进公共卫生、医疗和有关事项的教学与训练;推动确定生物制品的国际标准;等等。

第二节　健康管理概述

一、健康管理的定义

从字面上理解,健康管理(health management)就是对健康进行管理。在第一节中,我们梳理了健康的相关概念。要理解健康管理的内涵,得先了解什么是管理?

法国科学管理专家法约尔(Fayol)认为:"管理是所有的人类组织(不论是家庭、企业还是政府)都有的一种活动,这种活动由五项要素组成:计划、组织、指挥、协调和控制。管理就是实行计划、组织、指挥、协调和控制。"美国管理学家孔茨(Koontz)认为:"管理就是设计和保持一种良好环境,使人在群体里高效地完成既定目标。"小詹姆斯·唐纳利(James Donnelly,Jr)认为:"管理就是由一个或更多的人来协调他人活动,以便收到个人单独活动所不能收到的效果而进行的各种活动。"因此,管理实质上是一种手段,是为了实现一定的目标而采用的方式,它是一个过程。

结合"健康"和"管理"的有关定义,欧美学者对健康管理表述为:健康管理是指一种对个人或人群的健康危险因素进行全面检测、评估与有效干预的过程,其目的是提高生命质量,宗旨是调动个人及集体的积极性,利用有限的资源达到最大的健康效果。

我国对健康管理的定义仍存在争议。最早对健康管理进行概述的国内学者是苏大洋,他在《健康医学》一书中是这样来界定健康管理的:以管理科学的理论和方法为依据,通过有目的、有计划、有组织的管理手段,调动全社会各个组织和每位成员的积极性,对群体和个体健康进行有效的干预,达到维护、巩固、促进群体和个体健康的目的。《健康管理师国家职业标准》和《卫生行业特有工种职业(健康管理师)国家职业资格培训教材》两本书都将健康管理定义为:对个体或群体的健康进行全面检测、分析、评估、提供健康咨询和指导以及对健康危险因素进行干预的全过程。王培玉等(2013)认为:健康管理是指对个人或者群体的健康进行全面检测、评估,并提供健康咨询和指导,对影响健康的因素进行干预,以实现人人健康的管理目标,全面提高人民群众的健康水平,它是一个医学行为过程。

二、健康管理的步骤与流程

健康管理基本服务可分为三个步骤,健康管理常用服务流程可分为五个部分。

(一)健康管理基本服务三步骤

首先,了解健康。只有了解个人的健康状况才能有效维护个人的健康。具体地说,健康管理的第一步是收集服务对象的个人健康信息。个人健康信息包括个人一般情况(性别、年龄等)、目前健康状况和疾病家族史、生活方式(膳食、体力活动、吸烟、饮酒等)、体格检查(身高、体重、血压等)和血、尿实验室检查(血脂、血糖等)、特殊检查信息以及心理健康、社会适应等方面的个人健康信息,形成个人健康档案并动态管理。

其次,进行健康及疾病风险性评估,即根据所收集的个人健康信息,对个人的健康状况及未来患病或死亡的危险性用数学模型进行量化评估。其主要目的是帮助个体综合认识健康风险,鼓励和帮助人们纠正不健康的行为和习惯,制定个性化的健康干预措施并对其效果进行评估。

最后,进行健康干预。在前两个步骤的基础上,以多种形式帮助个人采取行动,纠正不良的生活方式和习惯,控制健康危险因素,实现个人健康管理计划的目标。与一般健康教育和健康促进不同的是,健康管理过程中的健康干预是个性化的,即根据个体的健康危险因素,由健康管理师进行个体指导,设定个体目标,并动态追踪效果。如健康体重管理、糖尿病管理等,通过个人健康管理日记、参加专项健康维护课程及跟踪随访措施来达到健康改善效果。

(二)健康管理常用服务流程

1. 健康管理体检

以人群的健康需求为基础,按照"早发现、早干预"的原则来选定体格检查的项目,体检项目可以根据个人的年龄、性别、工作特点等进行调整,检查的结果对后期的健康干预活动具有明确的指导意义。应该强调的是,健康管理体检的目的是为健康风险评估收集资料。目前,大部分体检中心提供的体检实际上正是用医学模式指导的医学体检,主要是为诊断收集资料,而不是为健康管理评估收集资料。

2.健康评估

通过分析个人健康史、家族史、生活方式和从精神压力等方面问卷获取的资料,为服务对象提供一系列的评估报告,包括用来反映各项检查指标状况的个人健康体检报告、个人总体健康评估报告和精神压力评估报告等。

3.个人健康管理咨询

在完成上述步骤后,个人可以得到不同层次的健康咨询和其他健康管理服务。个人可以去健康管理服务中心接受咨询,也可以由健康管理师通过电话与个人进行沟通。内容可以包括以下几方面:解释个人健康信息和健康评估结果及其对健康的影响,制订个人健康管理计划,提供健康指导,制订随访跟踪计划等。

4.个人健康管理后续服务

个人健康管理的后续服务内容主要取决于被服务者(人群)的情况以及资源的多少,可以根据个人及人群的需求提供不同的服务。后续服务的形式可以是通过互联网查询个人健康信息和接受健康指导,定期寄送健康管理通讯和健康提示以及提供个性化的健康改善行动计划。监督随访是后续服务的一个常用手段,随访的主要内容是检查健康管理计划的实现状况,并检查(必要时测量)主要危险因素的变化情况。健康教育课堂也是后续服务的重要措施,在营养改善、生活方式改变与疾病控制方面有很好的效果。

5.专项的健康及疾病管理服务

除了常规的健康管理服务外,还可根据具体情况为个体和群体提供专项的健康管理服务。这些服务的设计通常会按患者及健康人来划分。对已患有慢性病的个体,可选择针对特定疾病或疾病危险因素的服务,如糖尿病管理、心血管疾病及相关危险因素管理、精神压力缓解、戒烟、运动、营养及膳食咨询等。对没有慢性病的个体,可选择的服务也很多,如个人健康教育、生活方式改善咨询、疾病高危人群的教育及维护项目等。

三、健康管理发展现状

(一)健康管理在国外的发展

"健康管理"一词首先出现在美国。20世纪60年代,美国医疗保险业的管理人员通过长期观察发现,大部分健康的人使用的医疗费用仅占小部分比例,而小部分不健康的人却不合理地用掉了大部分医疗费用。因此,保险公司提出要应用健康管理技术对小部分不健康人员进行筛选,通过健康管理手段减少投保人的患病风险,以此减少保险的赔偿费用。保险行业为了获取更大的利益,对投保人的健康问题进行考虑,促使美国社会率先有了对健康进行管理的意识。1969年,美国政府将健康维护组织纳入国家医疗保障体系,并于1971年为健康管理组织提供立法依据。1973年,美国政府正式通过了《健康维护法案》,意味着政府承认健康管理的合法权,并保护健康管理的实际运作。1990年,美国政府为了鼓励社区与部门的合作,提高个体健康决策能力,以及测量预防干预活动的影响,制定了一项被称为"健康人民"的健康管理计划,该计划由美国联邦卫生和公共服务部主持,每10年一次,循环进行,体现了美国政府在全民健康管理中起到的积极倡导作用。

健康管理不仅为美国人民带来健康利益,同时有助于美国的卫生资源达到高效合理的配置。

继美国推行健康管理之后,欧洲的一些国家也先后成立了健康管理组织。20世纪70年代,芬兰进行了一系列卫生管理体制改革,依托相对成熟的基层社区卫生服务组织,提出以社区卫生为中心的新型健康管理模式,探索通过改变人群的生活习惯、从源头控制疾病危险因素的新型健康管理模式。2001年,英国推出了一项针对60岁以上老年人享受卫生服务的10年计划——国家老年人服务框架,英国的医疗保险公司在全球190个国家和地区为820万人提供服务,并且还经营了疗养院、医院、诊所和健康评估中心。2008年,德国私人保险公司启动慢性病护理管理方案,采用美国健康管理策略,对全人群进行健康管理,其目的是为了使更多的人获得更多的健康服务。

日本建立了"健康促进支持系统",家庭普遍享有健康管理机构的保健医师提供长期跟踪服务,为家庭建立健康档案,负责家庭的健康管理。不到2亿人口的日本有约60万营养师为人们提供专业的健康管理服务。政府与民间健康管理组织合作,对全部国民进行健康管理。

(二)健康管理在中国的发展

早在两千多年前,《黄帝内经》中就已提出了"圣人不治已病治未病,不治已乱治未乱"的思想。"预防为主"是我国从古至今一直坚持的救治原则。这些都体现了健康管理的理念在我国有着悠久的历史,但直到20世纪90年代,我国才真正提出健康管理的概念。1994年,中国科学技术出版社出版的《健康医学》一书正式对"健康管理"这一术语进行界定:健康管理是运用管理科学的理论和方法,通过有目的、有计划、有组织的管理手段,调动全社会各个组织和每个成员的积极性,对群体和个体健康进行有效的干预,达到维护、巩固和促进群体或个体健康的目的。2005年,劳动和社会保障部发布了《健康管理师国家职业标准》,正式将"健康管理师"列为我国一项新的职业岗位,这为培养健康管理行业的专业技术人才奠定了基础。2006年,以健康管理为主题的会议、论坛、培训不断增多,有业内人士称2006年是中国的"健康管理年"。2007年,中华医学会健康管理学分会正式成立,健康管理领域唯一的行业期刊——《中华健康管理学杂志》创刊,截至 2019 年 11 月,该杂志已经刊登了逾 4000 篇文章。2008 年,科学技术部组织实施第一个健康管理国家支撑计划课题——中国个人健康管理信息系统的构建与应用。同年,时任卫生部部长陈竺在全国卫生工作会议上提出"健康中国 2020"战略,该战略旨在针对人民群众最关心的健康问题和影响健康的危险因素,采取经济有效的干预措施和适当的卫生策略,努力提高全民健康水平。2012 年,杭州师范大学建立国内首个健康管理学院,并开始招收第一届健康管理专业本科生和研究生。2013 年,全国健康管理医学服务机构数量增加至 1 万家以上,从业人员近 50 万人,健康管理非医学服务机构约有 60 万家,从业人员高达 3000 万人。2017 年,国务院办公厅印发《中国防治慢性病中长期规划(2017—2025 年)》,指出我国需要加强对慢性病的防治工作,在降低疾病负担的同时还需要加强慢性病的健康教育,建立健康管理长效工作机制,提高居民健康期望寿命。

　　健康管理在我国拥有悠久的历史,随着时代的变迁和社会的进步,不论是政府还是居民都开始重视健康管理,健康管理在中国的发展迈向了新的征程。

小贴士

　　《黄帝内经》是中国最早的医学典籍,分《素问》和《灵枢》两部分。《素问》重点论述了脏腑、经络、病因、病机、病证、诊法、治疗原则以及针灸等内容;《灵枢》除了论述脏腑功能、病因、病机之外,还重点阐述了经络腧穴、针具、刺法及治疗原则等。

　　《黄帝内经》作为中国传统文化的经典之作,从宏观的角度论述了天、地、人之间的相互联系,讨论和分析了医学科学最基本的命题——生命规律,并创建了相应的理论体系和防治疾病的原则与技术,包含哲学、政治、天文等多个学科的丰富知识,是一部围绕生命问题而展开的百科全书,对后来中华医学的发展意义重大。

第二章 心理健康管理

第一节 心理健康

一、心理健康的定义

1948 年,世界卫生组织(WHO)明确提出健康包含心理层面的健全,那么什么是心理健康呢？心理健康(mental health)是个复杂的概念,正如卡普兰(Kaplan)所说:许多人都试图定义心理健康,但这是一个混合的领域,难以给予精确的定义,它不仅包含知识体系,也包含生活方式、价值观念以及人际关系的质量。

1946 年,第三届国际心理卫生大会将心理健康定义为:在身体、智能以及情感上与他人的心理健康不相矛盾的范围内,将个人心境发展成最佳状态,具体表现为:身体、智力、情绪十分协调;适应环境,人际关系中能彼此谦让;有幸福感;在工作和职业中,能充分发挥自己的能力,过有效率的生活。

美国心理学家杰哈塔(Jahoda)将心理健康定义为一种积极的精神健康,主要包括六个方面:①自我认知的态度。心理健康的人能对自我做出客观的分析,对自己的体验、感情、能力和欲求等做出正确的判断和认知。②自我成长、发展和自我实现的能力。心理健康的人的心态绝不会是消极的、厌世的或万念俱灰的,他会不断努力去实现自己内在的潜能,自强不息,即使遇到挫折,也会成长起来,去追求人生真正的价值。③统一、安定的人格。心理健康的人能有效地处理内心的各种能量,使之不产生矛盾和对立,保持均衡的心态,他对于人生有统一的认知态度,当产生心理压力和欲求不满时,有较高的抗压力及坚韧的忍耐力。④自我调控能力。对于环境的压力和刺激,能保持自我相对的稳定,并具有自我判断和决定的能力。不依附或盲从于他人,善于自我调节情绪,果断地决定自己要做或不要做什么。⑤对现实的感知能力。心理健康的人不会产生幻觉、妄想,能正确地认知现实世界,判断现实。⑥有积极的改善环境的能力。心理健康的人不会受环境的支配、控制,而是顺应环境,适应环境,并积极地变革环境,使之更适应自己及他人的生存。表现出热爱人类,喜欢适量的工作和游戏,保持良好的人际关系,并有效率地处理和解决问题。杰哈塔认为,心理健康的人,他的内心世界与客观环境是平衡的,他不仅能够获得自我安定感和安心感,还能自我实现,具有为他人的健康发展做出贡献的能力。

我国学者黄希庭(2006)认为:心理健康是一个连续体,它的一端是心理疾病或障碍,另一端则是人格健全,中间还有心理功能正常或其他中等程度的心理健康状态。心理健康是有层次的,大致可以分为心理疾病和障碍、心理功能正常和人格健全三个层次。其中,心理疾病和障碍属于不健康的层次;心理功能正常属于低层次的心理健康;人格健全属于高层次的心理健康,一个人的人格是否健全,需从自立、自信、自尊和自强四个方面进行判断(黄希庭,郑涌,李宏翰,2006)。

二、心理健康的标准

作为研究心理健康结构和维度的基础,不同的学者对心理健康标准提出了不同的看法。

美国心理学家亚伯拉罕·马斯洛(Abraham Maslow)对心理健康提出了十条标准:①有充分的自我安全感;②对自己有充分的了解,并能对自己的能力做出恰当的评价;③生活的理想和目标契合实际;④与周围环境保持良好的接触;⑤能保持自身人格的完整与和谐;⑥具有从经验中学习的能力;⑦能保持良好的人际关系;⑧能适度地宣泄情绪和控制情绪;⑨在符合团体要求的前提下,能有限度地发挥个性;⑩在不违背社会规范的前提下,能适当地满足个人的基本需求。

斯柯特(Scott)提出了心理健康的十条标准。①一般的适应能力:适应性;灵活性;把握环境的能力;适应和对付变化多端的世界的能力;阐明目的,并达到目的的能力;成功的行为;顺利改变行为的能力。②自我满足的能力:生殖性欲(获得性高潮的能力);适度满足个人的需要;对日常生活感到有乐趣;行为的自然性;放松片刻的感觉。③人际各种角色的扮演:完成个人社会角色;行为与角色一致;社会关系适应;行为受社会的赞同;与他人相处的能力;参与社会活动;利用切合实际的帮助;衬托他人;社会责任;稳定的职业;工作和爱的能力。④智慧能力:知觉的准确性;心理功能的有效性;认知的适当;机智;合理性;接触现实;解决问题的能力;智力;对人类经验的广泛了解和深刻的理解。⑤对他人的积极态度:利他主义;关心他人;信任;喜欢他人;待人热情;与人亲密的能力;情感移入。⑥创造性:对社会的贡献;主动精神。⑦自主性:情感的独立性;同一性;自力更生;一定的超然。⑧完全成熟:自我实现;

11

个人成长;人生哲学的形成;在相反力量之间得以均衡;成熟的而不是自相矛盾的动机;自我利用;具备把握冲动、能量和冲突的综合能力;保持一致性;完整的复杂层次;成熟。⑨对自己的有利态度:控制感;任务完成的满足;自我接受,自我认可;自尊;面对困难,解决问题充满信心;积极的自我形象;自由和自决感;摆脱了自卑感;幸福感。⑩情绪与动机的控制:对挫折的耐受性;把握焦虑的能力;道德;勇气;自制力;对紧张的抵抗;道义;良心;自我的力量;诚实;清廉正直。

《中国全科医学》杂志 2017 年第 15 期"全科医学小词典"栏目提到,判别心理健康水平要根据五个方面的标准进行:①适应能力;②耐受力,指对精神刺激或压力的承受能力及抵抗能力;③控制力,指自我控制和调节能力;④社会交往能力,指人们在交往中应当遵循人际交往的有关准则,做到适度而有礼节;⑤康复力,指个体在蒙受精神打击或刺激后心理创伤的康复能力。

郭念锋在《临床心理学概论》一书中提出心理健康的十个标准,分别是心理活动强度、心理活动耐受力、周期节律性、意识水平、耐蚀性、康复能力、心理自控力、自信心、社会交往和环境适应能力。

2012 年《中国人心理健康标准制定研究》提出了五条心理健康标准及其评价要素:①认识自我,感受安全。评价要素包括自我认识、自我接纳、有安全感。②自我学习,生活自立。评价要素包括生活能力、学习能力、解决问题能力。③情绪稳定,反应适度。评价要素包括情绪稳定、情绪控制、情绪积极。④人际和谐,接纳他人。评价要素包括人际交往能力、人际满足、接纳他人。⑤适应环境,应对挫折。评价要素包括行为符合年龄与环境、接受现实、合理应对。

小贴士

亚伯拉罕·马斯洛(Abraham Maslow,1908—1970)是美国著

亚伯拉罕·马斯洛

名的哲学家、社会心理学家、人格理论家和比较心理学家,是人本主义心理学的主要发起者和理论家。

1908 年,马斯洛出生于纽约市的一个犹太家庭。1926 年进入美国康奈尔大学,三年后转至威斯康星大学攻读心理学,在著名心理学家哈洛的指导下,1934 年获得博士学位。之后,留校任教。1935 年,在哥伦比亚大学任桑代克学习心理研究工作助理。1937 年,任纽约布鲁克林学院副教授。1951 年,被聘为布兰戴斯大学心理学教授兼系主任。1967 年,任美国人格与社会心理学会主席和美国心理学会主席。1969 年,离开布兰戴斯大学,成为加利福尼亚劳格林慈善基金会第一任常驻评议员。1970 年 6 月 8 日,因心力衰竭而逝世。

第二节 心理健康管理概述

一、心理健康管理的定义

从 WHO 针对健康的相关定义中可以看出,心理健康是健康的一部分,只有个体的心理达到和谐、健康的情况下,他才可能达到健康的完满状态,因此对心理健康进行管理可以认为是健康管理的一部分。目前,学术界对心理健康管理的定义尚未达成共识。

2006 年,曹缨等人对心理健康管理定义为:对个人、群体的心理健康危险因素进行全面检测、分析、评估、预测,通过心理健康监测、心理健康评估、心理健康教育、心理危机干预等服务内容,建立心理健康档案,定期对个人心理健康状况进行评价,随时掌握身体状况。

2009 年,张东提出:心理健康管理是指对影响个人或人群心理健康的危险因素进行全面管理的过程,其宗旨是调动个人及集体的积极性,有效地利用有限的资源来达到促进和维护心理健康的效果。

2010 年,曹连元和邱晓兰对个体心理健康管理和群体心理健康管理分别进行定义。个体心理健康管理,即运用健康管理学的理念,使个体能够达到和保持心理活动处于相对较高水平,达到身体、心理和社会适应完好状态的一系列活动。群体心理健康管理,即运用健康管理学的理念,由心理健康政策的制定及实施管理者(政府及相关部门),会同心理健康技术实施者(如医生、心理咨询师、基层保健人员、社区工作者等),对全民的心理状态进行管理,以期达到全民身心健康、社会和谐稳定的一系列过程。也就是说,针对群体的心理健康管理需要有四个基本要素,即管理主体(由谁来管)、管理客体(管理谁)、管理目的(为什么管理)、管理手段(怎么管)。

2012 年,樊珂提出,心理健康管理是对个体或群体的心理健康进行全面检测、分析、评估、提供健康咨询和指导以及对心理健康危险因素进行干预的全过程。心理健康管理的宗旨是调动个体、群体以及整个社会的积极性,有效地利用有限资源来达到最大的健康效益。

二、心理健康管理的步骤与流程

心理健康管理的具体做法就是为个体和群体提供有针对性的科学的健康信息,并创造条件采取行动来改善心理健康,通过心理健康信息收集、心理健康信息评估、指导干预三个基本步骤来实施。

(一)心理健康信息收集

实施心理健康管理的第一步是对个体的心理健康信息进行采集。采集方法主要包括:①观察法。观察法是有系统、有计划地对个体行为、姿态、语言、表情等进行直接或间接的观察。观察法是在隐蔽状态下进行的,被观察者不易觉察自己在被观察,因此收集的信息较为真实。②自述法。自述法是通过自我描述来了解个体的心理状态,具有主观性,但通过自述法采集的信息能够了解个体的情绪、感受,窥探个体的内心世界。③会谈法。会谈法是一种互动式交流以收集信息的方法,一般可分为自由式会谈和结构式会谈。自由式会谈的问题是开放式的,结构式会谈的问题是比较固定且程序化的。④测量法。测量法是用心理学的相关量表对个体的心理状况进行测量,通过客观科学的数据了解个体的心理现象。心理测量的量表包括智力量表、人格测验量表、心理评定量表等。

(二)心理健康信息评估

心理健康信息评估是基于收集到的有关个体心理健康的信息,分析个体未来发生某种心理疾病或危机事件的可能性大小,是一种对个体未来心理健康走向及心理疾病/心理伤害危险性的量化估测。它以全面的心理健康测评所获取的相关信息为基础,以循证健康心理学为主要依据,结合评估者的观察和经验,对个体当前心理健康状况和未来心理疾病发生风险做出量化的评估与分级,为个体心理健康解决方案的制定和心理健康风险的控制提供重要依据,并有针对性地开展心理健康管理服务。

(三)指导干预

对个体进行心理健康信息评估后,可以对个体的心理健康管理工作做出具体规划,根据表现出的不同心理特征及不同个体的特质情况,采用不同的心理指导干预手段。心理指导干预手段包括支持性心理干预、认知性心理干预、行为矫正干预和心理分析干预等。支持性心理干预通过安慰、鼓励、解释、指导等手段给予个体精神情感上的支持,最重要的是给予个体力量,鼓励他进行自我心理完善。认知性心理干预通过改变个体不合理的认知,调节个体不良情绪和不适应行为,以达到心理健康状态。行为矫正干预通过学习理论或条件反射理论,矫正个体的异常行为,通过改变人的行为,塑造适应社会的健康行为,达到心理健康。心理分析干预主要探索个体行为背后的想法、意识,分析产生异常心理状态的根源,从根源着手建设健康心理。

三、心理健康管理的发展与现状

(一)心理健康管理在国外的发展

国外心理健康管理理念可以追溯到对企业员工的压力管理上。20世纪初,美国的一些企业注意到,员工的酗酒、吸毒和其他一些药物滥用问题影响到了员工和企业的绩效,于是这部分企业聘请了心理学专家探讨解决这些问题的途径,员工帮助计划(Employee Assistance Program,EAP)就在这个时候应运而生。员工帮助计划包括职业压力和心理健康问题评估、职业心理健康宣传教育、工作环境再设计与改善、员工和管理者培训及其心理咨询等内容。具体可以划分为三个部分:一是针对造成心理问题的压力源进行处理,以减小或消除不适当的压力因素;二是处理压力过大导致的反应,以缓解和疏导情绪、行为及生理等症状;三是改变个体自身不合理的观念、行为和生活方式。通过提供压力管理、职业心理健康、裁员心理危机、灾难事件创伤、职业生涯设计、健康生活方式、法律纠纷、不良行为习惯矫正等方面的帮助,减轻员工的身心压力,维护其心理健康。企业的员工帮助计划重视"人"作为一个主体在工作中的能动性,要调动员工的积极性,必须从员工的心理着手,分析员工行为背后的心理原因,并对员工的心理状况进行有效管理。通过员工帮助计划,企业的绩效切实得到了提高,针对"人"的心理健康管理工作逐渐引起了大众的重视,从而有关心理健康管理工作的开展也逐渐延伸到了其他领域。

20世纪中后期,美国、瑞典及澳大利亚等发达国家先后建立了社区心理健康服务体系,以社区为中心,小范围、全方位地对居民的心理健康进行管理。社区心理健康管理主要关注居民生活中的问题,并提供针对性、多元化的服务计划,例如,面向老年人,开展老年心理辅导,提升老年居民的生活幸福感;面向妇女,开展孕妇心理辅导、更年期心理辅导;面向青少年,开展有关性的青春期讲座,进行考试心理辅导。另外,设置常规的心理知识推广活动及心理咨询活动,宣扬心理学知识并及早发现有心理问题的居民,建议具有心理障碍的居民及早就医。

此外,随着心理健康理念在国外的蓬勃发展,心理学领域的技术不断得到革新,如心理量表的改进、心理咨询技术的发展,并且基于政府对国民心理的重视,短短几年成立了多个与心理健康管理相关的部门和组织,并制定了相关法律法规,种种措施都极大地推动了心理健康管理事业的开展。

(二)心理健康管理在中国的发展

我国心理健康管理仍处于起步阶段,心理健康管理工作在理论和实践上仍需要不断改进和提高,如何将心理学的学术理论研究应用于实践,解决与人相关的各种问题,从而促进整个人群的心理健康水平,推动我国心理健康管理事业的发展,是一个尤为重要的议题。近几年来,随着人民生活水平的提高,社会对健康问题日益关注,国家对心理健康管理也有了进一步的政策支持。

2006年,中国共产党第十六届中央委员会第六次全体会议提到,要注重促进人的心理和谐,加强人文关怀和心理疏导,引导人们正确对待自己、他人和社会,正确对待困难、挫折和荣誉。加强心理健康教育和保健,健全心理咨询网络,塑造自尊自信、理性平和、积极向上的社会心态。

2012年,党的十八大报告指出,全面提高公民道德素质,加强和改进思想政治工作,注重人文关怀和心理疏导,培育理性、平和、积极、向上的社会心态。

2015年,《中共中央关于制定国民经济和社会发展第十三个五年规划的建议》强调,要加强社会治理基础制度建设,要求健全社会心理服务体系和疏导机制,要加强心理健康服务,倡导健康生活方式。

2016年,国家卫生计生委等22部委联合印发了《关于加强心理健康服务的指导意见》,文件指出要采取三级预防方式实现心理健康服务全覆盖。一级预防针对心理健康人群,全面开展心理健康促进与教育(传播心理健康知识,倡导健康生活方式,提升心理健康素养,培养良好社会心态);二级预防针对有心理行为问题困扰和心理疾病的人群,积极推动心理咨询和心理治疗服务(科学认识心理行为问题,消除歧视和病耻感);三级预防针对处于心理危机中的人群和精神疾病患者,重视心理危机干预和心理援助工作(整合各类服务资源,形成衔接递进的心理健康服务模式),具体措施包括:建立健全心理健康服务体系;加强心理健康专业人才队伍建设;规划心理健康服务行业发展;加强组织领导和工作保障。

2018年,国家卫生健康委、教育部等十部门印发了《全国社会心理服务体系建设试点工作方案》,该方案明确指出要将心理健康服务纳入健康城市评价指标体系。具体工作指标包括:①依托村(社区)综治中心等场所,普遍设立心理咨询室或社会工作室,为村(社区)群众提供心理健康服务。以村(社区)为单位,心理咨询室或社会工作室建成率达80%以上。②高等院校普遍设立心理健康教育与咨询中心(室),健全心理健康教育教师队伍。中小学设立心理辅导室,并配备专职或兼职教师,有条件的学校创建心理健康教育特色学校。

③各党政机关和厂矿、企事业单位、新经济组织等通过设立心理健康辅导室或购买服务等形式,为员工提供方便、可及的心理健康服务。④100%精神专科医院设立心理门诊,40%二级以上综合医院开设心理门诊。培育发展一批社会心理服务专业机构,为大众提供专业化、规范化的心理健康服务。利用各种资源,建立24小时公益心理援助平台,组建心理危机干预队伍。

第三章　学校心理健康管理

第一节　青少年心理健康状况

一、青少年常见的心理问题

中学阶段是青少年学生个体成长过程中最关键的一个时期。根据埃里克森人格发展阶段理论,中学阶段的个体正处于自我同一性建立时期。在这个阶段,个体会面临自我意识、学业发展、人际关系、情绪情感、升学择业、生活与社会适应等方面的多种问题,如果问题处理不当或不及时,极易导致个体产生多种心理疾病。

(一)自我意识

自我意识是指个体对自己的看法,是个体在与社会环境互动后对自己的行为、能力、身体或态度等的认识,由此觉察、认识及评价环境,来决定反应的方式。随着青春期的到来,青少年学生的生理、心理也随之发生巨大的变化。在这一时期,青少年学生的身体开始发育,身高、体重的快速增长以及体型、外貌的变化,都影响着个体的社会适应性,也影响着个体的心理平衡,导致个体出现一系列的心理问题。

青少年学生自我意识又包括自我认识、自我评价等部分内容。

自我认识是自我意识的认知部分,是个体在主体以及主客体关系中对自己的认识。它包括自我感觉、自我观察、自我分析和部分自我评价等环节,是个体对自身的各种状况的了解。自我评价是指个体对"自我"进行各方面的评价。青少年学生在发育成长过程中,时常不能正确认识自己,有时过于放大自己的优点,有时又会对自己的缺点太过注重,表现为自大、自卑、孤独、怯懦、嫉妒等。因此,青少年学生的自我认识和评价具有积极性的特点。中学阶段的个体对于自我评价有着高度的兴趣,他们首先学会评价他人,逐渐过渡到自己对自己的认识和评价,但从总体上来看,还是具有积极的倾向。也就是说,青少年学生对自我认识和自我评价可能会过高,因此容易产生自大、自傲的问题。

除此之外,青少年学生的自我认识与评价还具有片面性的特点。在进行自我认识与评价时,青少年学生往往没有明确的评价标准,并极易受他人和外界的影响。在对自己产生初步评价之后,也可能会因为来自他人的批评和表扬而改变先前建立的对自己的认识。从这个角度看,青少年学生对自己的认识和评价具有一定的片面性,不能综合多个方面、多种声音来形成对自己的完整认识与评价。

青少年学生思维能力的发展是个体心理发展中最重要的一项内容,也是弥补个体自我意识片面性的重要一环。根据皮亚杰的认知发展阶段论,青少年学生阶段个体的思维快速发展,可以根据一定的逻辑性,运用归纳、演绎的方式来解决问题。青少年学生具有了系统的思维能力,其思维发展水平已接近成人。埃里克森认为,青少年学生时期是个体获得同一感与克服同一性混乱时期。其中,同一性可以理解为,个体在自己的过去、现在与将来,甚至任何情况下都能全面地认识到自己是意识与行为的主体,认识到"真正而核心的自我"。这种同一感可以帮助青少年学生了解自己与外部世界的关系,以便更加顺利地进入成年期。

小贴士

从七个方面,真正了解自己。

①对自我价值观的觉察。明白指引自己的核心价值观是什么,这套价值观既能帮我们定义自己想成为的样子,也为对自己的行为进行评估提供标准。

②对自我热情的觉察。明白自己真正热爱的事情是什么。找到自己的热爱是一个探索的过程,但自知的人会不断寻觅,在这个过程中越来越接近它。

③对自我抱负的觉察。抱负与目标、成就略有不同。定目标不难,但仅有目标并不能通向真正的洞察。与其问自己"我想达成什么",不如问自己"我想从生活中获得什么"。我们会在目标达成后感到失落,但抱负是持续的,它永远无法被完全实现,我们可以每天醒来都再次感觉被它激励。

④对自己与环境匹配度的觉察。自知的人了解对自己而言最理想的环境是怎样的。知道自己在怎样的环境中最开心,最有动力,能让我们事半功倍,并在一天结束后觉得没有虚度。

⑤对自己行为模式的觉察。具有一种在时间和空间上都有持续性和一致性的思考、感受和行为模式。比如,在与朋友交往过程中话

中带刺,那我可能只是太累了,但如果我总是对朋友话中带刺,那我可能是具有这样一种行为模式。

⑥对自我反应的觉察。在各种情境下,我们的思想、情感和行为会有不同的反应。

⑦对自我影响力的觉察。每个人的行为都会有意无意地对他人造成影响。明白自己的行为对他人的影响力,也是自我觉察的标志之一。

(二)学业发展

青少年学生的大部分时间是在学校度过的,学习场景构成了青少年学生日常生活的主要部分。然而,随着学习任务的增加,学业压力的增大,部分青少年学生难以顺利应对逐渐出现的学习困境。因此,学习策略不足、学习兴趣减弱、考试焦虑等问题也随之而来。

很多青少年学生并非不爱学习,而是学习能力缺失。研究发现,较多青少年学生自升学以来,继续运用上一学段的学习策略,来应对当下学习上出现的问题。因此,中学阶段的心理健康教育在学业辅导部分,应随着学业梯度的增加,开展相关学习能力的训练,引导和帮助青少年学生选择合理的学习策略与方法,来解决因学习方法选择不当而产生的学习困难问题。

首先,厌学情绪是个体在情绪管理中影响非常大的消极因素,它阻碍了个体学业的合理成长,同时也是衍生其他行为和心理问题的开始。厌学情绪的产生有多方面的原因,在心理方面主要是学习兴趣、动机和成就感的缺失,是一个日积月累的过程。若想转变学生的厌学心理,可以在日常的教学活动中开展策略与方法、兴趣与动机等方面的辅导。当前,青少年学生学习压力还是比较大的,出现厌学情绪的情况已经比较严重,表现出对学习提不起兴趣、在学习上产生畏难情绪等状况,频频出现不能按时完成作业、对待学习任务态度消极、考试成绩不断下降等,甚至出现旷课逃学现象。

其次,部分青少年学生在面对考试时,会产生考前焦虑情绪。如果对这种考试焦虑不及时加以干预,会对个体的学习生活乃至身心发展产生一定的影响。考试焦虑是在一定的应试情境激发下出现的以恐惧、担忧为基本特征的心理、情绪反应(李百珍,2002)。学生产生考试焦虑情绪后,主要表现为肌肉紧张、心跳加快、血压增高、出汗、手足发冷等生理反应和苦恼、无助、担忧、胆怯等心理情绪反应。青少年学生产生考试焦虑的原因是多方面的,如当前教育体制有不尽如人意的地方,家长和老师对学生成绩要求超出个体实际能力等,都是造成学生考试压力过大的客观原因。平时自身的学习不认真,考前准备不充分,缺乏相应的应试技能及心理素质差等因素,也是导致个体产生考试焦虑的主观原因。

另外,还包括一些考试发挥不利等偶然因素和消极生活事件的影响。青少年学生本身处于学习压力较重的环境和阶段中,遇到一些来自家庭、学校等消极生活事件时,如果不能及时、有效地处理和自我排解,就容易影响心理状态和学习状态。

(三)人际关系

随着年龄的增长,青少年学生的人际交往范围在不断扩大,同时也产生了许多人际关系问题,如与老师的关系问题、与同学的关系问题以及与父母的关系问题。依据已有的研究,在青少年学生三种主要人际关系中,即亲子关系、同伴关系和师生关系,同伴关系的状况较为良好,而亲子关系却存在较大问题,有23%的同学出现了亲子危机。

中学阶段的亲子关系发展,常常伴随着青少年学生对于父母的不断"脱离"。行为上的脱离、情感上的脱离、观念上的脱离,促使青少年学生角色群体与父母角色群体走向对立,在家庭中极易产生争吵和疏远。而这些矛盾一旦发生,就会对亲子关系造成一定的负面影响。如果得不到合理的解决,个体和父母的关系就很难得到沟通和修复,也就意味着个体的家庭支持系统始终无法牢固建立,当积累到一定的临界点时,哪怕一件小事也会导致即时性冲动的意外事件发生。因此,构建良好的亲子关系和家庭支持系统,是孩子健康成长的重要基石。

刘红梅等(2010)研究发现,青少年学生的人际关系中,高中生的人际关系整体好于初中生,并且女生群体对于人际关系的处理要好于男生群体。目前,关于青少年学生人际关系困扰与某些变量的关系研究主要集中在认知和行为两个方面。相关研究认为,情绪智力发展较早的青少年学生,更容易获得来自家人、朋友以及老师的支持性人际互动。相比而言,情绪智力发展较缓慢的青少年学生,更多接收到人际间的冷漠和敌对回应。

当然,无论哪一种关系出了问题,如果得不到及时合理解决,均会对青少年学生的生活、学习带来不良影响。随着当今社会经济的飞速发展和互联网的迅猛发展,学生在自我知识储存、能力、外貌、着装、消费等方面容易产生较大差异,从而导致学生个体自卑、自闭、嫉妒、多疑等心理问题,进而导致学生人际交流和交往缺失,疏离群体。现在有些学生从小到大被家长要求努力学习,其他事情都由家长(祖辈)包办代办或被限制,很少让学生去接触其他丰富多彩的社交活动,长此以往,个体在为人处世上不愿或不会主动与他人交往,对社会的适应能力逐渐减弱,形成了被动性行为依赖。因此,目前在青少年学生的人际交往中,学生个体以自我为中心问题比较突出,在处理关系问题过程中缺乏主动性,常常难以建立和维持稳定而长久的人际关系。这种情况下,青少年学生常常会产生孤独感以及自我怀疑,对于家庭、学校和各种群体也难以建立归属感。

(四)情绪情感

情绪一般指个体在其需要是否得到满足的情景中直接产生的心理体验和相应的反应。青少年学生常见的情绪问题主要有忧郁、恐惧、孤独、愤怒等。

忧郁主要表现为情绪低落,心情悲观,闷闷不乐,思维迟缓,反应迟钝等。忧郁情绪是学生群体中一种比较普遍的消极情绪表现,长期的忧郁会使人的身心受到严重损害,使人无法有效地学习、工作、生活。现有数据表明,青少年学生常常会感受到忧郁情绪,青少年学生抑郁症患者数量每年在不断增加,自残案例时有发生,这给我们家长和教育工作者敲响了警钟。

青少年学生常见的恐惧情绪有社交恐惧和校园恐惧。社交恐惧表现在:怕与人交往,遇见生人特别是异性时面红耳赤、神经紧张,严重时拒绝与任何人接触,把自己孤立起来,对个体日常生活、学习造成很大的影响。校园恐惧表现为:对环境的不适应,紧张、焦虑,害怕去学校,这种紧张情绪有时会导致一些诸如呼吸困难、心跳加快、出汗发抖、腹痛腹泻等躯体化症状,个别严重者会演变成情绪障碍。

孤独感是青春期一种常见的情绪感受,是自然和正常的,它标志着青少年学生独立意识、自我意识的发展。但是,长期孤独会使个体变得意志消沉、脆弱、萎靡不振、痛苦,进而严重影响身心健康发展,影响正常的学习、生活和人际关系。

青少年学生由于思维片面、偏激,控制冲动能力较差,容易产生愤怒情绪。暴怒会使人丧失理智,造成身体伤害,甚至违法犯罪。

青少年初期,在生理上产生的成人感与认知能力的欠缺、社会经验的不足而表现的幼稚性,使得青少年学生的情绪表现出明显的矛盾性,在男生身上表现为容易冲动,在女生身上表现为容易忧虑、多愁善感。由于情绪波动大、自我控制能力不强,因而当他们在学习、交友、生活等方面出现重大波折时,就很容易在极度失望和沮丧的情况下言行莽撞。

这些情绪问题,对有的青少年学生来说,是极容易出现的,一旦出现,要及时进行自我调适或者寻求帮助,以避免个体身心健康受到严重损害。

(五)性心理问题

青少年学生正处在青春期,很多学生表现出了对性的好奇,而传统教育与性好奇却形成了冲突。处于青春期的学生对异性充满了好奇,性意识开始觉醒,因此早恋是这个阶段的主要特征,在与异性交往过程中,他们会有很多困惑,容易产生性心理问题。相关资料显示,青少年学生性心理方面的问题主要表现在情绪方面,由于性好奇、性知识匮乏和道德观念的冲突,带来焦虑、躁动、抑郁等情绪,有的青少年学生心理上还会有强烈的自责和冲突,以致注意力涣散。在这个阶段,青少年学生异性间亲密度往往会有所增强,容易产生早恋行为,同时因为不能正确看待两性而产生性心理问题。进入青春期后,随着性意识的发展,青少年学生对异性的言行举止过于敏感,也非常在乎异性对自己的评价和情感。这些情感如果得不到宣泄和引导,往往会导致情绪上的烦恼和焦虑。

在青少年生长发育不断发展和完善过程中,他们越来越了解自己的性角色和性特征,发生性行为的欲望和可能性也越来越强。一旦发生性行为,青少年学生会由于不够了解具体的性行为知识内容,更多是遵从性欲的支配,没有从身心健康和安全角度考虑,因此,很容易导致异性交往过当,影响彼此的身心健康成长。同时在当前社会大环境下,社会氛围相对比较宽松,影视作品、文艺作品之中关于性爱的描述尺度较大。因此,青少年学生在影视作品和互联网中,可以不断接收和了解到性行为不再是"见不得人"的、龌龊的、下流的事情,而是十分美好的事情。这种现象在无意识之中宣传了性行为,改变了人们的性意识,使得人们的性观念不断向开放化发展。由于青少年学生的身体和心理发展仍不够健全,过早发生性行为,或是持续对性行为保持高度好奇和迷茫,如果得不到正确的了解和认识,青少年学生会因而产生一定的心理负担,以致影响身心健康,妨碍正常的学习与生活。

二、专门学校学生常见的心理问题及成因

专门教育是指对有不良行为或行为有偏差、心理偏常而不适宜在普通学校就读的未成年学生进行矫治和转化的一种特殊教育形式。除上述常见青少年学生心理问题以外,专门学校的学生普遍存在一定的情绪行为问题,基本涵盖了《预防未成年人保护法》中的 9 种不良行为,甚至严重不良行为。这类学生往往长期受不良情绪或问题行为困扰,且通常存在家庭、学校和社会所不能接受的不良习惯与行为。他们在日常生活中主要有以下表现:在家庭中,网络游戏成瘾、不尊重长辈、不服从家长管教、好吃懒做、欺负弟妹等;在学校里,厌学扰乱课堂秩序、校园欺凌现象时有发生、屡受纪律处分等;在社会上,夜不归宿、违反社会公德、游手好闲、偷窃、斗殴成性、抽烟、赌博等不良嗜好,甚至染上毒品。这些不良情绪和问题行为严重影响了个体的学习成绩与正常社会适应能力。

在专门学校中,中度情绪行为障碍学生常伴有较严重的情绪和行为表现,例如网瘾、偷窃、不遵守社会公德、干扰课堂教学秩序、经常和同学吵架等。但中度情绪行为问题学生的不良行为表现多属于非社会性行为,而不是反社会性行为。由于不良行为习惯尚不顽固,经过一定时期的专门教育也能收到较

好的矫正效果。而重度情绪行为障碍学生,他们由于多方面的原因,可能已形成反社会性特质,如携带管制刀具、赌博、吸毒、校园霸凌、虐待狂等,这种严重不良行为的矫正往往需要较长时间和特定的条件。

在探究这类学生问题行为产生的原因过程中我们发现,在父母教养方式上,严厉型、惩罚型的教养方式更容易使个体产生问题行为。在家庭中更多体验拒绝的孩子,在情绪上也更多表现出不稳定。低水平的家庭支持和父母关注的低投入,提高了发生问题行为的可能性。同时,家长对子女提供的受控程度,也可以很好地预测青少年学生的问题行为。有调查结果显示,父母职业为知识型的家庭,青少年行为问题发生的概率相对低一些;在家庭中,父母都失去了工作,青少年问题行为发生的危险性要高于其他类型家庭。失去工作状态的父母往往情绪比较焦躁,经常争吵,加之其教育方式简单粗暴,使青少年常处于应激状态,容易导致焦虑抑郁、注意力不集中、退缩等问题行为的发生。

其次,在同伴交往上,同伴的不良行为也是促使青少年学生产生问题行为的原因之一。在青少年学生叛逆情绪高涨的阶段,同龄人吸烟、喝酒、打架等不良行为往往会吸引个体,导致主动选择模仿。如果青少年学生身边有较多不良同伴,他们就会形成更多的问题行为。交往不良同伴不仅会产生不良行为,而且还会通过社会模仿等形式对青少年产生不利影响。譬如,校园欺凌事件的发生与交往不良同伴具有一定的相关性。同伴聚集理论认为,不良同伴聚在一起并形成规范,会加强青少年不良行为的发生和问题行为持续发展,为了获取同伴群体中人员的认同,青少年会进一步增进不良行为,强化他们的问题行为。

另外,社会因素也是造成青少年学生问题行为的一大原因。社会不良因素对青少年学生的问题行为不断产生着影响,暴力内容为青少年提供了反面教材,削弱了青少年对不良行为的控制,增加了不良行为的发生风险。经常观看含有暴力内容的电视节目和迷恋网络游戏的青少年,更多地表现出一些攻击性行为。社会不良的思想观念、不健康的大众媒介以及适应未来社会发展带来的压力,都是形成青少年问题行为的重要社会因素。譬如,近些年来恶性校园霸凌事件的发生,与各类媒介提供的暴力反面教材具有一定的关联性。有研究表明,接触暴力电子游戏可以增强攻击性行为、认知、情感与生理的负向唤醒,同时也减少了亲社会行为,而父母的初期预防和积极干预,可有效减少游戏的负面效应。当前网络媒介传播暴力游戏的途径广泛,画面形象生动,日渐成为导致青少年产生攻击性行为的重要因素。近些年,越来越多的研究者开始关注视频暴力游戏对青少年学生的影响。而青少年学生正处于身心发育最旺盛时期,模仿能力强,学习速度快,一旦接触到这些不良影响,很快就会形成问题行为和情绪障碍。因此,结合青少年学生常见心理问题和专门学校学生情绪行为问题,通过"早识别、早介入、找策略、早干预"来建立校园心理健康管理体系,以"爱与责任"为理念,帮扶情绪行为受困的学生重构人际关系、重塑自信心和重建归属感,真正做到为学生的健康成长服务。

第二节　学校心理健康管理体系建设

青少年学生的健康是国民素质可持续发展的一项重要资源,是个体健康成长过程中尤为重要的一个环节,同时心理健康管理也是作为学校安全工作的重要组成部分。学校开展心理健康管理工作,能够有效地对学生心理状况进行舆情监测和管理,帮助学生认识自我,调适认知水平,改善人际关系,提升社会适应能力,促进学生以更加饱满的精神状态面对学习与生活。

目前,关于学校心理健康管理工作的开展仍没有明确的参考依据,唯有俞国良(2015)从学校心理健康服务的角度出发,提出了将学校心理健康工作划分为四个维度:心理健康自评和他评系统、心理健康课程与教学系统、心理辅导与咨询服务系统,以及心理疾病预防与危机干预系统。

基于当前学校心理健康教育(辅导)机制已难以应付青少年学生心理问题日益突显的矛盾,优化学校管理体系,依章治校,科学制定学校心理健康教育体系已势在必行。综合国内外学者关于"心理健康"和"健康管理"的研究,结合俞国良和侯瑞鹤在《论学校心理健康服务及其体系建设》中对学校心理健康工作作出的详细规划,以及学校的实际情况,我们主要从六个方面来开展学校的心理健康管理工作:①制度体系建设;②评估体系建设;③心理课程建设;④心灵家园建设;⑤心理辅导建设;⑥危机干预建设。该管理体系能够有序指导学校心理健康教育工作,适时而又全面地收集学生个体和班级群体心理健康信息,并及时进行联合诊断与分析。对潜在的学生心理健康危险因素,利用个体自身、家庭和学校资源进行有效分类预防和综合干预,以构建学校心理健康管理体系,为学生的心理健康发展保驾护航。

一、制度体系建设

学校心理健康教育作为学校德育与安全工作的重要组成部分,应纳入学校常规制度建设,建立长效机制。建立健全领导组织机构,由校级分管领导负责,成立学校心理健康教育领导小组,完善学校心理辅导站建设。制定相应规章制度,建立学校心理健康管理工作流程,配足配齐学校心理健康教育办公场所及相关设施设备,明确专人负责,明确心理筛查工具等,重点对学生心理的预防性和发展性给予指导和支持,突出对危机学生的干预。

(一)健全组织机构

学校应在心理健康教育领导小组或安全工作小组下成立心理工作团队和危机干预工作小组,建立师生心理舆情立体网络,落实学校心理辅导、筛查和干预等相关心理工作制度建设。结合心理筛查和危机事件的研究,按年级段、重点季节、重点对象等收集学生心理舆情分析信息,定期向学校分管领导汇报,以便学校领导提前做好校园心理危机的预防、筛查和干预等规划、指导工作(图 3-1)。

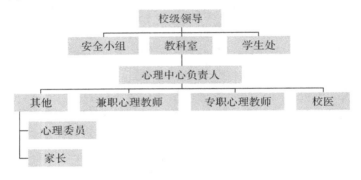

图 3-1　组织机构

(二)完善制度建设

为确保学校有效开展心理健康教育预防和干预工作,可依据教育部及本省(自治区、直辖市)学校心理健康教育指导中心的相关文件,建立学校心理健康教育辅导、心理危机筛查与识别干预以及高危学生与家庭沟通、转介、复学等环节相关工作制度,使学校心理健康管理工作有章可循。通过全员、全程、全方位来有效推进学生心理"早筛查、早预警、早干预"工作,以促进学生身心健康发展。

目前相关参考文件有:2012 年教育部印发基础教育一司制定的《中小学心理健康教育指导纲要(2012 年修订)》(教基一〔2012〕15 号),2014 年浙江省教育厅办公室发布的《关于加强中小学生心理危机识别和干预工作的通知》(浙教办教科〔2014〕66 号),2015 年浙江省教育厅办公室发布的《关于全面建立中小学生心理危机识别与干预制度的通知》(浙教办教科〔2015〕24 号),2016 年浙江省中小学心理健康教育指导中心发布的《关于颁发浙江省中小学心理辅导等级站评估指标(2016 修订)的通知》(浙心指〔2016〕9 号),2017 年浙江省教育厅办公室发布的《关于启动"300 个中小学心理健康教育示范点建设及 50％中小学心理咨询与健康教育机构达标工作"的通知》(浙教办教科〔2017〕26 号),2018 年浙江省中小学心理健康教育指导中心发布的《关于进一步提高我省中小学心理危机识别精准度和干预有效性的通知》,2019 年浙江省教育厅办公室发布的《关于印发 2019 年中小学生心理危机预警信息的通知》(浙教办函〔2019〕46 号)等。

（三）明确工作流程

学校根据上级部门相关文件要求,在学校心理健康教育领导小组的指导下,由学校心理工作团队实施心理健康教育相关课程,并负责开展学生心理咨询、危机筛查和危机干预等工作。心理健康教育课程包括:心理常识传授、心理团辅活动、指导社团活动、心理委员培训和家庭心理健康教育等工作,一般以预防性和发展性为实施原则;而心理咨询、危机筛查和干预工作主要是信息采集、识别筛查、评估诊断、介入干预等,以个案辅导为原则。

针对心理危机个案的评估与干预,一方面要收集人口资料,通过家访采集家庭教养信息,通过班主任、任课教师、心理委员、学生处等渠道采集动态立体化信息;另一方面通过心理教师访谈和测评工具进行相关信息采集。在两者相结合的基础上,由学校心理辅导站负责人负责召集学校心理健康教育领导小组和危机干预工作小组成员以及其他相关人员(心理工作团队成员、个案所在班级的班主任和任课教师等)进行联合诊断,识别危机问题类型,确定三级预警等级,确定危机个案辅导责任人和重要关系人(心理老师、班主任、结对党员导师、任课教师、心理委员、家长等),并按分类制定辅导方案进行综合干预。个案如需转介,学校应协同班主任和家长建立沟通机制,直至顺利转介。转介后复学的,学校应与家长签订安全协议,并确定责任人和重要关系人联合制定个案干预方案进行辅助性综合干预,以确保学生在校期间的身心安全(图 3-2)。

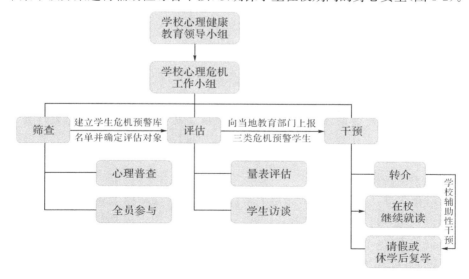

图 3-2　中小学心理危机筛查与干预工作流程

(四)心理筛查工具

心理普查能及时发现心理异常学生,为心理危机筛查提供基础性信息。学校在每学年开始一个月后进行新生心理普查工作并建立学生心理档案。此项工作须指定专人负责,原则上指定一名学校心理专职教师负责完成,选择合适时间统一安排班级学生到学校机房使用心理测评软件施测,其他相关人员应积极配合。新生心理普查的主要目的是初步了解学生的心理健康水平,同时为学校开展心理健康教育工作和领导决策规划提供基础性数据。

青少年学生正处于身心迅速发展的时期,他们所面临的内外压力普遍增多。因此,学校在使用心理测评软件施测时,应根据学生不同的年龄阶段,选择合适的心理量表、问卷和访谈提纲开展心理普查与评估。

①测量青少年学生心理健康状况常用的量表有:根据日本铃木清等人编制的"不安倾向诊断测验"修订的《中学生心理健康综合测量(MHT)》和由德诺伽提斯(L. R. Derogatis)于1973年编制的症状自评量表(SCL-90)等。②青少年学生人格特点测量问卷,一般建议使用卡特尔16项人格因素问卷(16PF)和艾森克人格问卷(EPQ)等。另外也可参考由 W. K. Zung 编制的抑郁自评量表(Self-rating Depression Scale,SDS)和焦虑自评量表(Self-rating Anxiety Scale,SAS)作为抑郁和焦虑水平的测量工具。

青少年学生心理危机评估通常采用的量表有抑郁症筛查量表(PHQ-9)、青少年生活事件量表(ASLEC)、青少年学生心理评估访谈提纲、自杀风险面谈评估提纲(PIMPS)。

二、评估体系建设

(一)收集信息

1. 新生情况调查

新生入学前,首先需要对学生的人口统计学资料进行采集,同时需了解前学龄段的一些基本信息;其次,进行焦虑自评量表(SAS)和抑郁自评量表(SDS)测试,收集学生自评信息后,进一步通过访谈来感知学生,并作相应记录。

2. 系统性信息采集

新生入学一个月后基本渡过了磨合期,逐渐适应学校生活,他们的心理状态相对稳定,可以进行心理普测,测试量表包括艾森克人格问卷(EPQ)和症状自评量表(SCL-90),通过心理普测能够掌握学生的人格特质及近期心理状况。同时,进一步采集学生其他相关基本信息,包括通过家访采集家庭结构和教养方式、亲子关系、遗传史,以及有无发生过重大生活事件等;通过班主任和任课教师采集学生在校表现,如学业情况、同伴关系、师生关系、有无异常行为和突发事件等;通过心理老师课堂观察和"七色心晴"日记,采集个性特质和情绪情感变化等。最后,由心理老师负责整理所任教班级学生个人心理档案,并归入学校心理档案室。

(二)信息评估

对班级学生信息进行综合分析是学校开展心理健康管理工作的基础,对班级学生信息进行准确评估是提高后续工作效率的前提。在对班级学生信息进行评估过程中,如果仅仅根据学生的自我报告或心理测试结果,有时获得的信息会有偏差。因此,学校在对班级学生信息进行评估时,还需要参考学生家庭、班主任及任课老师采集的评估信息,以获得对学生信息更全面、更立体、更准确的评估,并由学校心理老师负责邀请相关老师组成初评小组,通过联合研讨的方式对班级学生进行初步评估分析和筛查,确定需要递交学校心理辅导中心会诊的学生名单,以便做进一步高危预警评价分析。

三、心理课程建设

(一)学科课程

心理学科课程是学校心理健康管理的重要抓手,中学阶段的心理课主要以课堂教学的形式呈现,向学生普及心理发展和心理健康知识,帮助学生认识自己并掌握有关心理调节的方法,促进学生在学习和生活中发挥出内在的潜力,从而积极地走向成熟。

学校在开展心理健康教学的过程中,以促进学生心理健全发展为目的,主要围绕预防性和发展性进行心理常识教学,在课程设计和课堂教学的过程中,需要重点考虑课程内容的设计以及合理的教学方式、方法。

1.课程内容

在设计心理课程内容的过程中,首先要考虑学生的特性,学生在不同学校、不同年龄、不同性别、不同季节的特点是不同的,学生的特点不同,课程内容的侧重点也应该是不同的。其次,要考虑学生的心理需求,学生的心理诉求是什么,就应该设计什么样的课程。例如,学生的行为问题较为突出,情绪控制能力较弱,人际交往方面缺乏技巧,在进行课程内容设计的过程中,就着重从行为问题改善、情绪调节、人际交往等方面出发,贴近学生的实际需求。最后,心理学科课程的内容设计应以学生的心理发展规律和心理发展需要为前提,需要具备一定的系统性和发展性。心理老师在了解班级、年级学生的基本情况下,对学年、学期的心理健康教育课程进行规划。课程设计过程中涵盖心理健康教育的主题,包括自我、人际、情绪、生涯等,针对每个不同主题,再延伸设计每节课的内容。心理学科课程的系统性不仅能够保证知识点的连续性,而且最大限度地覆盖学生成长过程中有可能出现的心理问题。可以说,不具系统性和发展性的心理学科课程是没有生命力的。

2. 教学方法

心理课是一门注重学生内心感受、重视学生情感体验的课程,学生的参与度和学习态度对心理课的顺利实施至关重要。因此,在心理健康教育的课堂中,应以互动型的教学方法为主,以讲授型的教学方法为辅。一般在心理课堂中采用比较多的教学方式有小组讨论、角色扮演、冥想放松、游戏辅导等。

(1)小组讨论:以小组为单位进行讨论,有利于促进学生之间的交流与合作,调动学生学习的积极性和主动性。

(2)角色扮演:通过学生的表演活动将心理健康教育的内容展现出来,充分发挥学生的主体作用,且真正让学生体验到各种情感,能够加深学生对课堂内容的印象。

(3)冥想放松:冥想放松是心理咨询中的一种技术手段,将冥想放松运用到课堂中,能将学生的思绪集中到某一点,深化学生对课堂内容的体验。

(4)游戏辅导:游戏作为一种心理知识的承载体,深受学生的喜爱。课前通过一个小游戏,能够引起学生对课堂的兴趣;在课堂中间穿插一个游戏,能够加强学生的心理体验;有些心理课程在结束部分引入游戏教学,可以起到放松心情的作用;有些心理主题甚至可以完全以游戏的形式呈现,使学生施展能力、表达情感、激发潜能。

(二)活动课程

心理活动课程是以学生从事心理活动的兴趣和动机为中心组织的课程,具有一定的阶段性,主要包括心理健康月系列活动、微电影拍摄和开心农场活动。

1. 心理健康月

学校将每年的 11 月作为心理健康月,主要围绕与心理相关的主题开展系列活动。例如,2018 年,围绕"幸福城西,从心开始"的心理主题开展了心理老师亮身份、寻找任务卡、微电影颁奖典礼、亲子体验日、同质团体辅导、亲子团辅、观影疗心和家庭教育讲座等活动;2019 年,围绕"感恩遇见,筑梦未来"的心理主题开展了心理社团培训、心理展示课、预警研讨会、绘画心理讲座、教职工心理测评、青春期讲座、青春期密码箱、教师 C 证培训和青年教师团建等活动。在心理健康月结束后进行总结,探讨哪些活动是学生感兴趣并对学生心灵成长有益的,以便作为经典心理活动进行推广。

2. 微电影拍摄

微电影(microfilm)指具有完整故事情节,具备电影所有要素的短视频。校园心理微电影是基于心理健康教育的目标,选取学生生活中的素材,以学生为主体制作的视频。通过心理微电影的形式,将学生的生活场景通过影像的方式真实立体地呈现在大家面前,促进学生的自我发现和自我实现。在参与拍摄的过程中,引发学生对校园心理事件的思考。例如,2019年拍摄的主题是"蜕变",从剧本撰写、角色扮演到电影拍摄,都由学生负责,让学生更深刻地体验和感受到一个人成长的不易,在之后的学习生活中,他们能够更加积极地应对困难和挫折。

3. 开心农场

在校园的果蔬农场,学校为每个班级分配一块自留地作为"开心农场",基于二十四节气,开设农耕实践课程。在农耕文化课程中,让学生体验耕种的快乐与劳动的艰辛,并从中认识各类农作物来开拓视野。同时,"开心农场"收获的成果可作为班级考核奖品或者全班分发让学生带回与家人分享,助推学生家庭关系升温。

(三)家长课程

学校心理健康管理建设,仅仅依靠校园内部资源是不够的,必须联合一切可以促进学生发展的外部资源,而家庭正是最重要的外部资源。家长给予孩子的生活经验、社会知识和行为规范,对其心理行为发展具有直接影响,如果家长能够传递正确的价值观,为孩子树立榜样,那么孩子也能够形成积极的健康心理。

通过调查发现,目前大部分青少年学生家庭中都存在着或多或少的亲子矛盾。不同时代背景下孕育的价值观念是不同的,这就导致了当代青少年学生的思念观念必然与其父母存在差异,有时候不是家长不愿意与孩子沟通,而是他们不懂得孩子的心理发展规律,缺乏与孩子沟通的技巧。基于此,学校针对家长开设了"读懂青春""如何与孩子说话""我与孩子共成长"等家庭教育课程,向家长科普有关的教育学和心理学知识,为家庭教育提供理论支持和科学的方法支持。

四、心灵家园建设

(一)班级建设

班级是学生日常生活和人际交往的最初社会组织,班级的氛围和文化对学生的情感发展具有重要意义。班级建设,旨在班集体中营造一种积极向上、温馨和谐、团结协作的氛围,让学生切实感受到家一般的温暖,体会到一种自我的存在感、归属感和荣誉感,进而对学生人格的健全发展起到潜移默化的作用。

1. 设计班级形象

班级形象的设计主要包括设计班徽、选择班歌、制定班级宗旨和宣言、布置班级环境等。一个班级的形象代表着班主任和学生共同的精神面貌,其他班级和任课老师对这个班的第一印象就来源于班级的形象。因此,班级形象关乎班级成员的共同利益,需要大家共同塑造。在对班级形象进行规划、设计的过程中,激发学生的班级归属感,促使学生自主地将自己置于班级主人翁的位置,为整个班级的建设出谋划策。通过肯定班级形象,肯定自己,真正地从心底认同自己是班级的一分子。可以说,一个良好的班级形象,不仅可以反映出一个班集体向上的生命力,更折射出班级学生积极的心理状态。

2. 开展班级活动

学生良好的成长必然伴随着多样性的活动,学生的心理就是在活动中不断内化而形成和发展起来的。在传统节假日或节气到来之际,班主任经常带领同学们开展各种活动,或邀请家长一起参加。例如,在端午节组织学生包粽子;中秋节举行亲子烧烤聚会;重阳节组织学生去社区慰问老人;冬至组织学生包饺子;元旦举办辞旧迎新联欢活动;利用课余时间组织班级学生开展趣味活动;春、秋游等。这些活动既培养学生对中国传统文化的了解,激发学生爱国情感,树立正确的价值观,同时也在活动中逐步建立良好的师生关系、亲子关系和积极的同伴关系,以增进学生对班级和家庭的归属感与认同感。

(二)亲子研学

当前,亲子关系中存在着诸多问题,主要原因是父母和孩子在目标、观念、需要和意见上的不同,造成亲子之间在认知、行为、情绪上的矛盾对立。何况青少年学生处于自我意识觉醒时期,社会关系也开始从以家庭关系为主转向以同伴关系为主,面对与自己的价值观有差异的家长,他们选择逃避或对立,不愿与父母沟通,甚至发生冲突。学校通过开展亲子研学项目,能够鼓励家长和孩子在研学活动中进行沟通与交流,以习得感悟,重构信任,收获亲情。可以说,亲子研学项目是亲子沟通的有效载体之一。

亲子研学通过以下几种活动形式进行:①户外素质拓展活动,包括"信任盲行""携手并进""同舟共济""信任背摔"等项目,邀请学生和家长一起游戏,并进行面对面的分享和交流。②亲子午餐,通过组织烧烤、包饺子、包汤圆等活动,让老师、家长和学生共同制作、享用美味的午餐。

五、心理辅导建设

校园心理辅导是心理老师对学生的一般性心理问题进行分析、辅导,以帮助学生克服成长过程中遇到的困惑。学校应配备相应的心理专职教师和心理辅导专业功能室,如团体辅导室、心理剧场、行为训练室、箱庭游戏室、情绪调节室、情绪放松室、亲子辅导室等,为不同的心理咨询内容提供个性化服务。

（一）个别辅导

1. 心理咨询

心理咨询的途径可分为学生主动寻求心理咨询和班主任推荐学生进行心理咨询。

学校在开展心理咨询工作时，首先需要向学生介绍心理老师的专业背景、咨询理念及学校心理咨询的内容，让他们对校园心理咨询有一定的了解。其次，通过心理课堂与学生建立良好的师生关系，取得同学们的信任，当他们遇到问题和困惑时，才愿意主动寻求心理老师的帮助。最后，心理老师还应提供自己的联系方式，方便学生能够随时、随地联系，以保持节假日期间咨询通道的畅通，实现"零时空"的点对点辅导。

班主任与同学相处的时间相对较多，也最了解学生的思想动态，如果班主任在教育管理过程中，发现某位学生的情绪不稳定、行为有异常或经历了创伤性事件，需要心理老师介入，可以将学生推荐到心理老师处，进行个别心理辅导。

值得注意的是，校园心理咨询有别于专业的心理咨询，当心理老师发现学生的心理问题比较严重，超出自己的能力或职权范围时，需及时与学生班主任、学生家长进行沟通，将学生转介到专业的心理咨询机构进行辅导。

2. 文本辅导

文本辅导，顾名思义就是以文本的形式对学生进行心理辅导。杭州市城西中学每学年初向全体学生发放"七色心晴"手册，学生需每周在"七色心晴"手册上记录两次想要倾诉的事情。通过文本的形式，学生能够畅所欲言，逐步养成自我反思的好习惯，留意发生过的事情，时刻关注自身的心理变化。心理老师会对每位学生的"七色心晴"日记进行一一回复，以文本的形式对学生进行心理辅导。在这个过程中，如发现某位学生的心理出现异常状况，心理老师会及时、主动找该生了解情况，并进行面对面的心理咨询。

3. 朋辈辅导

朋辈心理辅导是指年龄相当者对周围需要心理帮助的同学和朋友给予心理开导、安慰和支持，提供一种具有心理辅导功能的帮助。学校可以通过培养班级心理委员，开展朋辈心理辅导工作。

在选择班级心理委员之前，心理老师应向班主任表达心理辅导站的培训意向和班级心理委员的选取标准，并与班主任共同商议选定班级心理委员。确定各班级心理委员后，学校心理辅导站应安排专职心理老师有计划地对心理委员进行通识性培训。

原则上，心理委员需参加心理辅导培训课程，着重提高学员的自我觉察能力，促进他们心理辅导能力的发展。学校通过培训，使心理委员在自我认识、价值观等方面有比较准确的定位,能够具备理解他人的能力,以及觉察、识别一般性心理异常和心理危机的能力。

经培训上岗的心理委员的日常工作包括:

(1)协助心理老师开展班级心理健康教育工作,传播心理健康理念。

(2)关注班级学生心理状况,以平等、尊重、服务同学的态度为有相关需要的同学提供帮助。

(3)汇报个案,接受心理老师的督导。

(4)深入观察并及时反映班级学生心理动态,当发现个别学生有比较严重的心理问题时,及时报告心理老师或班主任,以寻求帮助。

(5)配合学校心理辅导中心,预防和干预学生心理危机事件。

由于心理委员产生于同龄的、同年级的学生之中,更容易被其他同学所接纳,一些有轻微心理问题的学生不会轻易向老师诉说,更倾向于向同学、好友倾诉。通过设置心理委员,开展朋辈心理辅导,在学生群体中建立了学生自助、互助心理辅导体系,有利于满足学生多层次心理援助的需要,发挥学生自我教育和互助教育的作用,方便学生的心理问题得到及时发现和解决,对学生心理健康发展起到巨大的推动作用。

(二)团体辅导

团体心理辅导是基于团队背景下进行的一种心理辅导形式,它通过团队内的人际交互作用,运用团体动力和适当的辅导技术,协助个体认识自我、探索自我、接纳自我,调整改善与他人的关系,学习新的态度和方式,从而促进自我发展及自我实现的一个过程。

1.班级团辅

班级心理团辅是以班级为单位进行的团体辅导,班级学生在交互的活动过程中能够达到良好的适应,并开发内在潜能。

提高班级心理团辅的实效性,主题的选择、方案的设计至关重要,这是因为只有符合学生的实际需要,才能有效调动学生的积极性,从而使学生更好地敞开内心世界。同时,班级团辅重在"游戏"设计,将团辅的目标潜移默化地渗透到游戏中,让学生在"好玩"的游戏中自主体验、自主感悟、自主调整。

例如,在组建新班级时,可以用"破冰之旅"为主题开展辅导活动,打破新同学之间原有的陌生壁垒,达成学生之间的初步了解与交往。当然,班级团体在后期建设中,还可以开展关于"自信心""同伴合作""信任之旅""青春期交往"等主题的辅导活动。班级团辅活动,可以有效提升学生的自信心,增强学生与同伴合作的意识,强化学生原有的信任感,并促使学生积极应对青春期烦恼,坦然从容地面对异性交往。

2.同质团体辅导

同质团体辅导是将具有共同心理问题的学生组织在一起进行的辅导。较之班级团体辅导,同质团体辅导能够集中深入地解决学生共同的心理问题,节省咨询的人力和时间成本。

进入中学之后,同伴成了学生心理上最重要的支持群体,可以说青少年学生的社会化主要是在同伴团体中完成的。针对具有同质性问题(如抑郁、焦虑、攻击、网络成瘾、亲子问题等)的学生有计划地实施团体辅导,一方面由于团体的同质性,能让学生找到归属感;另一方面,学生能够在团体中获得同伴支持,获得心理慰藉。在同质团体辅导中,给予学生安全的团体氛围,能够让学生自由表达内心的想法。通过团体成员的鼓励、支持和心理老师的科学引导,学生能够一步一步建立起新的认知,探索新的行为方式,进而解决生活和学习中遇到的问题。

3.校园心理剧

校园心理剧是通过学生角色扮演和借助舞台来呈现当事人各种典型的心理问题,在心理老师和全体参与演出者及观众的帮助下,学会如何应对和正确处理心理问题,从而既能解决自己的心理问题,又能使全体学生受到教育启发的一种团体心理辅导方法。通过心理剧的形式,学生能够在舞台表演过程中了解角色的内心冲突和外在表现,体验角色的情绪变化。同时,个体又可以从其他成员处得到自己语言、行为的反馈信息,使个体学会从他人的角度看待问题,促进角色的相互理解,缓解人际交往中的紧张、焦虑、冲突或对立的情绪(秦娟,2005)。

在开展心理剧演绎过程中,需根据学生实际生活中凸显的问题类型来明确主题,由学生自己创作剧本、编排和会演。在分析角色、饰演角色的过程中,改变个体原有的不合理认知和情绪状态,从而达到心理问题自愈的效果。

六、危机干预建设

对于心理危机干预而言,学校心理健康管理具有一定的优势和效率,往往可以通过主动而又系统地对学生进行基本信息采集和心理健康常模筛查,及时做出联合诊断和早期识别,并对存在心理高危险因素的学生进行预警。但心理老师在具体实施干预的过程中,存在着任重力薄的问题。医学上有一种"介入治疗",是在医学影像引导下利用穿刺针、导管等器材,对疾病进行微创诊断及治疗的一种手段。"介入治疗"具有创伤小、定位准确、起效快、并发症小的优点。因此,在学校危机干预管理体系建设过程中,我们迁移了医学中的介入治疗,对具有潜在高风险心理危机的学生开展了"1+X"介入干预,即对具有过激行为或情绪波动较大、需要从校级层面预警的学生进行"介入干预"。

在"1＋X"介入干预模式中,"1"是指主要负责预警学生干预的心理专业老师,"X"是指协助干预的学生亲密关系人。该介入干预模式具有一定的个性化服务内涵,能对学生个体危机干预起到定位准确、创伤小、见效快的特点。通过"全方位、立体化"的干预,可以减少预警学生危机事件的发生,在促进学生个体身心健康发展的同时,也对学校心理健康管理体系做了进一步的完善。

"1＋X"介入干预模式的具体操作步骤是,根据上述"心理评估体系建设"中的信息采集和信息评估,从班级初步筛选出预警学生,由学校心理辅导中心负责人召集学校心理团队和个体相关教师,进行联合诊断和早期识别。同时,给识别为三级高危预警的学生确定干预责任人,并建立相应团队对预警学生个体进行原因分析和辅导对策制定,进入"1＋X"介入干预模式。

(一)预警分析

针对前期进行的班级初步筛查,结合个体心理普测和采集的家庭教养方式、亲子关系、家庭结构、班级表现、学业情况以及有无发生过重大生活事件等基本信息,由学校心理辅导中心负责人召集学生所在班级的班主任、任课教师、心理老师、校医以及学生处负责人和学校心理团队,召开学生预警等级研讨会,逐个分析班级初步筛查出来的学生情况,并对这部分学生进行预警等级界定。同时,对识别为三级高危预警学生进入"1＋X"介入干预程序,实行个体档案袋管理。

在定级过程中,需要综合考虑学生的班级表现和心理测试结果,外向型情绪不稳定学生可能容易导致暴力行为,而内向型情绪不稳定学生可能会伤害自己,针对这两类学生,在定级过程中值得特别关注。如果个别学生的心理普查总得分较高或某个分因子得分较高,且在班级管理中也时常有异常行为发生,经初步诊断识别为疑似存在心理疾病的,需建议家长转介到专业医疗机构做进一步的检查与评估,以便后期进行有针对性的辅助干预或及时采取专业的心理治疗。

(二)建立"1＋X"干预团队,制定应对策略

学校在确定高危预警学生之后,首先根据每位预警学生的心理问题,确定一名专职心理教师担任该预警学生的负责人,并选择若干名亲密关系人组成辅导干预团队。其次,由该预警学生的负责人会同干预团队成员,依据前期的信息采集和评估意见,对预警学生进行干预目标和辅导策略的制定。因此,该辅导策略具有个性化、人性化、立体化特点,对于后期的介入干预具有一定的可操作性和针对性。

(三)介入干预

依据上述确定的高危预警学生干预团队和辅导干预策略,主要由负责人按照任务驱动、分责辅导原则,组织实施辅导干预。班主任主要关注学生的日

常行为习惯,时刻留意学生的情绪变化,发现异常行为或情绪时,由亲密关系人及时帮助学生解决生活中遇到的困难,以避免事件进一步发展。家长主要关注节假日生活情况和亲子关系问题,发现异常行为或情绪时,由负责人(或班主任)介入干预。当然,在介入干预过程中,需"应急会诊"和"定期会诊"相结合,对预警学生做即时性研讨和阶段性评估,以便适时调整干预目标和辅导策略,真正做到个性化制定、动态化舆情、专业化干预。

针对介入干预的预警学生,原则上预警期为一年,等预警期结束后,这部分学生需进行再次评估。如果学生的情况有所好转,可以降级或不再定级,由负责人负责收集和整理辅导材料,并撰写个案报告归入档案袋。如果学生的情况持续恶化,就得继续预警,并重新制定应对策略。如果遇到未被识别高危预警的学生,突发危机事件,学校心理辅导中心也应召集相关人员进行"应急会诊",研讨处理危机事件的辅导干预策略,并对该学生进行重新评估,考虑是否需要"介入干预"。

小贴士

艾森克人格问卷(EPQ)由英国伦敦大学心理系和精神病研究所艾森克(Eysenck)教授编制,是目前医学、司法、教育和心理咨询领域应用最为广泛的问卷之一。艾森克人格问卷(EPQ)确定了人格类型的三个基本维度:内外向性(E)、神经质(N)和精神质(P)。从内外向性维度可以把人格分为外倾型和内倾型,从神经质维度可以把人格分为情绪稳定型和情绪不稳定型,从精神质维度可以把人格分为精神失调型和精神整合型。

症状自评量表(SCL-90)由德若伽提斯(Derogatis)编制,是世界上最著名的心理健康测试量表之一。该量表共有 90 个项目,包含较广泛的精神病症状学内容,涉及感觉、情感、思维、意识、行为直至生活习惯、人际关系、饮食睡眠等,并采用 10 个因子分别反映个体躯体化、强迫症状、人际关系敏感、抑郁、焦虑、敌对、恐怖、偏执、精神病性和其他(睡眠及饮食)方面的心理症状情况。

第四章　情绪管理

第一节　青少年情绪管理

一、情绪概述

(一)情绪的定义

情绪是有机体反映客观事物与主观需要之间的关系的态度体验,渗透于人的一切活动中。当客观事物或情境符合主观的愿望和需要时,就能引起积极的、正性的情绪;当客观事物或情境不符合主体的愿望和需要时,就会产生消极的、负性的情绪。

情绪作为人类心理现象中最为丰富多彩的一个组成部分,贯穿人的一生,它是人类许多行为活动的激发物和组织者,影响着人类的生理活动,影响着人类的感知觉、注意、记忆、想象和思维等认知活动,还影响着人类的自我成长、人际关系和沟通交流等社会活动。在特定的情境中,同一种情绪状态可能对个体产生好的影响,也可能产生坏的影响,保持合适的情绪状态是个体健康生存的重要条件。

(二)情绪的分类

情绪可以分为基本情绪和复合情绪。基本情绪是先天的,复合情绪是由两种及两种以上的基本情绪组合派生出来的。基本情绪可以分为积极情绪(正性情绪)和消极情绪(负性情绪)。伴随接近行为产生的情绪是积极情绪,伴随回避行为产生的情绪是消极情绪。积极情绪包括快乐、兴趣、满足等。一般认为,积极情绪具有良好的适应功能,能提高行动效能,促进思考,改善人际关系等。消极情绪包括痛苦、悲伤、恐惧等。过于强烈和持久性的消极情绪不利于我们的身心健康,会降低自制力,降低工作、学习效率,不利于社会适应。如果消极情绪长期存在,不能及时疏导、缓解,就会引起相应的身体和心理疾病。

（三）情绪的功能

情绪主要有以下四种功能：

1. 适应功能

学会生存就得适应社会，融入社会环境。人有了情绪没关系，只要善于表达。例如，遇到危险，我们会喊"救命"，同时还会胆战心惊。人出生时还没有学会复杂的情绪，但会利用简单的情绪，饿了会哭，高兴了会笑。有些细小的想法大多时候无法用言语表达，唯独借助情绪才能表现出来。

2. 动机功能

情绪有动机作用，激励人进步。情绪能够以动机的方式引导行为，以致个体付诸行动。而导致的行为可能为建设性的，也可能为破坏性的，例如，向往的情绪，会让人振奋、全力以赴；而反感的情绪，会令人躲开不愿意接触的事物。人离不开情绪，有了激情会使人身心愉悦，说话做事信心百倍，主动承担责任，工作高效。适度的焦虑有助于人们远离危险的情境，有利于个体的生存和发展。

3. 组织功能

情绪作为一个单独的心理活动，有它自己的体制和运行程序，同时也能组织其他相关的心理活动，如想法、行为等。此种功能体现在积极情绪的促进方面和消极情绪的毁坏方面。适度的舒畅情绪，有利于形成适当的行为；而负面情绪会产生不适当的行为，消极情绪越强烈，行为越偏激，如焦虑、恐惧等。当人们心平气和时，哪怕不如意的事情发生，也不会太忧伤。而当人们烦躁时，在碰到不称心的事物会更心烦，往往会不自觉地放大事物不理想的一面，表现为行动迟缓，工作效率低下，有严重抑郁情绪的人甚至会自杀。

4. 信号功能

情绪为个体和他人、环境间的接触带来大量的信息。人每时每刻都会有情绪表现，比如，用微笑来表达赞赏、友好，用哭泣来表示悲伤。人们也正是通过各种各样的情绪来进行交流，比如，经常微笑的人会带动周围的人都学会微笑，生活充满阳光；经常愁眉苦脸的人，别人看到他也会跟着心情不好。在现实生活中，人们常常喜欢脾气好的人，回避脾气坏的人。

（四）情绪的经典理论

情绪的经典理论，主要包括詹姆斯—兰格的外周理论、坎农—巴德的丘脑学说、冯特的情感三维说、阿诺德的评价—兴奋理论以及沙赫特—辛格理论。

1. 詹姆斯—兰格的外周理论

第一个情绪理论为詹姆斯—兰格情绪学说，由詹姆斯（James）与兰格（Lange）分别于1884年和1885年提出。詹姆斯认为，情绪之所以会产生，是一种对身体变化的知觉。按照詹姆斯的观点，人们之所以高兴是因为微笑，之所以会恐惧是因为战栗,同样,悲伤不是因为外界刺激,而是因为哭泣。兰格认为,情绪的产生是内脏器官活动的结果,尤其是与血管容积的变化有关,在日常生活中,人们会在生气时涨红脸,或者血管呈现凸起状态。所以兰格认为情绪决定于血管受神经控制的状态。詹姆斯和兰格对情绪产生具体的描述有一定的不同之处,但是,他们对于情绪产生的基本观点是一致的,即认为情绪的产生是由于情绪刺激导致个体生理上的变化,这些生理上产生的变化导致了情绪的产生。这种理论强调了情绪与我们机体变化的直接关系,表情和身体姿势不只是情绪的外在表现,更是引起情绪反应的内在机制。关于情绪的产生,它强调了自主神经系统的重要作用,可是,这种理论忽视了中枢神经系统、内分泌系统等在情绪产生方面的作用。

2. 坎农—巴德的丘脑学说

美国心理学家坎农(Cannon)对詹姆斯—兰格的情绪意识学说提出了质疑,他认为情绪过程并没有大脑皮层的参与。坎农的研究表明,分离内脏器官和自主神经系统的外科手术不会引起情绪与行为的改变。坎农的同事巴德(Bard)也指出,愤怒和其他一些情绪很可能起源于丘脑,而不是起源于大脑皮层。由于坎农与巴德都认为丘脑才是情绪的控制中心,因此该情绪理论被称为"坎农—巴德丘脑学说"。在情绪是由什么所引起的这个问题上,坎农—巴德理论将个体对情绪事件的解释作为产生情绪的原因。

3. 冯特的情感三维说

科学心理学的创始人冯特(Wundt)明确指出,心理学应该研究意识经验的结构,并提出了两种最基本的意识经验:感觉和情感。根据研究他指出,当个体的感官受到刺激的时候,就会产生感觉;而情感则是对上述感觉从主观方面所进行的补充。基于其关于内省研究的结果,冯特于1896年提出了情感的三维说。该理论中提出了情感的三个维度,即愉快—不愉快、紧张—松弛、兴奋—平静,根据这一情绪理论,冯特认为,"情感既是一种心理过程,也是一种心理元素,是伴随感觉而产生的一种心理体验"。此外,冯特不但将情感视为一种心理上的主观体验,而且将情感视为伴随某种身体状态的反应。很明显,冯特的情感三维说,同样强调个体对感觉的主观体验(即"意识")。

小贴士

威廉·冯特(Wilhelm Wundt,1832—1920)是构造主义心理学的代表人物,1879年,冯特在莱比锡大学建立了世界上第一个心理实验室,标志着科学心理学的诞生。

冯特提出心理学的研究对象是直接经验,即人类的经验世界本身。他将内省法带入心理实验中,即将被试置于标准化的、可以重复操作的情境中,使被试在实验控制的条件下做出自我观察报告。具体分如下五步:第一,告知被试实验开始的时间,使被试做好内省观察的准备;第二,避免各种无关刺激的影响,在实验即内省观察开始之后,使被试能够集中注意力于内部的心理活动;第三,控制实验条件,使实验所涉及的内省观察容易进行重复验证;第四,为使被试把刺激与自己的心理过程区别开,要经常变换刺激条件;第五,发展和利用多种记录仪器,以观察并记录被试的各种反应。

4. 阿诺德的评价—兴奋理论

阿诺德(Arnold)的评价—兴奋理论是现象学、认知心理学的混合性产物。该理论认为,不是只要有情绪刺激就会产生相应的反应,而在这个过程中需要经过主体对刺激的评定和估量。情绪反应的不同是由于主体的评价不同而导致的。人们通过认知分析,就可以理解大脑在情绪方面的功能。阿诺德评价—兴奋理论的要点如下:①"刺激—评价—情绪"是情绪产生的基本过程。具体来说,个体的情绪产生于对情绪刺激所进行的评价过程。阿诺德指出,只有在情绪刺激对于个体的意义得到觉知之后,情绪体验才可能产生。而情绪刺激事件的意义,则来自个体对其的评价。②大脑皮层和皮层下组织协同活动的结果,产生了情绪。并且,大脑皮层的兴奋是产生情绪行为的最为重要的条件。③个体对情绪刺激的评价结果,可能导致个体认为该情绪刺激对个体有利、有害或者是无关。评价对知觉进行补充,并导致个体产生去做某件事情的倾向。

5. 沙赫特—辛格理论

在情绪是由什么所引起的这个问题上,沙赫特(Schachter)和辛格(Singer)则提出,情绪开始于非特异性的生理唤醒。个体对于生理唤醒的感知会引导其指向当前情境以寻求一个解释,从而会导致个体对下面这个问题进行推论:自己是否感受到了情绪以及感受到了何种具体的情绪?而上述推论的结果都取决于当前发生在个体身边的具体的事情究竟是什么样的。

二、青少年情绪特点和情绪问题分析

(一)青少年情绪特点

对于处在青春期的青少年学生来说,情绪会明显地影响学习、生活和心理健康。青少年学生的社会地位、知识素养,以及处于青春期特有的生理状况,使他们的情绪带有个体的特色。

1. 极端性和矛盾性

青少年学生大多数是从学校到学校,对书本知识的了解多于对社会的了解。青少年学生的心理与生理之间的矛盾、个体需要和社会满足之间的矛盾、理想与现实之间的矛盾等反映到情绪上，就使情绪带有矛盾性和极端性，遇到问题往往会犹疑不定，或者从一个极端跳到另一个极端。

2. 稳定性与波动性

青少年学生随着对社会渐趋深入的了解，认知水平的提高和知识经验的积累，个体对自己的情绪有了一定的调控能力，情绪渐趋于稳定。但同成年人相比，青少年学生的情绪变化还是比较大，时而激动，时而平静，时而积极，时而消极，带有明显的波动性。

3. 外显性与内隐性

青少年学生对外界刺激反应迅速、敏感，喜怒哀乐常形之于色，与成年人相比显得直接和外露；但与初中低段和小学生相比，还是显得有些内隐和含蓄。

4. 冲动性和理智性

青少年学生在遇到外界的强刺激或突发事件时，很容易感情冲动；但由于理智和自控能力的提高，在大多数情况下，在感情冲动过后能理性地思考问题，对自己的情绪和行为能进行自我约束和调控。

(二)青少年情绪问题分析

随着年龄的增长，青少年学生的自我意识提升，他们的人际关系较之前更为复杂，他们对自我的要求也提高了，这时候不良情绪也就随之而来，如考试前焦虑、人际交往中抑郁、不满足时愤怒等，情绪变化快，说变脸就变脸，说明一个人的情绪具有不稳定性。情绪不稳定的青少年学生经常会为一些小事情发火，而这些事情可能在一般人看来根本没必要发脾气。事后他们自己也反省不该为鸡毛蒜皮的小事和别人生气闹矛盾，可当时就是控制不了自己，脾气像火山爆发一样一发不可收拾，结果破坏友谊，朋友越来越少。这样的人不考虑别人的感受，往往不受欢迎。有的青少年学生在情绪来临时，独自生闷气，把自己锁在房间里足不出户；还有的学生想着君子报仇十年不晚，等待时机；也有从此不再理睬不喜欢的人以图个痛快。这种消极的情绪不仅会使青少年学生的躯体受损，有些学生甚至闹情绪不吃不喝，进而影响健康；同时也会使青少年学生的学习效率下降，课堂上老想着讨厌的那个人的影子，做作业时也会想着不高兴的事情。即使和其他人交往也高兴不起来，人气指数下降，变得越来越孤单。总的来说，青少年学生的情绪问题主要集中在以下五个方面：

1. 情绪反应方面

情绪反应的主要方式，通常以直接、强烈、肢体的方式发泄，其次为退缩、压抑，不知如何适当表达。青少年学生已经知道相关的社会规范和准则，能够有意识地避免直接的攻击和情绪爆发，转而更多地采用间接和内敛的方式。

2.情绪控制方面

神经感统过程不平衡,易兴奋和冲动,但自控能力差,缺乏恒心和耐心,以致热情来得快,去得也快。思维上比较偏激,遇事往往只盯住事物好的一面,没有对可能碰到的困难或所需付出的代价做全面、必要的思考和预见,以致常常出现随心所欲的狂热和不计后果的冲动。

3.情绪调节方面

青少年学生往往不清楚消极情绪的成因和危害,不知道调节和控制情绪的常用方法,以致易被消极情绪所困扰。当理智与情感发生矛盾时,难以有效抑制情绪冲动或随心所欲。

4.焦虑方面

当前教育所导致的竞争压力,从学校、家庭、社会等各个方面影响着青少年学生的学习与生活,使他们过于担忧将来的事情,感到压力似乎来自四面八方,既难以承受,也难以摆脱。而且,以往学习失败的消极后果使他们对再次遭遇挫折、失意普遍感到担忧和恐惧,常常担心自己会遭遇失败,以致经常坐立不安,难以专心学习。

5.自尊方面

在当前教育的大环境下,许多家长、老师对青少年学生的过高期望和横向评价,导致对学生行为表现的评价往往低于个体的自我评价,从而使青少年学生对自我的认识产生矛盾,自信心缺失和自尊心受挫。

三、青少年情绪管理方法

情绪管理是指通过一些恰当的方式对个体的情绪进行有效的调整和控制,使个体获得或者始终保持一种积极向上的精神状态,是一个认识自我、控制自我和区分自我能力的体现。一般说来,情绪的目的性恰当、反应适度、理性强是情绪健康的重要标准。对青少年学生来说,情绪健康具体表现为:情绪的基调是积极、乐观、愉快、稳定的;对不良情绪具有自我调控能力,情绪反应适度;高级的社会情感(理智感、道德感、美感等)能得到良好的发展。情绪的产生、性质以及程度都与认知因素有关,一般可以通过提高认知水平,学会对情绪的自我调控,培养、保持健康的情绪。由于青少年学生的认知水平处于增长阶段,再加上个体之间存在着差异,特别是考虑到青少年学生情绪的一般特征,青少年学生的不良情绪随时都可能发生,要克服不良情绪,关键就在于做好个体的情绪管理。常用的情绪管理方法有以下几种:

(一)合理情绪疗法

合理情绪疗法(rational-emotive therapy)是 20 世纪 50 年代由埃利斯(Ellis)在美国创立的。其核心是情绪 ABC 理论,该理论认为:人的情绪不是由某一诱发性事件的本身所引起,而是由经历了这一事件的人对这一事件的解释和评价所引起的。在 ABC 理论模式中,A 是指诱发性事件;B 是指个体在遇到诱发事件之后相应而生的信念,即个体对这一事件的看法、解释和评价;C 是指特定情景下,个体的情绪及行为的结果。通常人们会认为,人对情绪的行为反应是直接由诱发性事件 A 引起的,即 A 引起了 C。ABC 理论则指出:诱发性事件——A,只是引起情绪及行为反应的间接原因;而人们对诱发性事件所持的信念、看法、解释——B,才是引起人的情绪及行为反应的更直接原因(图 4-1)。

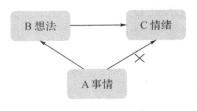

图 4-1 ABC 理论

因此,在运用该理论时,首先要弄清楚你最近的情绪困扰是什么,确定情绪的诱因;然后寻找情绪背后的想法;再针对以上的想法进行剖析,从而树立新的合理的信念;最后感受新想法下的新情绪。理清 A、B、C 三者之间的联系,才能管理好自己的情绪,消除不合理信念,改变个体的认知。合理情绪疗法会使人的想法客观合理,使人减少情绪困扰,积极乐观地学习、生活。

(二)角色扮演法

角色扮演是一种使人暂时置身于他人的社会位置,并按这一位置所要求的方式和态度行事,以增进人们对他人社会角色、自身原有角色的理解,从而学会更加有效地履行自己角色的社会心理学技术。角色扮演使个体能够亲身实践他人的角色,从而更好地正确理解他人的处境,体验他人在各种情况下的内心情感。青少年学生只有获得与他人相同或类似的体验后,个体才会明白在与别人发生相互联系时,应该采取怎样的行动、怎样的态度。角色扮演对提高情绪智力都具有非常重要的作用,可以说角色扮演是培养情绪智力的最直接的途径。通过对同学、朋友、家长和教师的角色的扮演,可以让学生更加了解别人的想法,也能帮助管理和控制好自己的情绪。

(三)适度宣泄法

过分压抑只会使情绪困扰加重,而适度宣泄则可以把不良情绪释放出来,从而使紧张情绪得以缓解、轻松,如哭泣、倾诉、剧烈活动等。

(四)词语暗示法

运用内部语言或书面语言对自身进行暗示,例如,默想或用笔在纸上写出下列词语:"冷静""三思而后行""制怒""镇定"等。实践证明,这种暗示对人的不良情绪和行为有奇妙的影响和调控作用,既可缓解过分紧张的情绪,又可用来激励自己。

（五）音乐调节法

音乐具有明显的调节情绪的功能。节奏明快、铿锵有力的音乐能振奋人的情绪；旋律优美、悠扬婉转的乐曲能使人情绪安静、轻松和愉快。

（六）自我安慰法

用"胜败乃兵家常事""塞翁失马，焉知非福""坏事变好事"等来自我安慰，以解脱烦恼，缓解矛盾冲突，消除焦虑、抑郁和失望，达到自我激励、总结经验、吸取教训之目的，有助于保持情绪的安宁和稳定。

（七）注意力转移法

当遇到情绪不佳时，可以把注意力转移到感兴趣的事情上去，如外出散步，看看电影、电视，读读书，打打球，下盘棋，找朋友聊天，换换环境等，有助于使情绪平静下来，在活动中寻找到新的快乐。

（八）心理医生咨询

在上述方法都失效的情况下，仍不要灰心，在有条件的情况下，去找心理医生进行咨询、倾诉，在心理医生的指导、帮助下，克服不良情绪。

情绪管理方法多种多样，可视每个人的情况灵活选用适合自己的方法，重要的是要坚信不良情绪是可以克服的，情绪是可管理的。为了身心的健康要适时地、不断地对情绪进行自我调控。有计划、有目的、有针对性地对青少年学生进行情绪自我管理的指导会获得最高的效率及最佳的效果。

小贴士

Webb（2012）建议，当感受到某种情绪时，可以采取"识别—接受—归因—行动"的步骤来应对它。

第一步：识别（identify）情绪。说出自己的情感是什么，是快乐、悲伤，还是愧疚等。可以试着从文学作品和影视作品中学习更多用来表达情绪的词汇。

第二步：接受（accept）情感。用不评判的态度去观察自己的情感。不要对自己说："我现在的情感不好。"而是问自己："我现在感受怎么样？我身体是什么感觉？如果情绪有颜色，它是什么颜色？"

第三步：对情绪进行归因（attribute）。问自己：我为什么会有这样的感觉？是刚才哪个因素让我产生了这样的感受？如果你一下子找不到理由，你可以想想上一次有类似情绪时，是什么情境。

第四步：考虑是否将情绪变为行动（action）。首先，感受一下这种情绪让你有哪些行为冲动，比如是不是想打眼前的人，或是想要唱歌。随后，仔细地观察周围，在内心描绘看到的情境，比如"我看到对方身边有许多帮手"，评估自己的行为冲动是不是合适。如果不合适,考虑用其他行为代替,比如将打人变为踢路边的石子等。

第二节　孩子,我们慢慢来
——一例学生情绪管理的处理

摘　要:职高学生往往被社会的关注边缘化,学生自卑感强,有被抛弃感,情绪问题突出,教师的人格魅力与独到的情绪管理方法有效结合,是促进职高学生心理健康发展的重要举措。
关键词:情绪管理;问题学生;自我管理

职业高中总会有一些让老师不省心的孩子,而在以矫正学生不良行为为重点的学校,这些让老师特殊关照的"问题学生"尤为突出,他们当中,有的是学习上存在问题,比如厌学、不交作业、注意力不集中、上课睡觉、讲话等,有的是行为上存在问题,比如懒惰、暴力、顶撞老师等,也有的是心理上存在问题,比如孤独、自卑、情绪化……当然,还有许多其他问题引发"问题学生"的存在。在这当中,心理问题是最难干预和解决的,这些不良问题的存在并不是他们与生俱来的,而可能是家庭、学校和社会共同造成的,他们的内心是善良的、纯洁的。这些孩子的改变需要老师、家长和学生的共同努力。作为老师,我们需要关注这些孩子的心理需求,帮助他们合理管理自己的情绪。

一、学生基本情况

圆圆的脸蛋,戴着大框眼镜,扎着一个平刘海的马尾,有着一个大嗓门的女孩,她就是小Q。一说到小Q,你会发现她的很多优点,比如她很有礼貌,看到老师会热情地主动打招呼;上课时也总是积极举手发言;同学之间有困难也十分热心,积极伸出援助之手;在班级里,她的成绩基本保持在班级前三,虽然不能和其他学校的学生比,但是她也希望自己能够考上一个好的大学。照道理,这样的学生,是不需要老师过于操心的,可是她却经常出现一些问题,情绪十分不平稳,来得突然去得也快,基本一两天就可以回归大大咧咧的状态。但这种情况会将负面情绪带到整个班级,使得班级产生"低气压",所以做好她的情绪管理工作,对班主任而言显得尤为重要,因此她也成了我教师日记上的常客。

二、案例呈现与过程处理

(一)放下你的包袱,表达你的内心

2017 年 3 月,学校举行了各式各样的活动,同学们积极参与其中。小 Q 也报了名,参加了"最强大脑"记忆赛。一路过关斩将,小 Q 的成绩还算不错。大概到了最后的三组,小 Q 被淘汰了下来。作为主持人的我,也没有过多关注到她的反应。比赛结束后回到教室,她便哭了起来,我感到有点莫名其妙,便询问起缘由。她告诉我说:"刚才在比赛的时候,我被淘汰时,隔壁班级幸灾乐祸,我一下台便纷纷拍手叫好。"她的情绪很激动,继续说道:"老师,你一定要为我讨回公道。"事实真是如此吗? 我也不确定,于是我先稳定她的情绪,让她不要着急。我找来几个同学还原事实情况,有的学生认为隔壁班级确实有喝倒彩的情况,有的同学则认为是小 Q 多虑了,隔壁班级是为自己班级留在场上而鼓掌喝彩。

于是我找来小 Q,想要和她好好谈一谈。为了缓和小 Q 的情绪,我让她再好好想想是不是真如她自己所讲的那样有喝倒彩的情况存在呢? 她有些许迟疑,我便试探性地说道:"会不会是你多心了呢,可能她们是在为自己班级同学的胜利而加油呢?"小 Q 听到我这么说,一下子感觉老师都不站在自己这边,内心十分受挫。她又开始大哭起来,大声说道:"你还是不是我们班级的班主任,你都不帮我们,你和她们班级好,一直以来你对她们班级的同学都很好,可是对于我们却很严厉。"听到她这么说时,我的内心很不是滋味,但我知道她那也是气话,我便耐着性子慢慢地和她聊起来:"小 Q,你们是我作为班主任带的第一届学生,我怎么能不爱你们,我觉得我就像你们的大姐姐,我希望我可以和你们有快乐的记忆,也希望可以对你们有所帮助,你们有不顺心的事情,我也希望自己是一个耐心的倾听者,一起去分析、解决问题。""那为什么你不站在我这边,却要去帮其他班级说话呢?"小 Q 继续反问道。"小 Q,不管怎么样,老师其实一直在你身边,如果我们往好的方面想,他们是为自己班级鼓掌,那么事情不就解决了吗,又或者他们真的是喝了倒彩,那么我们能不能自己学会坚强呢,在接下来的活动中,我们好好努力,争取获得真正的掌声,把它作为一种激励是不是更好?"……就这样,小 Q 从死胡同里走了出来,她主动要求在晚自习时向大家解释这件事情,并为自己说出老师不爱他们的气话感到后悔。

(二)签下脾气改良书,我会慢慢好起来

西餐期末考采用的是实操测试,所以考试那天我将没有轮到考试的同学安排在教室自主复习,并提醒他们保持安静,认真备考。第一次从实训场地回教室我便发现小 Q 在教室里讲话,我给她使了个眼色,以为她会有所改变。

第二次我再回教室时,又发现她在讲话,便提醒了她,示意她好好复习,不要影响其他同学,那时她便误认为我记下了她的名字。由于这门实操课结束后我们将不再继续学习,所以在考试环节,同学们如果有什么问题我都会提出来提醒他们注意改正。轮到小Q考试时,当她出现问题时我便向对待其他同学那样提醒她,她突然就扔下手中的托盘,告诉我她不想考试了。我便询问她:"为什么不要考试了呀,是不是身体不舒服呢,如果错过了这次考试,没有成绩怎么办?"她给了我异常坚定的回复:"是的,我不考了。"说完她便走出了考场。刚巧那天晚上我值班,晚自修一进教室我便看到了在靠窗边的位置,有个女孩梳着平刘海(要求是全部扎起来),我便知道是她,我也知道她想故意引起我的注意,事后她告诉我她就是要气气我才故意这样做的,也是因为知道她的心理,我便没有去说她,同时也想冷冷她。一个晚自习下来,看到我不为所动,她觉得特别没有成就感,没有经过我的同意便拉着她的小伙伴去楼下了,直到熄灯的时候才回来。

上楼之后,和她做了简单的询问,我知道她的情绪很激动,但是如果这样的负面情绪一直堆积在她的心里,她内心也不能很好地调节,并且很有可能她回寝室后会影响到其他同学的睡眠,所以她的心结今天必须要打开。但是怎么样打开呢?我知道这个时候如果我把她叫到办公室和她讲道理,她是肯定听不进去的,所以我让小Q和她小伙伴小S先回了寝室。等小Q回了自己寝室后,我便把小S叫到了办公室,了解小Q目前的情况。从小S口中,我确切地了解了小Q的内心想法,并要求小S作为中间人,搭建我和小Q的沟通桥梁。正在此时,小Q发现小S没有在自己的寝室,便找到了办公室想要把小S拉走,我知道小Q当时的敌对情绪特别严重,她听不进去老师的教育。所以我示意小S做个中间人,让小Q在办公室坐一会。小Q很重视她的好朋友小S,所以她留了下来。我告诉小Q:"小Q,我们都是想要解决问题的,你看如果今天这个问题不解决,我估计你也会睡不好觉,还不如现在我们好好谈谈,如果有什么误会,化解开就好了。"小S也在一边安慰小Q。我首先要求小Q说出自己难过的点,她告诉我是她认为一开始我在上课的时候点她名字了,因为把她名字记下了,就越想越不开心,所以晚上的时候就想放下刘海吸引我的注意故意气气我,谁知道我不为所动,这让她更为恼火。针对记名这件事,我向她做了解释,只是做了提醒,她明白自己错怪了老师。之后我便邀请小S和我们一起分析讨论今天发生的事情的每一个环节,还原事情的本真,看看都出现了什么问题。小Q的情绪也渐渐平稳,她主动向我表达了她不应该弃考,不应该没有经过老师同意大晚上地跑出教学楼让老师担心……对于她承认自己的问题所在,我知道事情已经解决了一半,那么这样的事情以后应该怎样避免呢?我们想到了一个好办法,共同签订一个"脾气改良书",改良书以前也从来没有做过尝试,所以也没有什么模版,因此小 Q 决定自己起草一份,结合自己的问题以及老师和小伙伴小 S 的共同建议,一份有着十点改良内容的文件就这样写好了,一式三份,小 Q 是改正人,小 S 是中间人,我是监督人,我们三个人都签下了自己的名字,同时盖上了红手印,当时已经是晚上 11 点了,那是一个有仪式感的时刻,虽然时间已晚,但这件事总算是解决了,剩下的便是努力去执行"脾气改良书"了。

三、案例分析

有了小 Q 的这几件事之后,我意识到小 Q 身上存在的问题,并试图去寻找其中的原因。

(一)家庭因素

小 Q,在家排老二,有一个姐姐在上大学,父母均为来杭务工人员。由于在家排老二,父母也比较宠她,所以她的自我中心意识很强。而她们的家庭结构形式呈现倒金字塔模式,她处于塔尖位置,很容易给孩子造成"蛋壳心理",一方面她争强好胜,另一方面又经不起任何困难和挫折,听不进批评的话语,受不了半点委屈。但父母忙于工作很少关心孩子的学习和成长,在父母的身上,她得到的关爱并不多,她需要从他人眼中寻求到关注和重视。

(二)个人因素

哭泣只是她情绪波动强烈的一个外在表现,而这种表现是从小就在父母的妥协中养成的。小 Q 的占有欲很强,却又有着一颗玻璃心,她不愿意失去。她的心理承受能力较弱,抗挫折能力不强,一有不顺心的事情就会出现情绪不平衡的现象。她会因为找不到饭卡而烦躁不安,大声宣泄;她会因为嫉妒别的同学和自己的小伙伴小 S 走得近而难过哭泣;她会因为班主任和其他班级学生关系好,感觉班主任不爱自己班级而伤心流泪;她会因为班级在运动会入场式彩排中的不顺心而情绪波动号啕大哭,并向老师提出退学的要求。她很敏感,又特别在乎自己在别人眼中的感受。

(三)行为能力因素

小 Q 特别缺少安全感,每做一件老师布置的任务,都希望有其他同学的陪伴。每天她的头发都是请班级里的其他同学帮她打理,虽然已经是高二的学生了,仍然不会自己扎头发。

四、案例反思

其实在小 Q 的身上,还有很多故事,我也试着去总结管理情绪不稳定学生的方法。

(一)给她冷静的时间

像小 Q 这样的孩子,情绪一上来,谁的话都听不进去,所以这个时候急于安慰她,平复她的心情,并不能从真正意义上解决问题。一直以来她养成了遇到问题或者感到委屈就哭泣,如果这时候直接安慰她,反而会助长她这种现象,她会认为哭泣是可以换来他人的关注的,是可以换来他人妥协的。然而这样的情况对于孩子以后在社会的立足是十分不利的,她没有一个强大的内心,也无法直面自己的问题,所以遇到这样的事时,第一要做的是在确保她人身安全的前提下,给她足够的冷静时间,让她好好回忆下发生的事情。

(二)寻找中间人

正是这样一个特别在乎他人感受,拥有很强占有欲的孩子,她很看重好朋友的看法和意见,所以这个时候就应该避免和她产生正面冲突,转而寻找中间人,由中间人作为两人之间沟通的桥梁。

(三)换个角度看问题

在面对一些不称心的负面事件时,一个拥有健康价值观、胸怀开阔的学生,必然会有更积极的认知观念,从而拥有更好的调节能力。学生会通过转移注意力的方法使得不良情绪得到排解,所以在日常学习生活中,要引导学生"换个角度看问题",适时引导他们进行认知重评,形成更健康的心态。

(四)合理宣泄

从挫折中悟挫折,哭在一定程度上可以释放自己的能量,在接下来的日子里也将试着引导学生学习"阿 Q 精神",通过"精神胜利法"缓解心理压力。同时培养学生独立的人格,让学生单独承担某项工作任务,进行挫折的免疫接种。

相信孩子,静等花开。我想学生的改变是可以等待的,我也期待看到他们的改变。作为一名年轻老师,经验尚少,在教育这条道路上还需要不断探索。我也会与孩子们共同进步和成长,学习优秀的教育教学手段,提高自己处理学生教育问题的能力。没事,我们一起努力,慢慢来!

(王海燕)

第三节　焦而不躁,战无不胜
——浅谈高考前焦虑的四个典型案例

摘　要:高考不仅是一场知识的竞赛,更是一场心理的大战。良好的心理素质,是取得理想成绩的重要保障。但是,无论是胜券在握的,还是可上可下的,抑或是希望渺茫的,在高考前的两三个月,都或多或少会出现一些焦虑情绪。笔者选取四个典型进行剖析,继而探究如何帮助考生缓解高考压力,更好地发挥水平,考出理想的成绩。

关键词:厌学;度日如年;早恋;迷惘渺茫

案例一:度日如年型

(一)学生基本情况

楼同学是一个篮球爱好者,校球队的绝对主力,性格开朗,但是学习目标不明确,学习态度不积极,所有学科中仅语文学科功底还算不错,其余学科可谓是"一塌糊涂"。之所以选择上高三,一是为逃避实习的辛苦,二是为满足父母的要求。正因为如此,所以自从上了高三以后,同学们渐渐发现,原来爱说爱笑、活泼开朗的他变得少言寡语、眉头紧锁,上课或无精打采,或东张西望,注意力极不集中。临近高考,"烦人""没意思""无聊"等词成了他的口头禅。他说:"我整天都是在煎熬中度过,巴望着时钟盼着下课,可谓度日如年。我的成绩也不见起色,我的心情也随之跌落谷底。我自己很想放弃高考,可面对老师、父母一双双期待的眼睛,我又不能退缩。高三的学习太紧张了,高考太折磨人了,我只希望高考的痛苦赶快结束。"

(二)案例分析

综合学生的各方面表现,可以发现楼同学已经产生了厌学心理,较高程度的厌学情绪导致楼同学少言寡语、上课注意力不集中,甚至在生活中也产生较持续的情绪低落现象。高中生产生厌学心理一般表现在对新环境的不适应,对新的学习方法、新的教学内容无所适从,导致学生对学习没有兴趣,学习情绪比较消极,学习态度不端正,被动地学习,上课期间注意力不集中等。高中生厌学现象越来越常见,由于高中生的生理和心理发展还不成熟,学校和家长的期待又给予高中生一定的压力,促使高中生产生一些负面情绪,从而发生行为的转变。这一现象的产生是社会、学校、家庭等各方面综合因素导致的。

(三)学生产生厌学情绪的原因

1.客观原因

从客观角度来看,家长期望值过高,现在的高中生家长们无不望子成龙、望女成凤,都希望自己的儿女未来能考上一所理想的大学,为未来的美好人生做好铺垫。在和楼同学的沟通中发现,楼同学的父母常常会与他提起考上大学的重要性,并且也会在生活细节中透露出对楼同学当下学习状态的担忧、焦虑。楼同学说:"尽管他们没有跟我说什么非常绝对的话,但是现在全家人都围着我转,对我十分关心,我却觉得自己就是不想学,始终使不上劲,很无力。有时候我真的觉得好难熬,要不就算了,不学了,但是看到他们,我又于心不忍。"

2. 主观因素

从主观角度来看,楼同学个人主观因素导致其有厌学情绪。楼同学的情绪困惑源自对高三学习目的的不明确,源自对高考的认识不正确。他说:"我自己成绩如此之差,是因为我不想参加高考,可又不得不参加高考,感到压力很大,整天不开心,也就没有心思学习了。"正是这种脑中固有的观念影响了他的情绪,情绪问题又影响他的学习状态,使他选择被动学习的方式,被动学习又影响他的成绩,而对能否上线的担心又反过来加重了他对高考的恐惧,因此形成了一个"负性情绪循环"。

(四)辅导策略

1. 引导学生重视高考

高考是我们国家选拔人才的一次分层筛选式的考试,它是对我们学习能力的一次考验,是对我们三年努力学习的最后一次检验,可谓"十年磨一剑"。

2. 加大理想前途教育,提高学生受挫能力

要消除学生的厌学心理,必须激励学生树立远大的理想,家长和班主任老师应该多与孩子们交流沟通,一起谈人生、谈理想,在学习上及时辅导,帮助学生树立信心,从而提高学生的心理承受力,激发学生的学习兴趣。再者,加强校园文化建设,整治一些对学生身心健康发展有害的娱乐场所,如网吧、赌场等。

3. 转变对学习的看法

从美国心理学家艾利斯(Ellis)创立的情绪 ABC 理论中我们得知:一个人是否快乐,取决于他思想中的观念和看法。因此,对于学习我们也应该建立一种新的思维方式:"学习并不是一种痛苦,一种折磨,更不是在受罪,而应该是一种快乐,一种幸福,更应该是一种享受。"而快乐的感觉不是在未来完成某件事情后的某个时刻、某个瞬间的感觉,而应该是在我们现实的学习过程之中的。

4. 快乐常常需要困难陪衬

真正持久的内心快乐来源于工作和学习中的快乐,有时甚至是来自一些艰难的、枯燥乏味的创造性劳动和学习中,来自战胜困难以后的成就感。所以我们要善于"苦中求乐",要善于在学习中寻找快乐,要在逆境中善待自己。如果能一直保持乐观和自信的态度,那么现在就可以告别痛苦,而根本不需要等到高考后。

(五)辅导效果

经过老师的开导和鼓励之后,楼同学认识到了是因为自己的想法限制了自己的行动,在高三的后半阶段,楼同学给自己制订了进度表,明确了未来的方向,并通过他自己的努力在高考时取得了较理想的成绩。

案例二：迷惘型

(一)学生基本情况

周同学是一个性格开朗的学生,高二时就瞒着班主任和高一的女生菲谈起了恋爱。两个人的恋爱也比较隐蔽,不会太张扬,两个人在学习上起到了相互促进、生活中相互帮助的作用,虽是谈得不温不火,但是已达到"一日不见,如隔三秋"的程度。进入高三后,他们的关系也一直在持续,考虑到他们的性格和彼此的恋爱方式,我思虑再三后选择了"不堵换疏"的方式,效果也一直不错,然而临近高考,周同学的成绩一直在滑坡,情绪低落,对什么事都不感兴趣。他说:"每次一想到高考后我们还能不能在一起这个问题,就没有心思学习,我不知道我的未来会怎样。"情感的煎熬让周同学精神萎靡,复习效率大打折扣。

(二)案例分析

高中学生年龄大多在十六七岁,正处于青春期,身心发育日渐成熟,异性之间相互吸引,进而发展到相互依恋,有情感上的需求是一种比较常见的现象,关键是如何把握好交往的度,相互促进学习,不影响高考以及未来的生活。周同学与菲的情感依恋也即将面临"大考",周同学对未来没有把握,一些消极因素考虑得太多,产生焦虑、烦躁、忧愁,乱了手脚,造成了学习成绩下降。

高中阶段的恋爱在某种程度上影响学生的学习生活。高中时代是奠定人一生基础的关键时期,需要全力以赴投入其中,一旦陷入感情的旋涡,必定要花费许多的时间和精力。有部分同学本来壮志凌云,但恋爱后,觉得有了生活的中心,便把对前途的追求抛在脑后,陶醉在自我编织的两人世界中,难以专心地学习,上课容易开小差,以致成绩快速下降。

(三)辅导策略

1.理智地分析

高中时代的恋爱本来是不可取的,之所以不堵改疏,是相信学生的把控能力。处于青春期的少男少女往往把异性过分理想化,而高中时代的男女感情是一种非常不成熟的感情,具有盲目性、不稳定性、缺乏责任感,且往往是模仿、攀比、好奇心理的产物。对于高中生而言,学习才是重中之重,如果你的恋爱干扰了学习,那么这份恋爱是弊大于利的,是不可取的,是会成为将来后悔的因素的。只有把握好尺度,控制好情感,做到恋爱和学习两不误,这样的高中恋爱才可以说美好而难忘的。

2.化困扰为动力

高中的恋爱绝大部分不会是一个人一辈子的情感经历,因为以后的路很宽广,未来的世界会很大,未来的不可知因素也很多。即使现在两人相依相恋,但是到步入婚姻的殿堂还有若干年的情感路要走,不知会发生什么变化。如果想要增加以后两人在一起的概率,两个学生就必须共同努力、共同进步,争取一起考上大学,毕业后一起工作,这样才会有能力为将来营造更好的感情基础和经济基础,才能有更多共同的语言。所以,要引导学生明白只有努力考上大学,才是为对方负责的表现,也能够给予他更大的激励与动力。

(四)辅导效果

经过一段时间的辅导沟通之后,周同学渐渐找回了学习的状态,没有再因为恋爱的事情而分心了,反而将对于未来的迷惘转化为了学习的动力,学习目标变得更加明确,最后顺利地考上了大学。

案例三:患得患失型

(一)学生基本情况

朱同学是一个乖巧懂事、勤学好问的女生,学习目标明确,要求自己一定要考上大学,因此学习态度也非常端正。进入高三后,朱同学果断放弃了高二开始的一段恋爱,也放弃了原本喜爱的羽毛球运动,抓紧每一分钟的时间用来学习。从家里到学校,从教室到寝室,均是两点一线。虽然她抱着"我必须考上大学,如果考不上大学,我的人生就完了"的想法努力学习,但越临近高考,她越发现自己出了问题:晚上睡不着觉,上课注意力不能集中,老想睡觉;容易被周边的细微事件所影响,需要绝对安静的环境才能学习;明明是刚刚做过的事情,却总是反复考虑做过没有;已经学习过的知识,做过的练习题,下次遇到又不会做了;还总是喜欢问老师一些不可能得到明确答案的问题,比如"老师,你说今年高考的试卷会难吗?""老师,你说我能考上吗?""老师,万一考不上,我可怎么办啊?"等。

(二)案例分析

朱同学之所以有这样的表现,一方面是家长、老师对她抱有较高的期望,希望她考上大学;另一方面,她对自己要求也比较高,她一直想要报考××职业技术学院,但就她目前的成绩而言,有一定的难度。由于自我施压过大,造成了考前焦虑。同时又因为不懂得调整、放松自己,精神一直处于高度紧张的状态,干扰了人体的生物钟,影响了睡眠,造成大脑功能失调,以至于出现担心、忧虑、上课注意力不集中、学习不在状态、学习效率差等情况。

学生如果处于这种状态,往往会注意力难以集中,心不在焉,时常往考试的不利方面想,不能控制自己。这种状态是刺激物引起大脑皮层抑制过程减弱,兴奋过程过度升高的结果。而在这个过程中,"高考"便扮演了这个刺激物的角色,对朱同学产生了消极的影响。高考是对人生的一次考验,也是人生难得的心理成长机会。高考对于学生来说,其心理压力是空前的,学生心理调节成功与否,将会极大地影响高考的成败。所以,对于寒窗苦读十几年的学生来说,在离高考已经不多的时间里,怎样做好心理压力的调节显得尤其重要。对学生来说,做好心理上的调整,比夜以继日地埋在书堆里效果更好。

朱同学的情绪不仅被家长的期望所影响,而且被自己不甚合理的目标所"施压",甚至还放弃了自己的兴趣爱好。原本就带着多方压力的她,连放松的途径也舍弃了。因此要缓解朱同学的这一现状,释放焦虑情绪,我们必须"多管齐下",引导朱同学找回平稳的心态,正确认识高考,正确面对焦虑,从而达到平和的心态,迎接高考。

(三)辅导策略

1. 正确认识高考

高考是一条通往成功的路,但不是唯一的路,它仅仅是一次考试,既不能决定我们的明天,也不能决定我们的未来。比起考试更重要的是,我们如何看待高考,我们如何度过高考这一时期。高考作为我们展示自我、实现人生理想的一个重要机会,能走进高考考场就已经是一个学生的胜利,至于能考上什么样的大学,此时此刻已经不再那么重要了,因为"过程比结果更重要"。三百六十行,行行出状元,古今中外没有受过高等教育但取得成功的案例举不胜举,不能说考不上大学人生就毫无希望了。因此我们要学会淡化高考,学会用正确的心态去对待它,从认知上对学生进行减压,不逃避但是也不过于重视,而是客观地看待它的存在,以平常心迎接高考。

2. 建立合理的目标

虽然说"成功是百分之一的天赋加百分之九十九的汗水",但是韩愈也曾说过"术业有专攻"。正确认识自我,清楚自己的强项和弱项,给自己制定合理的目标,不要对自己提出不合实际的过高要求。当理想与现实的反差较大时,个体的心理波动就会增大,一次次达不到目标时,学生容易产生习得性无助,对自己的能力产生怀疑,带来强烈的挫败感。因此每个人都应该有自己的合理定位,自我期望值不要太高,可为自己设定一高一低两个目标,预防焦虑的产生。然后将大目标分解成若干个小目标,再将小目标分解到每一门功课、每一天、每一个小时,认真去达到每一个小目标,逐步提升自我效能感。作为教师,要引导学生正确看待得失,明白学习是一个日积月累的过程,而不是一个一蹴而就的结果。

3. 劳逸结合,学会放松

常言道"磨刀不误砍柴工",高三学业繁重,学习压力大,很多学生选择牺牲休息时间看书,殊不知没有好的休息,学习效率会大打折扣。休息是为了更好地学习,针对学习焦虑的学生,更应该引导他们学会自我放松,注意学习和休息的关系,学习之余应该给自己留有放松调整的时间,比如课外活动时间和同学打打球,晚饭后去操场散散步,要学会科学用脑,学习效率才会提高。老师也需要时刻关注学生的情绪动态,当学生有所困扰时,积极采取恰当的方式放松学生心情,帮助学生进行调节,减轻情绪负担。

(四)辅导效果

朱同学出现的是典型的考试焦虑,对自己要求过高,给了自己很大的压力,当这种压力积压到一定程度时,会表现出患得患失。针对这部分学生,要进行情绪上的引导,采用放松训练、焦虑管理训练等手段,使学生的焦虑情绪得到缓解,并对学生的认知进行重构,要引导学生改变"高考就是一切"的思想认知,以平常心看待高考。经过一段时间的训练和沟通,朱同学的考试焦虑症状得到了有效缓解,在高三的最后阶段一步一个脚印走得很踏实,也没有再问我一些没有意义的问题了,最终考上了理想的大学。

案例四:临阵怯场型

(一)学生基本情况

邵同学是一个腼腆内向的男生,父母离异,父亲轻度残疾,家里经济条件比较拮据,期望着通过考上大学改变自己的命运,因此学习一直勤奋刻苦,在班里成绩也一直保持前三名。他给自己定的目标是考上××大学。上高三后,前几次月考,他的成绩每次都能进步一点,他对自己的进步充满了信心,父亲也为他的进步高兴。可是,邵同学的心理素质极差,尤其让我们担忧的是,遇到考试他会出现"怯场"的问题。3月份专业理论考试的时候,由于紧张,进考场前他就开始出现头晕、肚子疼的状况,并且一直持续到考试结束。邵同学对我说:"老师,我担心自己没有勇气走进高考的考场,老师,我该怎么办?"

(二)案例分析

考试焦虑的主要表现为:①明显的躯体化症状。在考前或考试过程中,容易出现情绪激动、慌张、肌肉紧张、呼吸急促等症状。②自我认知偏差。即使花了很长时间备考,还是怀疑自己的准备程度,在解题过程中犹豫不决,思前想后,无法写出答案。③注意力和思维出现混乱。过度焦虑会影响到思维,导致学生不能集中注意力看题、解题,无法深入思考,即使是拿手的题目也会出错。邵同学想要通过考上大学改变自己的命运,高考被他当成了唯一的"救命稻草",这样的认知给他带来了极重的心理负担,并外化为了躯体症状,如果任由其发展下去,将会演变为更加严重的考试焦虑,对邵同学的发展极其不利。

(三)学生"怯场"的原因

1. 惧怕考试失败

自上高中以来,邵同学一直是班级里成绩比较好的学生,成绩位于班级前列,进入高三以来,成绩也在自己的掌控之中。据了解,邵同学在初中阶段也是班里的佼佼者,无论是学习还是文体活动,都是焦点人物,似乎没有体会过失败的感受。可是面对这个万众期待、自己也非常看重的高考时,他有点害怕了。每一次考试对他都尤为重要,他甚至不知道应该以怎样的状态来面对考试,越想越紧张,越紧张越会反复想,以至于到现在,多次考试都出现了头疼、肚子疼、心跳加速等现象。邵同学说,他太担心考试会出差错了,现在的每一次考试,都预示着他高考的表现,每一次考试成绩,都仿佛是他的高考成绩。他觉得自己无法接受考试的失败,尤其是高考的失败。每次考试,恐惧感就会袭来,随之而来的还有身体的各种不适。距离高考越来越近,时间越来越少,他的心理压力也就越来越大。

2.自我效能感低

自我效能感是个体以自身为对象的一种思维形式,指个体在执行某一行为之前对自己能够在什么水平上完成该行为活动所具有的信念、判断或主体自我感受,因而构成自我的一个现象学特征。邵同学的自我效能感较低,他对自己能力的预判偏低,明明有一定的实力,却担心自己考不好,在考试过程中由于较低的自我预判影响到学习能力的发挥,甚至导致自己无法平静面对考试。面对即将来临的高考,低自我效能感使他复习效率不高,同时产生考试焦虑。

(四)辅导策略

1.积极运用自我暗示法,增强自信

不要随意地否定自己,也不要随意夸大别人的进步,打击自己的信心。要经常进行自我比较,发现自己的闪光点,可在每天早上起床时对自己说:"我能行!"可以充满自信地对自己说:"我完全能考出自己的最好水平。""我不会放弃,只要我保持冷静,肯定会坚持到最后。"这种积极的自我暗示,可提高自信心,帮助自己走向成功的彼岸。

2.学会自我调适的方法,掌握放松技巧

学习一些放松技巧,在考前或者是考试过程中感到紧张时,可采取放松训练进行自我调整。如果是在考前,可以选择冥想,想想自己高中三年里感动、美好的时刻,也可以选择轻声吟唱自己喜欢的歌曲。如果是在考试过程中,可以采取闭目的方式,排除心中杂念,做深呼吸 3～6 次,使自己有一种轻松舒适感,慢慢冷静下来,并逐渐恢复正常的考试状态。

3.引导邵同学充分倾诉,通过倾诉来释放压力

倾诉是一种常用的情绪表达方式,但是青少年学生处于特殊的年龄阶段,具有闭锁性和开放性相伴随的心理特点,只有他们觉得对方能够理解和接纳自己的时候才愿意开放自己。所以在倾听的过程中,充分的尊重非常重要。我给予邵同学充分的尊重和接纳,并以积极的应答和关注回应他,鼓励他将内

心的烦恼一吐为快。果然,邵同学说完自己的故事之后感觉轻松多了。

(五)辅导效果

邵同学在高考时没有出现怯考现象,而是轻松愉快地完成了整个高考,最后取得了理想的成绩。

总结

高考在每个学生的人生中都占据着举足轻重的地位,高三学生在面临高考时难免会害怕、焦虑、紧张、恐惧,担心在考试过程中表现不好,适当的考试焦虑是正常的现象,但如果有学生表现出明显的情绪波动、思维混乱或者躯体化症状,就需要老师格外关注了。在高考面前,学生可能出现的心理问题有很多,引发学生心理问题的因素也有很多,帮助学生调整心态,以良好的心理素质走进考场,是我们每位老师需要打赢的攻坚战。

（潘慧娥）

第四节　严爱相济,收获成长与幸福

摘　要:处于青春期的学生需要情感的认同和心理的支持,同时也需要榜样和模范的引领,班主任老师通过在管理中的"严"和日常交流中的"爱",让学生得到心理的支持,主动接受老师的教育并将模范和榜样的特质内化,进而改变行为,促进心理成长。

关键词:班级管理;教育对策;支持性心理疗法

马克思说过:"只有完善的集体,才能造就完善的个人。"而班主任则是集体的直接管理者,所以,班主任工作任重而道远。一个优秀的教师,应该不仅仅是上好一堂课,还要有管理、驾驭班级的能力。在班级管理中,各个班主任都八仙过海,各显神通,在管理中彰显着自己特有的个性,展示着自己的拿手绝活,没有好坏,只有适合不适合。

笔者认为,在班级管理中,班主任应该严格要求学生,但是这种严格应该是"严中有爱,严中有度,严中有法",即"严爱相济",而如何真正在实际工作过程中做到"严爱相济",是我们班主任应该一直研究摸索的问题。下面笔者以个案的形式,陈述自己的管理理念——严爱相济。

一、令人欣喜的成效

(一)喜收贺卡

9月10日教师节,早上一来到办公室,茵茵就送了我一张贺卡,贺卡上面的字写得整整齐齐:林老师,节日快乐,祝您身体健康,希望您越来越年轻、漂亮。在这里茵茵还要谢谢您对我有信心,对我的信任。从今以后我会做得更棒的,我要一直努力下去,这样我才可以拿到毕业证书,您说对吧。我一定会的啊,相信我哦!

(二)喜收信息

除夕那天,收到短信:林老师,新年快乐,希望您变得越来越漂亮、年轻,也希望您能一直这么自信、有活力,我茵茵也会很乖的哦。

(三)见证成长

过年我去家访,她下来接我,脸上灿烂的微笑,让我知道,这个年,她过得很好。看到我,她走过来抱着我,然后趴在我耳边轻轻地说了一句:"林老师,我一定会很乖的。"我用力抱紧了她,真心地笑了。

二、个案基本情况

个案基本情况见表4-1。

表 4-1 个案基本情况

基本档案、背景及主要问题					
姓名、年龄	茵茵(化名)17岁	性别	女	就读年级	高一
现监护人	茵茵姑姑	家庭居住地(类别)	政府救济房(孤儿)	家庭及经济情况	母亲在她刚出生时便离开了,父亲在她小学四年级的时候因车祸离开了,爷爷奶奶也相继过世。平时靠姑姑抚养,学费和生活费基本由政府解决。

续表

背景	1. 这是一个特殊的家庭，从小没有享受过母爱，父亲的离开，对她的打击是巨大的。她的智商也低于常人，有"三级智残"的残疾证书，也非常有可能是她的心智就停留在了爸爸过世的那一年。 2. 爷爷奶奶的相继离开，更让她的行为出现了异于常人的表现。 3. 姑姑家条件一般，对她照顾较多；但是更多时候，是她一个人住在政府提供的廉租房中。 4. 由于大家都了解她的家庭情况，所以初中三年，班主任基本不管她，只要她上课不捣乱，宁可她待在办公室里吃零食。
平时的主要问题	1. 由于智商的原因，她的很多行为都异于同龄人，如控制不住的大哭和大笑。 2. 学习成绩最后一名，上课经常捣蛋。 3. 与身边的同学、老师关系敌对，对人不信任，敏感。 4. 六月份试读的时候，三周内和班主任发生两起冲突，表现出一些歇斯底里的症状。 5. 爱吃零食，并且不分场合。
分析主要问题产生的原因	1. 一些好动的行为，以及情绪不能自制，有智商的原因，也有长期无人管教导致的自由散漫。 2. 初中时遇到了一些爱欺负她的同学，所以她对同学的信任感很低，总是觉得同学对她有很大的意见。 3. 从小缺少关爱，遇到的老师也是看她可怜，一味地在容忍她，没有人会真正意义上的将她当成一个正常的孩子来严格要求。 4. 渴望平等，随着她慢慢长大，她的思想也在慢慢地成熟起来，她已经能敏感地意识到自己和别人是不一样的，所以总是对老师的言行很敏感。

三、辅导方法和过程

(一)严而有理，信任开场——以理服人，一视同仁

9月份开学，由于6月份的表现(三周内与班主任发生了两次冲突，甚至有一次摔了自己的手机，跑出校园，还拿石头掷班主任)，茵茵被请到了教导处。当方主任电话通知我下去面对她的时候，我是忐忑的，因为我不愿意接下这个烫手的山芋。可是当看到她时，当从姑姑的嘴里了解到情况时，我却又狠不下心来拒绝。于是，我直视着她的眼睛告诉她："茵茵，以前的事我不管，但是我相信你一定有你的理由。今天，我留你下来，就是因为我相信，从今天开始，你会有进步和变化的。你愿意为此而努力吗?"我看到她坚定地点点头。

之后的几天,我时不时地找她说上几句,也观察着她和别的同学的不同。在与她谈话的过程中,我总是尝试着将她看成是一个正常的孩子,我告诉她:"茵茵,一个星期下来,你的表现是多么好啊,连×××都说你进步很大。(这个同学是她认为对她意见很大的。)对我来说,你仅仅在学校待满两年是不够的。我知道你完全可以和别的同学一样,很顺利地完成高中的学习。而我不会允许错过你的进步,也不会放纵你的散漫,但是不管你犯多少错误,我都会原谅你,虽然每一次我都会难过。"

(二)以爱为轴,严中有爱——特别的爱给特别的你

苏霍姆林斯基认为,同情人、关爱人是教育的血和肉,没有爱就没有教育。他一再强调说:"要成为孩子的真正的教育者,就要把自己的心奉献给他们。"爱是教师教育艺术的基础,教师对学生真挚的爱能产生巨大的感召力和推动力,不仅能激发学生积极向上的热情,而且有利于学生智力的发展,形成健康的情感和良好的个性。

从开学到学期结束,只要遇上大的节日放假,我都会给她打个电话,提醒她在家要注意安全,问问她今天又给自己做什么好吃的了,姑姑是否在陪着她。我也常常联系她姑姑,一起帮助她,当然在沟通的过程中,得到了她姑姑的认同和配合,很多时候,姑姑会把她带到自己家里去。

慢慢地,她上课不再讲话了,如果偶尔讲了话,也会下课主动来认错;慢慢地,她上课不再吃零食了;慢慢地,她不再仇视她以为会欺负她的人了;慢慢地,她在学校里有了好朋友。

(三)严而透情,爱中有法——触动心灵,拨动心弦

情感是人对外界刺激肯定或否定的心理反应。心理学研究表明,情感是影响教育质量的一个重要因素,情感教育是素质教育的一个重要方面。情感教育是指教育者在把知识传授给学生的同时,教会学生如何学习、如何处事为人、如何控制自己的情绪。教育心理学认为,在教育的情景中,互动的情感关系是学生最终取得学业成功、教师最终实现教育成功的关键。

在半年的交往中,她成了我一个很重要的牵挂,而我的批评、表扬也成了她每天行为的自检标准。她经常会跑进办公室,问上一句:"林老师,我最近乖不乖?"当我肯定时,她就会开心地跑出去;当我提出她不小心犯下的错误时,她就会说上一句:"我知道了。"虽然,很多时候,她的行为看起来是那么的幼稚,可是我知道,在心里,她认可了我。

过年前一周,我给她买了新衣服,她好高兴,马上就把新衣服穿在了身上,然后开心地对着镜子笑啊笑的。忽然,我也觉得好开心。也许在她的世界里,开心了就是开心了,并没有太多的顾虑。

四、结束语

我不知道两年之后的她会怎么样,我希望她可以继续进步下去,她可以适应这个社会,她以后可以不依赖残疾证就可以自己养活自己,我想,如果那样的话,作为一名班主任,该是最欣慰的!

一晃新学期又来到了,她又来到了学校。傍晚值班时,她跑过来,说:"林老师,你去我家吧,我做饭给你吃,真的哦,我会用电饭锅做饭了,我想做给你吃。"我开心地答应了。

昨天收上了学生的寒假日记本,看到了茵茵的日记,幸福感油然而生。当一个孩子愿意为了让我高兴而好好听话,这是何种程度的信任啊!

其实,有时候职业倦怠感是需要用一些幸福感去冲击的,而幸福感的产生就在我们一点一滴的工作实践中。美国著名学者爱默生在《报酬》中写道:"每一个人会因他的付出而获得相对的报酬。""在生活当中,每一件事,都存在着相等与相对的力量。"是的,我们最大的满足感和幸福感,永远是来自自己对别人有所付出时。教师,多么幸福的职业啊!

(林　萍)

第五节　幸福,拐了一个弯

摘　要:问题学生各有各的"问题",教育转化时需要教师全面了解问题学生的具体情况,包括学习、生活、心理和家庭等各个方面,然后认真分析再采取对策。采用经常与家长取得联系,采用"捕捉闪光点""及时鼓励"等方法,逐步引导,用爱心去抚平学生心灵的创伤。
关键词:心理辅导;问题学生;守望教育

叶圣陶先生曾说过这样一句话:"教育是农业而不是工业。"意思是说:教育就像农业一样需要一个缓慢的过程,需要很长的一段时间,而不能像工业一样批量生产,迅速出炉。2014年9月,我接任了高三(1)班的班主任,班里有一名从我校初中部升入的学生小军,通过我校多年的转化教育,至2015年毕业之时取得了较好的效果。回顾小军一路成长的历程,我深深地体会到教育是一种缓慢的艺术,是一种等待的艺术。

一、个案基本情况

(一)个人及品德学业情况

小军是初二第二学期来到我校的,在来我校之前已经辍学一个多月,与一帮社会青年混在一起，也不回家，主要混迹在网吧之中，饿了，吃一包方便面，困了，就在网吧里睡一会儿。小学曾就读于南京丹阳的一所双语学校，属于寄宿制的，初中在杭州××学校就读。初中时期，小军常常与学校的"问题学生"待在一起，不服从老师教导，甚至出言不逊，让老师们及小军的家长感到颇为无奈。刚到我校时，小军还有很严重的网瘾，做事我行我素，不服从管教，邋遢成性，其他同学对他都比较反感。学习方面，由于从小接受了双语教育，小军的英语底子不错，但已荒废不少，数学成绩比较落后，语文成绩马马虎虎。

(二)性格特征

小军性格急躁，容易冲动，好发脾气，经常暴怒，对老师的严格管教会以暴力来抗拒，自我保护意识极强，不易接受批评，多为自己辩护，生活习惯极差，不讲卫生，懒散，经常想逃学出去上网。

(三)家庭情况

小军有一个尴尬的身份——"私生子"。20 年前，他爸爸在当地经营一家工厂，有较好的经济能力。他的妈妈刚刚离异，带着一个女儿，在朋友的介绍下到他爸爸的厂里打工。他爸爸当时已年近五十，已有两个儿子和一个女儿。小军的出生引起了这个家的极大震动，但因他爸爸掌握着这个家的所有经济来源，在一阵风雨后，小军的存在也渐渐被大家接受了。从小学一年级开始，小军就被送往南京的一所寄宿制双语学校就读。小学毕业之后，转回杭州××学校继续上初中，就在这一时期，小军的不良行为习惯日益加重。雪上加霜的是，小军爸爸的公司经营方面出现了一些状况，正在走下坡路。小军妈妈此时沉迷于麻将与赌博，因日益膨胀的欲望得不到满足，一纸诉状将他爸爸告上法院，要求一次性支付抚养费等共计 10 万元。在经过亲子鉴定后，小军爸爸最终同意支付 10 万元，也决定从此以后与他们母子断绝来往。但更糟糕的是，为了躲避赌债，小军妈妈竟然变卖了房产，趁着小军熟睡时，一个人带着钱和物品搬离了住处，只给他留下了 50 元钱，从此杳无音信。小军就这样辍学了。

二、个案问题分析

(一)家庭因素

因为小军的特殊身份，从小就有人对他指指点点，使他变得脆弱而敏感，继而会用暴力去反抗。他把所有矛头指向他的父母，对他们有诸多的埋怨。小学一年级，那么小的年纪，正是在父母身边撒娇淘气的时候，他却一个人孤单地住在学校里，人生地不熟，更加深了他与父母之间的隔阂。本来父亲会给男孩权威感、纪律感和约束感，而他的父爱却长期缺失，造成了他心理上的不安全感。他的母亲对他的关心过于物质化，而在精神上交流得很少，母亲本身的一些做法呈现了一种坏榜样的形象,直至最后的不辞而别,这是一种极不负责任的表现。父母在他的成长过程中缺乏监管的作用,让他对家庭缺乏基本的归属感。

(二)社会因素

虽然很多相关的法律和法规规定,禁止未成年人进入营业性娱乐场所和网吧,但网吧老板常常对未成年人上网的行为睁一只眼、闭一只眼,在网吧上网的未成年人比比皆是。由于小军在现实生活中得不到认可,他转而投向了虚拟世界,在网吧,他沉溺于虚幻的网络空间中,并接触到了黄、赌、毒及暴力血腥等方面的东西。慢慢地,小军的人生观和价值观开始往错误的方向倾斜。

(三)学校因素

小军由于缺乏家庭管教,性格暴躁,不能与同学和睦相处,情绪易激动,克制力差,爱起哄,上课爱讲话,受到挫折时不能正确对待,往往采取缺乏理智的攻击性、破坏性的行为,以解心头之恨。中小学教育虽然极力提倡素质教育,但在巨大的升学压力面前,大多仍是实行应试教育,对于"双困"学生,投入的精力明显不足,大多是以严苛的纪律和严厉的处罚来进行约束,很少从心理方面进行疏导。

三、辅导方法和过程

(一)培养自信心和自尊心

表扬和鼓励是培养学生自信心和自尊心的一条有效途径。小军有一定领导能力,所以我们让他成为班干部中的一员;小军有唱歌方面的特长,所以我们鼓励他积极参加学校组织的校园十佳歌手比赛,以及参加××地区"好声音"的录制;小军的英语不错,所以我们邀请他早读的时候为同学们领读;了解到小军一直向往部队生活,在军训时,我们特意安排了军官与他单独聊天,肯定他的努力付出,并给予军训积极分子称号;当小军的成绩有了明显进步时,我们向学校申请给予"政府奖学金";小军的口才和胆量都还可以,我们会让他在学校的一些公开场合发言,一方面锻炼他的能力,另一方面也是对他的一种约束。

(二)拥有耐心、平常心和宽容心

小军长期以来形成的坏习惯,存在很大的顽固性,他的转变是一个长期的过程,需要"反复抓,抓反复"。苏霍姆林斯基说过,对一个学生来说,五分是成功的标志,而对另一个学生来说,三分就是了不起的成就。对待小军这样的问题学生,教育者要有一颗平常心。《麦田里的守望者》为世界贡献了这样一个词语——"守望",教育不是管,也不是不管,在管与不管之间,有一个词语叫守望。守望教育就是守望教育的理想,守望教育就是守望学生的幸福。

(三)做好家长和孩子双方的工作,帮助家长与孩子沟通

小军心里一直对父母有所怨恨。母亲的独自离开,成为他心底永远无法抹去的痛,父亲是他唯一的希望,教师就是他们父子之间沟通的桥梁。首先让小军体会到他爸爸是爱他的,作为一个年逾古稀的老人,除了必需的生活费之外,小军父亲还尽力在为他的将来筹划,主动联系班主任了解他的学习生活;在小军二十岁生日那天,委托班主任为他购买蛋糕;每周一早上,风雨兼程送他上学等。同时,只要小军取得一点点的进步,学校就告知其父亲,让他及时加以肯定和鼓励。

(四)借助学校心理辅导团队的力量

除了学校每周开展的心理健康教育课之外,小军一旦碰到心理某一方面的困惑,会主动与心理老师联系,寻求专业的解答,并阅读心理方面的书籍,每天写日记,记录自己的心情。

四、个案反思

经过我校三年半的转化教育,小军最后以全班第一名的成绩考上了大学,因他立志从军,经过层层选拔,现已成为一名光荣的中国人民解放军。他与父亲的关系有了明显的缓和。在毕业典礼上,小军对学校和老师表达了浓浓的感恩之情。他的幸福,虽然拐了一个弯,但还是来了。

对有问题的学生,千万不要放弃。一名学习困难并有问题行为的学生,他的转变是全体教师的成绩,是教育合力的体现,绝不是哪一个人能独立完成的。他既需要严父般老师的当头棒喝,也需要慈母般老师的循循善诱,既需要兄长般老师的暴风骤雨,也需要姐姐般老师的和风细雨,更需要心理老师从专业角度进行深度剖析,提供解决问题的良策。要纠正一个孩子的不良行为,教师的爱是非常重要的,师爱是一种无私的、宽严相济的爱,这种爱是一个心灵受过创伤的孩子改正错误的良药。

(丁利平)

第六节 感人心者,莫先乎情
——浅谈问题学生情感体验的缺失与情感教育的重要性

摘　要:问题学生不良行为和习惯的养成,与其成长中的情感体验密切相关。家庭、学校和社会生活中体验的缺失最终酿成了问题学生的曲折人生。笔者试着从专门学校学生情感体验的缺失,探究情感教育在问题学生培养中的重要性。

关键词:问题学生;情感体验;缺失;情感教育

一、问题学生

文中的问题学生,主要是指初中阶段(年龄在 12~17 岁,集中在 14 岁、15 岁和 16 岁)的学生群体。这些学生跟同龄段学生相比,他们在思想意识、心理认知和行为习惯方面存在缺陷:思想意识消极懈怠、心理认知扭曲、行为习惯较差,需要进行专门有效的教育和引导,培养积极的思想观念,树立正确的人生观,培养良好的生活和学习行为习惯。此外,问题学生背后往往有一个问题家庭,因此对问题家庭给予正确的教育指导,亲子之间建立良好的家校沟通桥梁,多方面为问题学生健康成长助力,已经成为问题学生健康教育中必不可少的方面。

目前,专门学校教育工作者必须全面了解身边的这些孩子,从对孩子的偏见中走出来,真正成为孩子的朋友、长者,才能从情感上悦纳他们,走进孩子的心灵,做他们的良师益友。

二、情感体验的缺失

问题学生的不良人格和不良行为习惯的形成是一个长期的过程,主要受内因和外因的影响。

(一)问题学生不良人格和问题行为形成的内在因素

内因是事物发展的根本原因,决定着事物的性质和发展方向。问题学生不良人格和行为的形成主要与青少年学生自身的特质密切相关,如自身的人格特点、兴趣爱好、行为习惯。由于还处于未成年(年龄大致在 12~17 岁)阶段,他们的世界观、人生观、价值观、道德观还未形成,在为人处事方面,易随性而行,是非观念薄弱,认知水平较差,往往导致人格的缺陷,如果缺少正确的教育和引导,极易陷入恶性循环,离正确的人生轨道越来越远。

(二)问题学生不良人格和问题行为形成的外在因素

问题学生不良行为习惯的养成还受一系列外界环境因素的影响,主要有三个方面:家庭、学校和社会。问题学生在家庭情感、学校教育情感和社会情感体验的缺失,是造成他们行为偏差和人格扭曲的重要因素。

1. 家庭情感体验的缺失

家庭是一个孩子人格和行为习惯形成的重要的,也是最初的外部环境,孩子从呱呱坠地就处在一个家庭中,家庭的生活条件、家庭成员结构、家庭成员关系、家庭成员素养及家庭和谐氛围等从一开始就影响着孩子的一点一滴。孩子在成长中耳濡目染家庭中的一切,在其幼小的心灵中烙下了深深的印迹,无形中孩子的言行、举止、行为、习惯、待人接物的方式也渐渐形成。家庭是孩子接受教育的启蒙场所,在良好家庭中成长的孩子,一般来说,人格是比较健全的,而问题家庭中成长的孩子,则往往不能给予孩子恰当的亲情慰藉,致使他们在成长中家庭情感缺失,例如,亲子关系疏离家庭、单亲家庭、重组家庭和隔代抚养家庭中的孩子成长情况。下面笔者结合案例加以分析。

(1)亲子关系疏离家庭

这样的家庭在问题学生中较为普遍,亲子关系疏离主要有父母子女关系淡漠、父母子女间不能逾越的代沟、父母子女间不可调和的矛盾。疏离的主要原因多是父母忙于工作(务工),疏于关心孩子,缺少与孩子的沟通和交流,仅仅限于满足孩子的物质需求,不能从情感上、精神上更好地关心子女的身心发展。

案例:欣欣,1997年生,家中独生女。欣欣成长的物质环境比较优越,尽管父母离异,但是父母对她的爱并没有像她说的那样少。父母都爱她,就连爸爸家族和妈妈家族的人也都很爱她。由于父母自幼比较溺爱,要什么给什么,物质上非常充裕。但是精神上的沟通很少,特别是父母离异以后,欣欣跟着爸爸,爸爸在异地上班,很多时候寄宿在姑姑家,亲情的疏离,使她变得少言寡语,异常叛逆,离家出走,不跟家人联系。几次被家族的人从宾馆里男女混居处找到。几次反复后,家族的人开始戴着有色眼镜看她,对她说的话和做的事全盘否定,就连最疼爱自己的爸爸,也不再信任她,再婚的妈妈不再过问她,这些都在她的内心深处留下了不可抹去的伤痕。

几次面对曾经很爱她的姑姑和姑丈,倾听着他们讲述戴着有色眼镜下看到的那个女孩,我"看"到的是一个多么无助和可怜的孩子。倾听着每次爸爸打来的电话,我眼前浮现出一个抛弃在荒郊野外的孩子。父亲无助的眼神"诉说"着心中的苦闷,有对孩子的无奈、失望,亦有对孩子教育问题的茫然,也像在向我们祈求着什么,似乎这里成了"救活"孩子的最后一根稻草。

反思:问题学生中这样的案例很多,亲子关系疏离家庭中孩子的教育值得我们专门教育工作者深思,让这些孩子更好地成长,指导这些家长走出孩子家庭教育的误区,都是迫切需要解决的问题。针对这个案例,笔者主要从三方面进行了情感的疏通。

一是从情感上悦纳欣欣,做她的忠实听众,了解她真正需要的是什么。首先,她最需要的是得到家人的信任,不要因为之前的过错就彻底否定她。其次,希望不好的事情只跟自己的爸爸妈妈沟通,不要跟有时来接送的姑姑或姑丈说,以免亲属对她仍有偏见。再次,希望老师把进步的地方说给家长听,给自己正能量。针对欣欣提出的要求,笔者一一承诺,并提出君子协定,笔者做到了,她也要做到。为了解除她对老师的戒备心理(学生总认为,老师只会跟家长打小报告),在跟父母面谈或者电话沟通中,让她在笔者的身边,甚至参与进来,及时跟家人沟通和交流。长此以往,欣欣看到了老师的诚意,也解除了对家长的不满,跟家人们沟通起来。

二是单独与父母和亲属沟通,让他们悦纳自己的孩子。肯定欣欣的进步后,也指出欣欣存在的问题,以便家长做好心理准备,学会如何与孩子交流。家长相对来说比较配合,学生放假回家时,再给家长打电话联系,了解她在家里的情况,以便回校后,如何做好接下来的工作。家长感受到了学校和老师带给孩子的变化,也更加信任学校和老师,更支持我们的工作。

三是"因材施教",在学校里充分发挥她的特长,让她在收获中体验学校生活的乐趣,再渐渐地培养她的新目标。因此,她变得比较稳定,没有逃跑或者夜不归宿的行为,学习上有了动力,最后顺利毕业并升入高一级学校。

情感的疏通,既要做好学生的情感交流,又要做好家长的情感配合,同时在学生取得成就时,不断引导,树立更高一点的目标,让他们在生活中有方向可寻。这项工作很细腻,需要专门教育工作者不厌其烦,敢于承受和付出。

(2)单亲家庭

单亲家庭在问题学生中占有很大比例,这部分学生出现问题的原因:一方面是父亲(或母亲)既要忙于工作,为生活所累,时间上不能更多地陪伴孩子;另一方面是父亲(母亲)一方成为孩子小家庭成长的全部,父亲有严肃、阳刚的一面,但缺少了母亲的慈爱,母亲有善良、细腻、温柔的一面,但缺少了父亲的严厉。父亲或母亲缺少其一,给予孩子的家庭之爱都不完整,孩子在成长中只能得到单方的爱。单亲家庭对孩子的健康成长是极为不利的,享受不到完整之爱的孩子缺少的是人间最为珍贵的亲情体验。

案例:张××,1994年出生,农村户口,独生子,父母离异,母亲再嫁,父亲独身。了解到该生是一个不学习、抽烟、不听话的古怪的学生,其身上体现着男孩子的阳刚之气,有种"人不犯我我不犯人,人若犯我我必犯人"的男子气。在新高一阶段带班的过程中,笔者发现他身上有不少的闪光点:能与师生很好地交流,有正义感,个人生活习惯良好,为人比较乐观,具有较大的可塑性。在一次偶然的事情中,发现他的转变很大。记不清是哪天值班,早上起床后,他到值班室跟我说,没有裤子穿了(天一直下雨,校服洗了未干),带的仅有的一条裤子前门的纽扣掉了,他问我能不能去校门外看看有没有修补裤子的店。考虑到学生的特殊性和时间尚早(六点半左右),我开玩笑说:"你老师我不是在嘛!"他也打趣地说(其实也想趁机出校门玩一下):"你又没有针,有针也没有线。"我笑言:"真不巧,为了给你缝裤子,我办公室里都准备着呢。"他后来笑着说:"真倒霉,你还什么都带啊?"之后,大约六七分钟,我把缝好的裤子拿到寝室,他有点惊讶(缝得好快)。这之后,张同学做事情特别勤快,也喜欢跟我聊天。记得一次张老师下班前交代我,别的班级两位同学跟他有问题,注意一下。在校园里,与他边走边聊,详细了解了事情的起因、经过,然后就事情本身闲聊起来,慢慢地谈到事情的后果以及对自己的伤害,之后谈论如何在一个环境中保护自己,如何做人行事。就这样由浅入深地对其进行引导,即用适合他的口吻,又不失时机地加以引导,从一件小事做起,给予他的不是单纯的看护,不是简单地为了遏制住即将发生的事情,更重要的是让他明白自己需要的是什么,不是争强好胜,不是年少轻狂,而是在事情面前学会分析和权衡,学会明辨是非和为人处事的道理,以及作为一个人的基本的责任意识。

反思:从这个案例可以看出,单亲家庭的孩子缺少的是完整的爱,针对单亲家庭的具体情况,给予孩子不同的引导,在校园里弥补他们成长中家庭情感教育的缺失,这样教育就会收到事半功倍的效果。

(3)重组家庭

重组家庭也是问题学生中较为常见的家庭结构形式,它在一定程度上弥补了单亲家庭父母一方角色的缺失,但是重组家庭的结构形式又让孩子体验另一种家庭环境,这会在孩子幼小的心灵上留下阴影。孩子面对全新的环境,他(她)往往对新的父母选择沉默,从内心深处比较和探视新父母,新父母稍有不合其心意的地方都会引起他(她)的戒备心理,从而封闭自己,在自己的世界里生活着。

案例:吴××,1995年出生在农村,原家庭为独子,其父好逸恶劳,有赌博不良习惯,夫妻关系不佳。新家庭中,有一哥一姐,与继父关系不好,平时主要是其母管教。此人有不少不良的行为和习惯,为人虚伪,爱说大话,缺乏一定的交际能力,有比较严重的偷窃行为,但他身上也有不少闪光点,他渴望读书,动手能力较强,善于表现自己。从吴××成长的家庭环境看,其自幼就受到了不良环境的影响,加之新的家庭环境中,没有他自己所期望的爱的温暖,变得更加自私、冷漠。他的行为偏差和人格缺陷在不同的家庭中没有得到很好的引导。其母尽管非常关心他的成长,但教育方式不当,除了更多的责骂、抱怨,没有更多的鼓励,致使他越发封闭自己,与家庭越来越冷漠。其母恨铁不成钢的急迫心理也有缘由,他的偷窃事情让其母甚为报颜,一次次的失望和打击也使继父对其不理不睬。长时间生活在"没有温暖"的家庭中,人格发展很不健全。在学校里,与同学间的关系处理不好,因为自己的行为,常受到身边同学的讽刺和排挤。为了掩饰内心的虚伪,为了寻求心理上的平衡,在社会上受着不良行为的影响而误入歧途。

反思:从吴××这一案例可以看出,家庭情感的缺失,对孩子幼小的心灵造成了致命的伤害。引起我们深思的是,重组家庭应该如何面对孩子的教育问题,怎样才能给孩子一个健全的生活环境;面对孩子出现的问题,教育者应该怎样去引导他们;在学校这个大环境中,如何创造和谐的环境,如何给予恰当的爱,矫正不良的行为和习惯,培养健全的人格是特殊教育工作者应该深思的问题。

(4)隔代抚养家庭

隔代抚养家庭一般存在以下情况:一是父母双方在外务工,无暇顾及孩子,放在家中由祖父母照顾(如留守儿童);二是不良的父母关系,不能给孩子一个好的环境,父母双方都推脱责任;三是离异家庭的孩子,在判给父母一方时,由于种种原因,往往寄养在祖父母(或外祖父母)家里抚养。无论是哪种情况,孩子在这样的家庭环境中成长,不能真正体验到一个孩子应该得到的父母之爱。而隔代抚养的多为祖父母辈,他们或过于溺爱孩子,或冷落孩子。因其与孩子之间年龄的差距和祖父母的认知能力,往往与孩子缺少共同语言,难以沟通。随着时代的发展,祖父母辈也很难了解当前孩子的情况。孩子在这样的环境中成长,缺少父母之爱,缺乏家庭之爱的滋润与感化,会出现各种各样的成长问题。这样的案例也不少,不再详细列举。

家庭环境的好坏直接影响着未成年人能否形成独立的个性,影响着青少年学生的心理、行为与价值取向。重视孩子成长中的家庭情感培养,尽力弥补成长中的缺失,对于孩子良好行为习惯的养成、健全人格的形成具有重要的作用。为人父母,无论自己遇到什么样的境况,都应该负起责任。

2.学校教育情感的缺失

教育是培养人的价值的社会实践活动,是对人的价值的发现、挖掘、形成和规定。提高人的主体性是教育的最高价值追求和终极意义。学校是教育的重要场所,由教师直接对学生产生影响,学校教育不仅要传授知识和技能,更要促进学生人格健康发展。人格的健全不仅指生理上的健康,更重要的是精神和心理上的健全。素质教育已经在我国实行了很长一段时期,它避免了应试教育的诸多弊端,为教育的发展和人才的培养做出了巨大的贡献;但是素质教育不是完美的教育,由于当前的国情和教育现状,教育中还是存在着过度强调智育、忽视德育的现象。过多地强调成绩与升学率依旧是大部分学校工作的重点之所在。在整个教育过程中,学校为了出成绩,教师为了名次,把绝大部分精力投入到学生的学习方面,评价体系依然以学习成绩的优良为主要标准。教育者将学生看成单纯的教育对象,忽略了对其情感的关注,这不仅会造成学生学校教育情感体验的缺失,也会导致学生不良行为习惯的产生。我们的教育对象是富有情感的一个个独特的生命体,要正确地教育和引导他们的成长,就需要认识和形成人的价值,需要从人的最原始的、自然的、最单纯的情感出发。

天真、活泼的孩子进入校园后,就开始了一桌一凳的课堂生活。他们在教师们预设的课堂中度过漫长的求学生涯,渐渐褪去了孩子的天性,原本活跃的思维、丰富的想象力和对世界万物的好奇心、探索心也被繁重的课业和固化的模式所束缚。长此以往,学生们的成绩也出现了三六九等的差异,成绩好的学生在老师的"宠爱"下更加优秀,中等的学生在老师的鼓励和自己的坚持下也或上或下地起伏着,而成绩差的学生则往往听到的是老师的批评,被忽略在陌生的角落里。在自尊心的驱使下,他们大多数会自暴自弃,封闭自我,甚至行为上开始放任自流。为了寻求精神的解脱,但又由于缺乏正确的价值观、人生观和道德观的指引,他们难以抑制外界各种各样的诱惑,从而在道德的边缘上越走越远。

作为教育工作者,应从挽救孩子的心灵做起,适时地给予爱,充分了解学生,协调学生在同学间、师生间、家庭间的关系。鼓励同学间团结友爱、互帮互助。体贴关爱落后生,鼓励他们重拾对学业和生活的信心,指引他们与教师的沟通。针对不同学生的家庭情况和父母与子女间的关系,给予恰当的引导,让孩子在父母面前树立自信心,同时与家长密切联系,沟通交谈,让家长明白孩子的情况,引导家长正确地看待自己的孩子,指导家长采用正确的教育孩子的方式、方法。夏丏尊先生曾言:"教育没有了情爱,就成了无水的池,任你四方形也罢,圆形也罢,总逃不了一个空虚。"这种"空虚"的后果是无比可怕的,因此,关注孩子的身心健康成长,情感显得尤为重要,师生间、父母子女间、学生间的情感以及社会对孩子的情感共同影响着一个孩子的发展趋向,尤其是"落后生"的成长。给孩子独立自由的空间,给学生以充分的尊重,就成了我们教育中不可或缺的一项工作。问题学生在早期的学校教育中,应该说没有得到很好的教育和指导,进入专门学校后,得到了老师和学校的悉心引导,从中体验到学校教育的乐趣,当然也存在工作不到位的情况,这需要专门教育工作者更精心地投入。

3.社会环境情感体验的缺失

社会是一个大熔炉,对未成年人有积极和消极的双重影响,对于人格健全的孩子起积极的引导和促进作用,而对有不良行为的学生,不良的社会环境往往会起到消极的作用。在家庭和学校情感教育缺失的情况下,为了寻求精神的寄托和心理的安慰,思想不良的人往往聚到一起,沉迷网络、抽烟、赌博、偷窃、聚众斗殴,甚至谈情说爱误入歧途。

案例:沈××,1994年出生在农村,有一姐姐。进入专门学校前,行为习惯极其恶劣,整天逃学,与社会上一群男男女女混在一起,夜不归宿。抽烟、赌博、聚众斗殴是他生活中常有的事情,在他的意识里,这样的生活很威风、洒脱。进入我班后,前期亦是经常逃学,周末放学不回家,依然混在他们的组织中,这样不仅对他的成长不利,在班内影响极坏,赌博、男女问题也成了男生们经常挂在口头的话题。通过家访和跟家长的密切联系，利用沈××比较听姐姐的话这一点，从时间和空间上切断他与外界的接触。在校期间，借助他自身的一些闪光点，如思想相对成熟，爱说笑，能够跟老师谈心等，在活动与聊天中详细了解他的校外生活状况，然后结合发生在他身上的斗殴等事情，谈及利弊，从思想与情感上影响他，引起他思考。第二学期即将面临毕业，借助这一学期的特殊性，强调毕业和升学等的重要性，严格要求作息制度、班级纪律和学校规章等。因担心毕业问题，该生这学期没有逃过一次学，放学后回家，周末常待在家中。通过与其QQ聊天，得知他逐渐喜欢上了家里的温馨氛围，周末常陪妈妈去超市，享受母亲犒赏他的美味佳肴。毕业前，将最"珍贵的"头发剪掉。毕业后，因没有被合适的学校录取，在家后悔莫及，整天哭泣。其母坦言，如果早点送到我们学校，孩子就会发展得更好。

反思：这一案例，需引起专门教育工作者特别注意的是，面对行为较为恶劣的学生，应该从哪些方面着手教导，如何协调学校与家庭等的关系，共同创建爱的氛围，弥补孩子曾经缺失的情感体验。

三、情感教育的实施

白居易在《与元九书》一文中写道："感人心者，莫先乎情。"即能够感化人心的事物，没有比情先的。教育的对象是正在形成中的最细腻的精神生活领域，即智慧、感情、意志、信念、自我意识。这些领域也只能用同样的东西，即智慧、感情、意志、信念、自我意识去施加影响。有鉴于此，教育应把人的情感发展看作是教育中的一个本源性、根基性的问题。因为情感才是真正属于个体的，它是内在的、独特的，是人类真实意义的表达。情感教育理应是关注学生情感、态度和价值观，促进学生全面健康发展的教育。

(一)泛爱众：博爱育人

鉴于教育对象的特殊性，教育者需要做到广泛地爱护身边的每一位学生，做到了解每一位学生，尊重每一位学生，因为缺少了了解和尊重，就不能很好地展开教育。任何一个教育者必须做到大爱无疆，不因学生成绩高低、爱好喜恶、条件优劣而区别对待他们，在教育的点点滴滴中，应该平等地对待每一位学生。对于相对特殊的孩子，更应该施予特殊的关爱，做到广泛地、公平地、真正地关爱每一位学生的身心发展。

(二)仁之爱：创设友爱、和谐氛围

"仁者爱人"即任何两个人之间都要彼此相爱，无论是父母子女还是师生亲朋都应彼此相爱。父母、教师真正做到爱孩子、爱学生，为他们的成长创设仁爱、和谐的生活学习环境，对学生健全人格的培养具有重要意义。家长、学校和社会无论在什么情况下都应该爱护孩子，在和谐友爱的氛围中，熏陶孩子

的点点滴滴。

(三)包容之爱:宽容育人

人无完人,任何人都有自己的缺点,未成年人亦是如此。教育者不仅要学会欣赏学生的优点,更要学会理解学生的缺点。只看到学生的优点,看不到学生的缺点或者包容不了他们的任何缺陷,就无从很好地实施教育、引导。需要注意的是,包容不是纵容,是在接受孩子当前现实的基础上,积极施以引导,矫正其身上的不足,更好地促进他们的健康发展。

(四)寓教于乐:乐观态度的培养

未成年人必须接受一定的教育才能更好地认识自己、认识自然和社会。面对学生厌学的情况,可以探讨多样的教育方式,根据学生的实际水平和兴趣爱好,多方面培养学生的认知能力、参与能力和创造能力,从多样的教学环境中培养其积极乐观的学习和生活态度,树立正确的人生观和价值观。

四、小结

问题学生情感体验的缺失,造成了他们人格的缺陷和不良行为习惯的养成,全面了解他们成长中情感体验的缺失对于当前普通教育和专门教育都具有重要的现实意义。学生多层情感体验的缺失,更凸显出情感教育实施的重要性。

(朱玉莲)

第七节　情绪聚焦疗法在学校心理辅导中的应用

摘　要:情绪聚焦疗法作为一种积极干预的心理咨询方法,在学校心理辅导中能够发挥重要作用。本节主要介绍了一例采用情绪聚焦疗法进行心理咨询的辅导案例,在此案例中,高中生小雯因为不良的成长体验,导致行为举止懒散,自我意识消极,笔者通过帮助小雯觉察情绪、调控情绪、转变情绪,进而找回积极的自己。

关键词:情绪聚焦;消极情绪;羞耻感;防御

一、个案基本情况

小雯(化名),女,15岁,高一学生,长相清秀,体型偏瘦。

小雯来自一个重组家庭,亲生父母在她很小的时候就已经离异,小雯跟随爸爸一起生活。后来小雯的父亲又重新组建了家庭,并与现在的妻子养育了两个孩子。目前,小雯家中经营着一家棋牌室,小雯的爸爸由于忙于工作,很少陪伴她,平时都是继母照顾她的起居生活。

在校期间,小雯表现懒散,遇事提不起劲,对学校的各项活动不感兴趣,常常在课堂上睡觉,成绩位于班级后列。并且,小雯与同学之间关系不亲密,虽然没有达到孤僻的程度,但是人际关系冷漠,和同学相处时透露出无所谓的态度。

课外时间,小雯喜欢到酒吧喝酒,或者待在自己房间看视频、睡觉。

二、案例分析

小雯表现出的行为是懒散的,态度是消极的,她一直抱着"过一天是一天"的想法,缺少追求和活力,这种消极信念已经影响到她的学习行为和交往行为,不利于今后的发展。主要可以从心理因素和家庭因素两方面来探讨小雯身上存在的问题。

(一)心理因素

小雯的内心是缺乏安全感的,是自卑的,对生活,她是无力的,是绝望的。在小雯的内心,她为自己筑起了厚厚的围墙,防止任何人的侵入,当她遇到不想面对的事情时,就选择睡觉或喝酒。在小雯的行为之下,是极强的防御心理,从精神分析的角度来看,遇到事情就睡觉是一种退行(regression)的防御机制,遇到事情跑去喝酒,企图将事情遗忘掉是一种压抑(repression)的防御机制。小雯为了避免精神上的不良体验,启动了不良的防御机制逃避现实,久而久之,小雯会习惯性地将情绪压制在心底,用无所谓的态度伪装自己的真实情感。

(二)家庭因素

小雯从小缺失亲生母亲的关爱,直到目前为止,她和父亲之间也未形成紧密的情感联结,这就导致了小雯的不安全感和无助感。一方面,小雯表现出对周围人的不信任,遇到事情藏在心里,倔强地拒绝周围人的帮助;另一方面,小雯表现出对父亲的不安全依恋,小雯是渴求父亲关心的,但当父亲真的关心她时,又像一只刺猬一样以抵触的姿态面对父亲。

与此同时,小雯家中经营着棋牌室,棋牌室嘈杂的环境也对她的成长造成了不良影响。

三、辅导过程

(一)辅导目标

1.近期目标

缓解消极情绪,正确认识自我,提升自我效能感,学会表达自己的需求和情绪。

2.长远目标

开发来访者的心理潜能,促进其积极、正向地面对未来生活。

(二)辅导方法及原理

1.心灵图卡

心灵图卡是一种心理投射测试工具,共包含 110 张不同内容的卡片。根据来访者选择的心灵图卡及由此描述的相关场景,咨询师能够更有效地接近来访者的内心,扩展咨访关系。在本案例中,选择心灵图卡作为沟通的媒介,为来访者提供了一个表达的工具,能为初始访谈营造一个轻松、自然的氛围。

2.情绪聚焦疗法

情绪被视为自我建构的基础,是自我组织的关键性因素。情绪聚焦疗法(emotionally focused therapy)重在提高来访者对情感的体验和解释,通过帮助来访者觉察、接受和理解他们的情感体验,来增强以情感为中心的应对能力。格林伯格(Greenberg,2004)认为情绪聚焦疗法必须经过"到达"和"离开"两个阶段,即一个人要想离开某种情绪,必须先到达该种情绪。具体而言,情绪聚焦疗法可以分为三个步骤:①情绪觉察;②情绪调控;③情绪转变。在咨询过程中,首先需要加强来访者对于情绪的感知,并辨识来访者在某种情境中的初级情绪和次级情绪,初级情绪指最原始、最基本的情绪体验,次级情绪指针对初级情绪进行加工后所表现出来的情绪。其次,对来访者的不适应性情绪进行调节,初级情绪和次级情绪都可分为适应性情绪和不适应性情绪,当不适应性情绪带给来访者长久反复的消极体验时,需要对此进行调节。最后,通过增强适应性情绪体验替代不适应性情绪体验,为解决问题提供正面导向。

3.空椅子技术

空椅子技术(empty chair technology)是格式塔流派常用的一种技术,是使来访者的内射外显的方式之一。空椅子技术在学校心理咨询中的应用一般可分为三种方式:①倾诉宣泄式。这种形式是假定空椅子上坐着某个人,来访者对着空椅子把想对他(她)说却没机会或来不及说的话表达出来,以此释放心中积压的情绪。②自我对话式。这种形式主要针对内心充满冲突的来访者,可以让来访者先坐在一把椅子上,扮演自己的一部分,然后再让他坐到另一把椅子上,扮演自己的另一部分,这样依次进行对话,从而达到内心的整合。③"他人"对话式。当来访者坐在一把椅子上时,代表了他自己,当来访者坐到另一把椅子上时,就代表了他想与之对话的人,通过自己和他人的对话,可以使来访者站在别人的角度看待问题,然后去理解别人。在这个案例中,将使用第三种形式的空椅子方法。

75

(三)具体辅导过程

1.使用心灵图卡,打开学生心扉

小雯习惯性隐藏想法,因此,我使用了心灵图卡作为首次咨询的沟通工具,欲打开小雯的内心之门。

在110张图卡中,小雯选择了"孤独"和"释放"两张图卡代表她现在的状态。小雯解释说,选择"孤独"是因为她喜欢一个人待着,"一个人待着就不必陷入虚假的关系,不必假装关心别人,我不想关心别人,也不需要其他人的关心"。选择"释放"是因为她在某些时刻感觉到压抑,很想要释放出来。她自我感觉最开心的时刻就是喝酒喝到意识模糊的时刻,然后大哭一场,接着睡一觉,能够什么都不想。

根据小雯对两张图卡的解读,能够初步了解到她目前的心理状态。小雯的心中积压着非常多的想法和情绪,这些想法和情绪蒙蔽了她对自我的觉察,以致在生活中浑浑噩噩的。接下来的咨询中,降低小雯对于情绪的感知阈限,让她说出之前经历中的不同情绪,将这些情绪宣泄出来,进而看清真正的自己,这是辅导的重点。

2.采用情绪聚焦疗法,激发学生的正能量

(1)情绪觉察

第二次咨询时,我请小雯分享了近期她印象比较深的一件事,小雯跟我讲述了她在暑期打工时的遭遇。暑期打工时,因为小雯是新人,很多事情不懂,在工作中造成了些许失误,店里的老员工们不仅没有帮助她,还嘲笑她、欺负她,这让她感到非常难过。但是,小雯不敢和老员工们起冲突,只能忍气吞声。在讲述这件事的过程中,小雯提到现在重新看待这件事时,她感受到了极强的愤怒和委屈。

之后,我们还一起回忆了其他的几件事,包括经历这些事时小雯的情绪感受。其中,小雯提到几个礼拜前,她和父亲发生了一场争执,原因是小雯爸爸要给她妹妹报补习班,她劝爸爸不要给妹妹报补习班,还是报兴趣班更合适,妹妹参加兴趣班学习技能以后也能赚钱,报补习班没效果而且还贵。她的爸爸没有赞成她的观点,更重要的是小雯觉得爸爸并没有真正思考过她的建议,这让她感觉到被忽视了,很难过。

在整个回忆和讲述的过程中,我对小雯流露出的所有情绪表示理解和接纳,这也是情绪聚焦疗法所强调的,咨询师要提供一个可接受的、共情的关系环境,为来访者提供新的人际关系体验和情感抚慰,让来访者的情绪得到自然流露。第二次咨询结束后,小雯表示整个人轻松了很多,通过用具体的语言将情绪表达出来,使小雯先前情感记忆中没有象征意义的经历被理解到,达到了情感觉察的目的。

最后,我给小雯布置了作业,希望她之后收集更多更丰富的情感词汇,并用词汇具体地描述情绪,更好地倾听内心的声音,感受情绪的流动。

(2)情绪调控

小雯在讲述愤怒、悲伤、委屈等情绪时都没有表现出明显的情绪起伏,我请小雯闭上眼,仔细体会她内心的感受。经过更深入的沟通,发现愤怒、悲伤、委屈等情绪都是小雯的次级情绪,而羞耻感是小雯的初级情绪,这种羞耻感是对自我的不认同。小雯哭着说:"我觉得自己一无是处,我的存在就是一个错误,一点价值都没有……"显而易见,羞耻感对于小雯而言是一种不适应性情绪,给她造成了很大困扰。在小雯的成长经历中,最重要的他人角色是父亲,在目前的相处模式中,小雯表示父亲不重视她,常常忽视她的意见,这让她感觉到强烈的无能感。这种无能感还泛化到了其他人际交往中,例如小雯对同学关系冷漠,是因为她不想在别人难过的时候安慰别人,她觉得自己无法帮助其他人脱离悲伤的情绪,而这会让她再一次感受到自己的无能,体验到羞耻的情绪。

我搬来了一把空椅子,对小雯说:"现在当你坐在自己位置上时,扮演你自己,当你坐到这把空椅子上时,扮演你的父亲,你可以站在自己的立场和父亲的立场进行对话,这个环境是安全的,你可以自由地和父亲进行对话。"刚开始时,小雯有些放不开,经过引导和鼓励,小雯进入了角色,她大声质问父亲:"为什么你从来不在乎我的意见,我也是为了家里好,但你不听我的,显得我很多余。考高中的时候也是,我跟你反复讲了很多遍学校怎么选,但你一遍遍地问我,都没有把我说的话放在心上……"坐在空椅子上时,小雯站在父亲的角度说:"对不起,我向你道歉,是我太自私了,是因为我的关系,才让你一直不开心,以后我会看着你的眼睛听你说话,也会把你说的话放在心上……"

在和"父亲"的交谈中,小雯表达并且宣泄了情绪,同时当她扮演父亲的角色时,似乎感受到了父亲的不易,在一来一往的对话中,小雯的羞耻感得到了疏解。

(3)情绪转变

在辅导后期我将重点放在提升小雯自信心上,通过提升自信心减弱羞耻感体验。在第四次咨询中,我对小雯说:"今天的任务是寻找自己身上的闪光点,这里有一张白纸和一支笔,请尽可能多地列举自己的优点。"

"我好像没有什么优点。"小雯的语气充满了沮丧。

"你有非常多的优点,难道自己没有发现吗?比如,在和老师沟通过程中,你能够非常坦率地表达自己的想法;当你感到难过、愤怒的时候,也不会将这种消极的情绪带给周围人,产生破坏性行为。在老师眼中,你是一个特别优秀的女孩。"

77

听了我的话,小雯的双眸闪现出光亮。随后她在白纸上一笔一画写下了自己的优点。

每位学生都需要被肯定,每位学生也都值得被肯定,特别是像小雯一样比较自卑的学生,他们更加需要来自外界的肯定,以此增强自我效能感,提升对自己的评价。经过这一阶段的辅导,小雯看见了自己身上的闪光点,相信她会在未来的生活中找到自己的价值所在。

四、案例反思

情绪聚焦疗法将情绪作为工作的重心,强调通过咨询整合个人内在的情绪反应。小雯的情况是很典型的因为不适应性情绪导致的生活节奏失控,进而陷入迷茫状态,这不禁令我想起徐凯文老师曾提出的"空心病"概念,现在有很多学生考上大学后就开始沉迷游戏,也有很多学生抑郁、自杀,徐凯文老师认为这是因为这部分学生缺乏意义感和存在感的价值观,他们不清楚自己的真实需求是什么,很容易丧失对生活的信心。在小雯身上,也存在类似"空心病"的状态,表现为缺乏对自我的掌控力,抱着"过一天算一天"的想法。在学校心理工作开展过程中,针对具有类似"空心病"的学生,或许可以以情绪作为切入点,帮助他们看清情绪、感受情绪,穿透情绪的迷雾,找到正确的方向。

(丁晓梅)

第五章　问题行为管理

第一节　青少年问题行为

一、问题行为概述

(一)问题行为的定义

问题行为(problem behavior)最早由美国心理学家威克曼(Wickman)提出,也被称为不良行为、变态行为、反社会行为、异常行为等。目前,问题行为仍没有统一的定义。威克曼(Wickman,1928)认为,"行为"是社会评价和社会规范的结果,而"问题行为"是个体行为与社会对行为的规范和要求之间产生了冲突。林格伦(Lindgren,1983)将问题行为定义为:儿童在受教育过程中出现的任何一种会引发麻烦的行为(干扰学生和班集体发挥有效的作用),或者说这种行为所产生的麻烦(表示学生或班集体丧失有效的作用),包括扰乱课堂秩序的行为和退缩行为。1988 年,世界卫生组织(WHO)将问题行为定义为一种持久的、反复发生的、反社会的、侵犯性的或反抗性的行为。埃默森(Emerson,2005)将问题行为定义为一种挑战性行为,是指行为的强度、频率或者持续时间偏离社会常态,会使个体或者他人的身体安全处于危险之中,但这种行为是由学生的能力不足造成的,能够通过行为治疗帮助学生提高处理问题的能力。

我国从 20 世纪 80 年代开始对问题行为进行研究,在引进国外有关问题行为的概念时,我国学者也对问题行为进行了更贴近中国实际的解读。张梅(1996)认为,儿童问题行为包括儿童行为和情绪两方面的异常,是儿童身心健康发展的重要障碍,表现为各种违纪行为和神经症行为。曾欣然(1998)认为,问题行为是学生成长过程中常见的影响学生身心健康、学习效果、品德发展的行为,会给学校、家庭和社会的常规施教带来困难,妨碍教育目标的顺利实现。廖全明(2004)认为:问题行为是学生在成长过程中出现的在严重程度和持续时间上都超过相应年龄所允许的正常范围内的异常行为。崔丽霞等(2005)则将问题行为定义为:在学校教育生活中,由心因性和外因性引起(神经生理性)的、显著异于常态而且妨碍其学业、社交及其他正常生活的行为。

虽然有关问题行为的定义仍存在争议,但对问题行为的内涵已有较为清晰的认识。第一,问题行为是一种异常行为,是违反社会规定的不为多数人所接纳的行为;第二,问题行为是一种具有破坏性的行为,学生的问题行为常会对教学活动带来麻烦,不利于学生人际交往,也不利于学生身心健全发展,严重的会危及社会,演变为违法犯罪行为;第三,问题行为是一种可被矫正的行为,学生的问题行为并不会伴随终身。青少年学生正处于成长可塑性较大的阶段,通过早期识别、对策科学、及时矫治等有效手段,能够帮助个体避免问题行为的进一步发生。

(二)问题行为的鉴定

目前,问卷或量表是鉴定学生问题行为的常见形式,常用的量表有问题行为早期发现测验、Achenbach 儿童行为量表、Conners 儿童行为问卷和 Rutter 儿童行为问卷。

问题行为早期发现测验由日本学者长岛贞夫编写,我国学者周步成对该量表进行了修订并制定了中国常模。问题行为早期发现测验由六个内容量表和一个效度量表构成,能够测试学生的人际关系、情绪稳定性和学习适应性,属于学生问题行为早期鉴定量表,在及早发现学生问题行为中扮演着重要角色,有助于对学生的问题行为进行预防性指导。

Achenbach 儿童行为量表由美国心理学家阿享巴赫(Achenbach)及埃德尔布罗克(Edelbrock)编制,1970 年首先在美国使用,我国于 1983 年引入,是目前使用最多的儿童行为量表。该量表主要用于筛查儿童的社交能力和行为能力,内容包含一般项目、社交能力和行为问题三部分。

Conners 儿童行为问卷发表于 1969 年,是评估儿童问题行为使用最广泛的量表之一,包含家长用表、教师用表及家长教师用表三种问卷形式。Conners家长用表包含 48 个条目,能够评定儿童的品性问题、学习问题、心身问题、冲动—多动、焦虑和多动指数 6 个因子。Conners 教师用表包含 28 个条目,能够评定儿童的品性问题、多动、注意力 3 个因子,适用于 3～17 岁的儿童和青少年学生。

Rutter 儿童行为问卷于 1967 年编制,包括教师问卷、父母问卷和儿童自评问卷,能分别对儿童在校和在家行为进行评定,内容包括一般健康问题和行为问题两方面。该问卷将问题行为分为两大类:第一类称为"A 行为",即违纪行为或称反社会行为(antisocial behavior),包括经常破坏别人和自己的东西、经常不听管教、时常说谎、欺负别的孩子、偷东西共五类;第二类称为"N行为",即神经症行为(neurotic behavior),包括肚子疼和呕吐、经常烦恼、害怕新事物和新环境、拒绝上学、睡眠障碍共五类。

通过问卷的形式将儿童潜在的心理活动数据化，能够有效评估学生是否具有问题行为，并判定其问题行为的主要表现，对后期确定学生问题行为的应对方式提供依据。

二、青少年问题行为的常见表现

根据倾向性标准，青少年问题行为可以分为外向性问题行为（externalizing behavior）和内隐性问题行为（internalizing behavior）。外向性问题行为包括攻击他人、破坏纪律、过分活跃、违纪违规等，是由于儿童自我调节能力不强导致的行为失控；内隐性问题行为包括焦虑、抑郁、孤僻、缺乏自信、退缩等，源于儿童过于强烈的自我调节。外向性问题行为和内隐性问题行为都对学生的学习、生活产生不利影响。本节重点介绍攻击性行为、偷窃行为两种外向性问题行为和退缩行为、学习困难两种内隐性问题行为。

（一）外向性问题行为

1.攻击性行为

攻击性行为（aggressive behavior）是一种故意伤害他人并给他人带来身体与心理伤害的行为活动（Anderson & Bushman，2002），是最常见的一种问题行为。艾克（Aeke）和斯拉贝（Slaby）在《儿童心理手册》一书中将攻击性行为定义为：旨在伤害或损害他人（个体或群体）的行为，通常伴随有激动或愤怒情绪，失去行为控制。攻击性行为可分为直接攻击性行为和间接攻击性行为。直接攻击性行为包括对他人打、踢、推、抓、咬等直接的身体接触，还包括直接的言语攻击，如辱骂、起外号、奚落、嘲笑他人等；间接攻击是通过第三方或中介手段实施的攻击性行为，如在背后说人坏话、散布谣言等。洛温斯坦（Lowenstein，1978）的研究显示，男生比女生更多采用直接攻击的形式，女生更多采用小群体排斥和散布谣言的方式攻击他人。这可能是由于男生的体格更加强壮，偏向于采用身体攻击的形式；而女生更容易形成小规模且关系密切的群体，偏向于通过第三方进行攻击。

多拉德（Dollard）等在其挫折—攻击假说（frustration-aggression theory）中提出，挫折是引发攻击的原因，当个体遭遇挫折后，会因为目标得不到满足而引起对挫折源的外显的或内隐的攻击。在专门学校中，直接攻击性行为或间接攻击性行为都不少见，正是由于专门学校学生常不被人认可，有时家长、老师和同伴对其抱有偏见，由此引发了学生的挫折情绪，导致他们更易与他人发生冲突，产生攻击性行为。

小贴士

　　1939年，美国耶鲁大学心理学家多拉德等在《挫折与攻击》一书中提出了"挫折—攻击假说"。该假说认为，挫折与攻击性行为之间具有一种内在的因果关系：挫折导致某种形式的攻击性行为；攻击性行为的产生总是以某种形式的挫折存在为先决条件。至于挫折在多大程度上引起攻击性行为，则取决于以下四个因素：反应受阻引起的驱力水平；挫折的程度；挫折的累积效应；由于攻击性行为而可能受到的惩罚程度。

2. 偷窃行为

偷窃行为（stealing）是一个敏感的话题，却是学生问题行为中较为常见的一种。遇到学生偷窃行为，教师常会感到为难：一方面，查清事实真相、调查出偷窃者并非易事，偷窃事件是很隐蔽的事件，很少有直接证据证明谁是偷窃者；另一方面，教育偷窃者更不容易，既要照顾班级良好的氛围及被偷窃者的情绪，又不能因为偷窃事件伤害到偷窃者内心，对教师的要求很高。那么，在学生偷窃行为背后，到底隐藏着怎样的心理活动呢？

偷窃行为其实与心理满足有很大的关联性。从生理需求而言，如果学生的生理需求得不到满足，就会通过偷窃的手段获取金钱、食物等，以维持基本的生活。从安全需求而言，当学生的父母过于严苛，对钱财控制过于严格时，学生常会因为无法满足物质欲望处于不安全的环境而选择偷窃。从社交需求的角度而言，青少年学生渴望得到同伴的认可，当个体在所属的同辈群体中因为缺少某样东西不被团体接受，而又无法通过合理的途径获得时，就会选择偷窃该样物品，以取得同伴的信任和接纳；同时，如果学生经常性被忽视，他们会采取某些极端的方式（如偷窃）以获取家长及老师的关注，满足社交需求。专门学校的学生更需要来自家长、老师和同学的关心和爱护，有时他们的偷窃行为只是出于心理满足的需要，如果这时教师和家长没有重视该问题，一味容忍孩子的错误，又未及时处理学生偷窃行为背后的需求矛盾，偷窃行为可能会发展为更严重的偷窃癖或演变为偷盗行为，对社会造成危害。

（二）内隐性问题行为

1. 退缩行为

退缩行为（social withdrawal）是一种孤僻行为，具体表现为上课睡觉、不听课，日常交往中过分胆怯，不喜欢和同学相处，独来独往，常会感到孤独、焦虑等。学生产生退缩行为的原因是多方面的，既有内部因素，也有外部环境的影响。内部因素主要为学生的生理特点，卡根（Kagan，1991）认为，个体的气质类型与退缩行为有关,抑制性气质的个体更易出现退缩行为;外部影响主要来自家庭和同伴,父母对子女的拒绝、否认、惩罚、干涉或过分管束和控制会引发更多的退缩行为,不当的教养方式会使学生养成被动依赖、缺乏独立的个性、社会交往能力不足等,表现为退缩和回避。对同伴关系的研究显示,退缩儿童一旦成为一个显著的偏向群体,则会遭到同伴的拒绝、孤立,更进一步地表现出孤僻。

退缩行为已被证实对学生当前和未来的发展不利,是儿童发展中的危险因素。但退缩行为作为一种内隐性问题行为,常和"害羞""内向"等现象混淆,不易被察觉,对退缩学生群体的忽视会影响这部分学生社会化的过程,长此以往,会造成学生的交往障碍。

2.学习困难

学习困难(learning disability)是专门学校中普遍存在的学生问题行为,突出表现在学生的学业成绩明显低于同龄人的正常水平或达不到根据自身受教育情况和智力水平所做出的预期。学习困难的学生智力属于正常范围,但由于各种原因最终导致"学业不振"或"学业不良",这种"不振"或"不良"是可逆的或基本可逆的,采取一定补救措施可以帮助学生提高学业成绩。

在中学里,学习困难的学生具有特殊性,首先表现在学习困难个体可能具有感觉统合障碍,他们不能把自己的心理活动有意识地投向某一特定的活动上,经常显得手忙脚乱,尤其是面对新环境或外界刺激过多时。由于对所接受的各种刺激难以做出适宜的反应,他们感到焦躁不安、无所适从,并通过外显的不端正态度表现出来。其次,这部分学生可能存在认知上的缺陷。工作记忆缺损已被证实是造成学习困难的因素之一,学习困难个体对信息的编码和提取存在困难,并且不善于利用积极的有计划性的策略帮助记忆。注意缺陷也是学习困难学生常见的问题,学习困难学生在无意注意、注意转移和注意搜索方面都不如正常学生,通过视觉通道对信息进行存储、转移和加工的能力明显存在缺陷。

学习困难学生学业上的长久失败体验,会造成情绪行为和社会交往上的困扰,降低学生学习动机水平和自我效能感。这部分学生可能会将内在的体验转向对外的情绪发泄,也可能自暴自弃,自怨自艾。

三、影响青少年问题行为的因素

(一)个体因素

青春期是个体成长中的迅速发展期,此阶段的青少年学生,无论生理还是心理,都发生了巨大的变化。从生理层面来说,青少年学生的身体发育进入了高峰期,他们的体型发展迅速,脑与神经系统逐渐成熟,心肺功能增强,这些急剧的变化使个体产生成人感,且推动着个体的心理发展;同时,由于体内激素分泌,他们的情绪两极化表现突出,会因为一时的成功而激动不已,也会因为小小的失意而抑郁消沉。从心理层面来说,青少年学生开始形成对各种角色的认识,意识到自己在人际关系、社会关系中的地位和作用,潜意识中有一种强烈的独立倾向,心理发展上进入了"叛逆期"。他们开始倾向于独立思考和解决问题,然而,此时学生对成人仍有极强的依赖性,渴望得到父母的关注与尊重。在人际交往过程中,青少年学生开始关注自己在他人心中的形象,对同学、老师的评价非常敏感。一方面想要努力表现自己,得到他人的认同,另一方面无法对自己做出客观的评价,不能正确处理自己和他人的关系,有时会因为嫉妒攀比心理做出不理智的行为。

(二)家庭因素

大量心理学研究表明,家庭因素对青少年学生行为的发展有很大影响。帕特森(Patterson)等在1989年的研究中发现,父母的不良教育方式和行为与青少年学生的反社会行为有着因果关系,而且父母的不良教养方式和行为是青少年学生发生问题行为的决定性因素。

针对学生问题行为和家庭教养方式的研究已经很多,研究者据此提出了不同的理论模型。例如,社会背景模型认为,在童年早期,特定的家庭管理会影响后期儿童的行为,如果父母对于子女早期的叛逆行为管理不当,会促使他们与不良的同伴相处,引发更多的问题行为。社会控制理论认为,子女对父母亲的依恋程度会影响日后的问题行为发生率,对父母亲具有较强依恋心理的学生更有可能去遵守父母的规则和愿望,产生更少的问题行为;而对父母亲具有较弱依恋心理的学生更不愿被家长的规则所束缚,产生问题行为时较少考虑父母的感受。强制模型强调,学生的问题行为和父母的教养方式之间存在双向效应,即家长不良的教养方式导致学生产生更多的问题行为,如果在此过程中家长不断向这些问题行为妥协,无意中会促使学生产生更多的问题行为。

(三)学校因素

1.同伴关系

同伴是青少年学生最直接的交往对象。同伴欺骗会导致个体自我概念发展的障碍,从而引起青少年学生自我认知的偏差,使其过高或过低地看待自己,导致问题行为的产生。同伴排斥行为会引发学生适应性问题,西方研究者指出,受排斥儿童与其他儿童相比,无论在家庭还是在学校都表现出更多的问题行为,且问题行为倾向于攻击型、过失性、过度活动及社交退缩性。海梅儿(Hymel,1993)等的研究也表明,同伴排斥是产生青春期外向性问题行为的重要原因,同龄人的拒绝是学生产生问题行为的一种超自然现象,即同伴的排斥会导致儿童做出更多的攻击性行为,但是,当有问题行为的学生得到同伴接纳时,可能会抑制问题行为的继续发展。

2.师生关系

师生关系是青少年学生一种重要的社会交往形式,良好的师生关系是减少学生问题行为的关键因素(Wimmer,1993)。中学阶段的学生已有了主见,从"顺从型"过渡到了"批判型",教师在他们心目中的"权威"地位开始动摇。一方面他们关注教师对自己的评价,教师对其不良的评价会引发学生的自卑心理;另一方面,他们不再全盘接受教师的评价,如果教师对自己的评价不公正,他们会产生对立情绪,这种对立情绪又因教师的"威严"而不能合理地宣泄,造成压抑。

根据伯奇和莱德(Birch & Ladd,1998)的调查研究,与老师较亲密的学生比师生关系冲突较多的学生更喜欢学校,对学校的感情直接影响着学生的心灵归属感,能够减少问题行为的产生。李静静(2013)在对青少年学生问题行为的调查中发现,在教学过程中与教师关系紧张的学生更容易出现问题行为。大众熟悉的"罗森塔尔效应"说明,教师对学生的评价会对学生的成绩产生影响,那些得到教师良好评价的学生在学业上表现更好。良好的师生关系在学校适应、学业成就、人际交往等方面都有着积极影响,教师对学生给予充分的尊重、理解和支持,能够有效缓解学生的抑郁、敌对行为和攻击性行为。

四、青少年问题行为的应对方式

研究显示,学生的问题行为检出率正在逐年增长。20 世纪 70 年代,国外有关学生问题行为的检出率在 5%～15%;到了 20 世纪 80 年代后,学生问题行为的检出率已达 10%～20%。周路平(2001)调查发现,存在严重问题行为的学生占比在 13%以上。2005 年,任传波的调查研究显示,12～16 岁青少年学生的问题行为检出率已经增至 17%。到了 2011 年,孟四清等在对湖南、河北、天津三地的学生进行问题行为调查时发现,学生问题行为的总检出率已高达 36.5%,其中轻度问题行为占 33.2%,重度问题行为占 3.3%。而且据有关部门统计,查获的犯罪青年一般在中学阶段就有问题行为。青少年走上违法犯罪的道路,往往是一个演变过程,早期的问题行为如果没有及时得到有效矫治,很有可能发展为严重的犯罪。由此可见,对青少年学生的问题行为采取有效的应对方式,是帮助学生健康成长的关键。

下面从学校层面提出三种针对学生问题行为的应对方式,包括加强家校合作、建立和谐的师生关系和重视心理健康教育。

(一)加强家校合作

家庭和学校是学生成长过程中最重要的两个支持系统,家长和教师是学生发展过程中最重要的两个角色,家长和教师只有亲密合作,才能形成教育合力,取得良好的教育效果。从学校层面出发,可以从以下三个方面与家长进行有效的沟通和合作。

1. 开放家长体验日

学生抱怨父母不了解自己的学习生活,家长想当然地以为孩子进了学校应由老师全权负责,并不了解孩子的校园生活,这是亲子关系产生隔阂的一个重要原因。开放家长体验日为家长了解教师工作和学生生活提供了途径。在家长体验日活动中,学校可以向家长宣传学校的教育理念和课程实施情况,增进家长对学校的信任,对教师工作的理解,为有效开展家校合作奠定基础。

2. 进行家访活动

教师家访是老师、学生、家长之间沟通的重要途径之一。通过家访,教师能够了解学生的生活环境和家庭状况,了解学生对待父母的态度,了解学生在家和在校表现的区别。在家访过程中,除特殊情况外,不应回避学生,教师要尊重学生和家长,向家长全面反映学生在学校的各方面表现,肯定学生的进步和成绩,针对学生存在的缺点和问题,要与家长、学生一起分析原因,寻找解决问题的方法,达成共识,让家庭和学校形成教育合力。

3. 建立家校合作中心

家校合作中心作为一个服务平台,能够进一步加强家长和学校之间的联系。当家长在教育孩子过程中有困惑时,可以寻求学校老师的专业建议;学校举办各项活动时,可以在该平台中公布信息,让家长实时了解学校的教育教学动态,为教师和家长之间的双向沟通建立立交桥。

(二)建立和谐的师生关系

建立和谐的师生关系,首先要求教师了解自己的学生。青少年学生的问题行为产生是由其身心发展规律决定的,教师需要了解学生身心发展的有关知识,才能对学生的行为有正确的识别。在与学生交往过程中,教师必须把学生视为有潜力、有需要、有志向的人去看待,不仅了解学生的现状,还要知道学生的过去,预测学生的未来。教师要通过各种渠道与学生缩短距离,加强与学生之间的沟通,不断发现和剖析他们的知识基础、认知方式、智力水平、心理状况,密切关注学生的动向。

其次,教师需要尊重和信任学生。在与学生的相处过程中,教师要避免居高临下地对待学生,要视其为平等的个体,以肯定、关怀的态度接纳学生,尊重学生。在相处过程中,教师要善于发现并鼓励学生的积极一面,帮助学生树立自信心,赢得学生的信任。当学生表现出问题行为时,教师需及时了解事实真相,探明学生产生问题行为背后的真正原因,以友善的姿态帮助学生改善行为,切勿一味打压学生,伤害学生的自尊心。

再次,教师需给学生树立榜样。青春期正是寻求榜样的时期,而教师是学生最现实、最直接的榜样来源,如果教师有能力成为学生的榜样,将会建立起牢固的和谐师生关系。在教育教学过程中,教师应重视自身的职业修养和个性魅力,以丰富的专业知识和认真负责的教学态度赢得学生的尊重,在交往过程中积极主动地成为学生的朋友,第一时间帮助学生解决困难,为学生树立一个积极的榜样,引领学生成为一个品行优良的人。

(三)重视心理健康教育

青少年学生产生问题行为时,说明个体在心理健康某个层面也出现了问题,学校开展心理健康教育是预防和矫治学生问题行为最有效的手段。学校开展心理健康教育,可以从以下五个方面进行:①开设心理健康教育课程。以课程的形式进行学生心理健康教育是最直接的途径,在心理课程中普及心理学知识,能够帮助学生培养良好的心理素质,为其心理健康发展奠定基础。②营造学校心理健康教育的环境。学校心理健康教育离不开心理健康环境的建设,创建良好积极的校园环境,形成学校特有的文化环境,能使学生在潜移默化中培养积极的心态。③开展心理咨询与辅导。这不仅可以调节学生的不良心理状态,更能帮助每位学生正确认识自己,学会独立解决自己面临的问题,最大限度地发展自己,减少学生问题行为的发生。④开展丰富多彩的活动。问题行为中的内隐行为一般很难被觉察到,学校开展各式各样的活动,能够促使孤僻、抑郁的学生获得他人的关心和支持,找到与他人交往的突破口。而对于正常学生,活动能够强化他们的健康行为,使其进一步提高心理素质,健康成长。⑤定期开展心理讲座。中学是学生心理素质发展的关键期,也是心理发展的危险期,这一时期的学生经历生理巨变,也经历心理发展的种种困惑。因此,对青少年学生开展专题心理讲座是十分必要的,如情绪管理讲座、人际交往讲座、性健康教育讲座等,这些专题心理讲座能够为青少年学生答疑解惑,引导学生身心健康发展。

第二节 中学生攻击性行为早期
"介入"干预的实践研究

摘 要:本节在对四所普校和一所专门学校的 442 名学生进行问卷调查及同伴提名调查的基础上,采用实践研究法,对专门学校具有攻击性行为的学生进行早期识别与"介入"干预:识别学生人格中所具有的产生攻击的内在可能性因素,尤其对存在亲子亲合、同伴拒绝、学校制度环境因素影响的攻击性行为的学生群体进行"早期识别",并依据攻击性行为学生存在不同社会系统因素的特点,有针对性地配备具有相应辅导资格的心育导师、班主任等专业人员,制定相应辅导方案进行"介入"干预。经过两年的实践研究,我们总结出具有高攻击性行为的学生与社会系统因素存在必然关联,这为普校早期预防攻击性行为提供了可靠的研究价值;同时,我们也对已识别高攻击性行为学生做了专门的"介入"干预训练,形成了一套行之有效的早期"介入"干预模式,以供广大同行参考。

关键词:专门学校;攻击性行为;早期识别;介入干预

一、研究的背景与意义

(一)研究起源

攻击性是人类发起攻击性行为的心理特征,即人格中所具有的产生攻击的内在可能性。攻击性是一种较为普遍的心理现象,如果得不到良好的控制与束缚,攻击性就会表现出具有破坏性的行为。处于人生探索关键期的中学生,生理与心理的能量都在急剧膨胀,而应对和解决问题的能力与技巧却不够多样与成熟,遇到挫折时更倾向于采用攻击性手段。作为教育工作者,我们不得不反思,中学生在上述行为之前,是否有征兆?与普通学生相比,具有更多攻击性行为的学生是否会具有某些特点使之较难自我控制?如果能加强早期识别与干预,是否会有效减少"校园欺凌"事件的出现?本课题研究即从这些问题出发,探索一条中学生攻击性行为早期识别与干预的方法与途径。作为专门学校的一线教师,本研究即从学校实际出发进行相关探讨。

专门学校是招收不适宜在普通学校就读学生的特殊学校,这些学生往往有严重的情绪和行为问题,攻击性行为是专门学校学生比较突出的行为表现方式,这也是多年来困扰专门教育工作者的一个难题。专门学校的学生作为现有教育体制下较特殊的群体,具有极强的破坏性。如果他们在成年之前得不到适当的教育和矫治,让他们仍然带着这些问题走出校园,对社会秩序的安定和文明进步将是一个非常大的隐患。因此,对专门学校学生的攻击性行为及其社会系统因素进行多方面的探索,并开展有针对性的"介入"干预,是一项有理论意义和应用价值的研究。

(二)社会环境因素影响下的攻击性行为研究

实践研究结果表明:影响个体攻击性的因素包罗万象,归类起来有生物因素、社会环境因素和社会认知因素三大类。其中的生物因素涉及攻击性行为者的人格、情绪反应方式等,社会认知因素涉及攻击性行为者的认知能力、问题应对能力等。两者研究都从攻击性行为者本人角度进行,但随着社会因素影响的逐渐扩大,近年来,越来越多的研究者开始关注家庭、同伴群体、学校环境等这些社会系统因素对中学生攻击性行为的影响。

　　已有研究显示，缺乏温暖和关怀的家庭、不良的家庭管教方式，以及对儿童缺乏正确和明确的行为指导与活动监督，都可能造成儿童以后的高攻击性。同伴关系与攻击性行为的关系的研究发现，攻击性与拒斥彼此相关，具攻击性又被拒斥的儿童，往往更易走上犯罪的道路。攻击性行为的发生率因学校文化环境不同而存在很大的差异，它与一个学校的文化、风气、准则有重要的联系。由此可见，对社会环境因素影响下的学生攻击性行为研究有其重要意义，本研究重点探讨社会环境因素中的几个因子对专门学校中具有攻击性行为的学生的影响，并研究早期"介入"干预的成效。对于具有攻击性的中学生来说，学校承担着学生教育和家庭教育指导的责任，被认为是教育矫治的主要场所。本研究试图从与学生生活相关的各种社会系统，包括亲子融合、同伴群体、学校环境等角度来考察中学生攻击性的影响因素，以对高攻击性个体进行早期识别并依托专门学校德育工作、心理健康教育工作专业力量进行"1＋X"介入干预实践研究，为学校的家庭教育指导工作、学生管理工作和学校自身发展工作提供强有力的理论支持。

二、研究的理论依据

　　心理学对于攻击性行为的理论解释丰富多样，具有代表性的有生物性理论，认为攻击性行为与神经系统的影响有关，同时也受到基因的影响，还与生物化学因素相关；社会学习论认为，环境与社会因素能够影响甚至改变攻击性行为；挫折—攻击理论认为，通常情况下攻击必然是以挫折的存在作为前提；社会认知理论认为，攻击性行为在很大程度上取决于社会信息的加工过程。自 20 世纪 80 年代开始，Anderson 和 Dill 整合大量已有的理论观点，并在实证研究的基础上，提出了攻击性行为的一般模式，认为预防和干预攻击性行为最好在年龄相对较小的时期，并针对攻击性行为发生原因的多样性，采用多样化的、系统的干预方法。

　　在对国内中学生攻击性行为研究的资料收集过程中发现，国内大多重在研究对中学生攻击性行为后的干预与"诊疗"，较少对早期干预进行研究。国内对早期干预进行研究的有：李闻戈对专门学校学生攻击性行为的社会认知特点进行系统探讨，对学生攻击性行为的社会认知方式提出干预的建议；潘绮敏认为，中学生在攻击性行为上身体攻击较多，在攻击情绪上冲动性较突出，在攻击认知上报复心理较强烈；梁静认为，中学生在攻击情绪上表现最为强烈，且自我控制较为缺乏；张璐、蒋善对中学校园暴力事件的心理危机干预提出了多种应对措施；吕娜研究表明，在群体水平上身体攻击、关系攻击与亲社会行为和青少年个体早期的多种心理社会适应问题有关；庞红卫介绍了目前在美国中小学广泛运用的早期识别途径与干预策略,如里克特评分表、关键行为事件、学校档案记录、行为观察等。以上文献对青春期攻击性行为早期干预做了相关论述,但对于攻击性的研究以采用量表法的成果较多。国外已形成多个成熟的攻击性量表应用于评估,国内的研究刚刚起步,研究类型多集中于用实验法研究攻击性行为学生的认知特点,关于社会环境影响因素的研究不多,关于社会环境因素影响下的攻击性行为早期识别研究不多,而在识别基础上进行干预实践的研究更少。

三、研究的目标

本研究旨在提供较为科学的、有实践应用意义的调查研究方法,通过对引发攻击性行为的社会环境因素的分析,构建对专门学校学生攻击性行为早期发生的识别途径,并在能够早期识别的基础上,提出针对攻击性行为进行早期"介入"干预的几种策略。

四、研究的主要内容

(一)中学生攻击性与社会系统因素的相关研究

1. 研究对象

选择专门学校和普通学校的学生。收集到的 442 份有效问卷中,男生258 名,女生 184 名;专门学校学生 78 名,普通学校学生 364 名。

2. 研究工具

(1)攻击性问卷

采用 Buss 和 Perry 编制的攻击问卷(The Aggression Questionnaire)来考察个体的攻击性,该问卷共 29 题,包括身体攻击、言语攻击、愤怒和敌意这四个维度。问卷为五点计分,1 为"非常不符合",5 为"非常符合",分数越高,表示个体的攻击性越高。

(2)亲子亲合

测量学生感知到的父亲、母亲与他的情感联系或支持状况,采用 Olson 等人编制的家庭适应和亲合评价问卷(FACES Ⅱ)的亲合分问卷,共 10 题,问卷分为题目完全相同的父亲和母亲两个分问卷。考虑到学生中存在监护人不是父母的情况,本调查增加了"其他抚养人"一列,但不纳入统计分析数据。

(3)同伴拒绝

采用同伴提名法评定学生在班级内的同伴拒绝情况。以班级为单位,发给每名被试一份班级的学生名单,要求被试在认真浏览过全班同学的名字后,写出班里三位最不喜欢的同学。

（4）学校制度环境

采用自行编制的问卷，包括三方面内容：是否担任班干部（回忆近一年是否担任过班干部）；课外活动参与度（回忆近一年参与的学校或班级的活动或比赛次数）；对攻击性行为的惩罚措施（学生对惩罚的担心程度）。

3. 施测程序

以班级为单位对被试进行集体施测。测试分两次进行，第一次测量学生的攻击性，第二次测量学生的亲子亲合、同伴拒绝情况和学校制度环境。

4. 数据处理

采用 SPSS17.0 软件对数据进行统计分析。

5. 研究结果

（1）不同性别学生在攻击性及其各维度上的差异分析

对男女生在身体攻击、言语攻击、愤怒、敌意方面的得分及攻击总分做差异分析，结果见表 5-1。

表 5-1　男女生在攻击性及其各维度上的差异分析

	性别	人数	均值	标准差	标准误	t 值
身体攻击	男	258	20.76	6.77	0.39	4.45***
	女	184	18.19	6.08	0.41	
言语攻击	男	258	14.48	3.41	0.19	1.02
	女	184	14.16	3.50	0.24	
愤怒	男	258	16.80	5.32	0.30	−0.51
	女	184	17.04	4.95	0.34	
敌意	男	258	21.84	6.32	0.36	−0.46
	女	184	22.11	6.72	0.46	
攻击总分	男	258	73.88	17.62	1.01	1.55
	女	184	71.50	16.96	1.16	

注：*** $p < 0.001$。

独立样本 t 检验结果显示，不同性别学生在身体攻击维度上差异极其显著，男生的身体攻击（$M = 20.76$）显著高于女生（$M = 18.19$），$t = 4.45$，$p < 0.001$。不同性别学生在言语攻击、愤怒、敌意及攻击总分上的差异都不显著。

（2）亲子亲合与攻击性及其各维度的相关分析

将父亲亲合和母亲亲合分别与身体攻击、言语攻击、愤怒、敌意及攻击总分做相关分析，结果见表 5-2。

表 5-2　亲子亲合与攻击性及其各维度的相关分析

	身体攻击	言语攻击	愤怒	敌意	攻击总分
父亲亲合	-0.21***	-0.04	-0.24***	-0.19***	-0.23***
母亲亲合	-0.26***	-0.11*	-0.31***	-0.25***	-0.30***

注:*** $p<0.001$,* $p<0.05$。

Pearson 相关分析结果显示,父亲亲合与身体攻击、愤怒、敌意及攻击总分呈极其显著的负相关,$p<0.001$,父亲亲合越高,身体攻击、愤怒、敌意及攻击总分越低。母亲亲合与身体攻击、愤怒、敌意及攻击总分负相关极其显著,$p<0.001$;母亲亲合与言语攻击的负相关显著,$p<0.05$,母亲亲合越高,身体攻击、言语攻击、愤怒、敌意及攻击总分越低。

(3)同伴拒绝在攻击性及其各维度上的差异分析

将同伴拒绝得分按照有同伴拒绝和无同伴拒绝分为两类,探讨其在身体攻击、言语攻击、愤怒、敌意及攻击总分上的差异,结果见表 5-3。

表 5-3　同伴拒绝在攻击性及其各维度上的差异分析

		人数	均值	标准差	标准误	t 值
身体攻击	有同伴拒绝	129	21.55	6.97	0.61	4.39***
	无同伴拒绝	313	18.63	6.09	0.34	
言语攻击	有同伴拒绝	129	14.47	3.63	0.32	0.70
	无同伴拒绝	313	14.22	3.30	0.19	
愤怒	有同伴拒绝	129	18.16	5.51	0.49	3.56***
	无同伴拒绝	313	16.26	4.90	0.28	
敌意	有同伴拒绝	129	23.25	5.82	0.51	3.30***
	无同伴拒绝	313	21.05	6.58	0.37	
攻击总分	有同伴拒绝	129	77.43	17.50	1.54	4.14***
	无同伴拒绝	313	70.16	16.50	0.93	

注:*** $p<0.001$。

独立样本 t 检验结果显示,有同伴拒绝的学生与无同伴拒绝的学生在身体攻击上差异极其显著,$t=4.39$,$p<0.001$,有同伴拒绝的学生的身体攻击($M=21.55$)显著高于无同伴拒绝的学生($M=18.63$)。有同伴拒绝的学生与无同伴拒绝的学生在愤怒上差异极其显著,$t=3.56$,$p<0.001$,有同伴拒绝的学生的愤怒($M=18.16$)显著高于无同伴拒绝的学生($M=16.26$)。有同伴拒绝的学生与无同伴拒绝的学生在敌意上差异极其显著,$t=3.30$,$p<0.001$,有同伴拒绝的学生的敌意($M=23.25$)显著高于无同伴拒绝的学生($M=21.05$)。有同伴拒绝的学生与无同伴拒绝的学生在攻击总分上差异极其显

著,$t=4.14$,$p<0.001$,有同伴拒绝的学生的攻击总分($M=77.43$)显著高于无同伴拒绝的学生($M=70.16$)。在言语攻击上,有同伴拒绝的学生与无同伴拒绝的学生无显著差异,$t=0.70$,$p>0.05$。

(4)担任班干部在攻击性及其各维度上的差异分析

按是否担任过班干部将学生分为两类,探讨其在身体攻击、言语攻击、愤怒、敌意及攻击总分上的差异,结果见表5-4。

独立样本t检验结果显示,不担任班干部的学生比担任班干部的学生,在攻击总分及其各维度上得分都要高,但差异均未达到显著水平,$p>0.05$。

表 5-4　担任班干部在攻击性及其各维度上的差异分析

		人数	均值	标准差	标准误	t 值
言语攻击	担任班干部	257	19.23	6.61	0.41	−0.95
	不担任班干部	185	19.83	6.33	0.47	
言语攻击	担任班干部	257	14.24	3.42	0.21	−0.40
	不担任班干部	185	14.37	3.38	0.25	
愤怒	担任班干部	257	16.62	4.95	0.31	−0.93
	不担任班干部	185	17.08	5.43	0.40	
敌意	担任班干部	257	21.25	6.67	0.42	−1.72
	不担任班干部	185	22.31	6.07	0.45	
攻击总分	担任班干部	257	71.33	17.38	1.08	−1.37
	不担任班干部	185	73.59	16.67	1.23	

(5)班级和学校活动参与度与攻击性及其各维度的相关分析

将班级和学校活动参与度分别与身体攻击、言语攻击、愤怒、敌意及攻击总分做相关分析,结果见表5-5。

表 5-5　班级和学校活动参与度与攻击性及其各维度的相关分析

	身体攻击	言语攻击	愤怒	敌意	攻击总分
班级活动参与度	0.00	−0.02	−0.02	0.00	−0.01
学校活动参与度	−0.17***	0.00	−0.15***	−0.12**	−0.16***

注:*** $p<0.001$,** $p<0.01$。

Pearson 相关分析结果显示,班级活动参与度与攻击性及其各维度相关不显著。学校活动参与度与身体攻击、愤怒、敌意及攻击总分的相关达到显著水平。

学校活动参与度越高,身体攻击、愤怒、敌意及攻击总分越低。学校活动参与度与言语攻击相关不显著。

（6）学校惩罚力度与攻击性及其各维度的相关分析

将学校的惩罚力度与学生对惩罚影响的担心程度,分别与身体攻击、言语攻击、愤怒、敌意及攻击总分做相关分析,结果见表5-6。

表 5-6　学校惩罚力度与攻击性及其各维度的相关分析

	身体攻击	言语攻击	愤怒	敌意	攻击总分
学校的惩罚力度	−0.10*	0.05	−0.06	0.01	−0.04
对惩罚影响的担心程度	−0.12*	0.02	−0.08	−0.05	−0.08

注: * $p < 0.05$。

Pearson 相关分析结果显示,惩罚力度与身体攻击呈显著的负相关, $r = -0.10, p < 0.05$,学生认为学校对攻击性行为的惩罚力度越大,身体攻击的发生率就越低。惩罚对自身的影响程度与身体攻击呈显著的负相关, $r = -0.12, p < 0.05$,学生认为该惩罚对自身的影响程度越大,身体攻击的发生率就越低。惩罚措施与言语攻击、愤怒、敌意及攻击总分的相关未达到显著水平。

6.讨论与分析

（1）中学生攻击性的性别差异

与以往的研究一样,本研究发现,男生的身体攻击显著高于女生,但男女生在言语攻击、愤怒、敌意及攻击总分上的差异都不显著。男女生在身体攻击性上差异显著的原因很多:一是性别角色期待和舆论氛围的影响,人们在多数情况下都认为男孩子比女孩子应该更勇猛、更坚强,因此在日常教育中更多地向男孩子灌输诸如"武力""征服"等思想,从而导致男生更多地表现出攻击性行为;相反,如果女生表现出过多的攻击性行为的话,会招致更多的不解和非议,因此舆论氛围会在很大程度上抑制女生的攻击性行为。但在攻击性的其他方面,女生与男生的差异并没有达到显著水平。二是男女性别不同的生理机制和性格特点所致,男生比女生在体质上更有优势,因此更多地采取身体攻击。

因此,学校在文化营造和德育活动设计中,应该更多地考虑男生的性别特点,教育引导男生将精力分散在各种活动中;指导家庭在进行"男孩教育"的过程中应该强调教育的理性化。

（2）家庭环境对青少年攻击性的影响

家庭是孩子社会化最基本的环境,对孩子早期行为的塑造起了关键性的作用。本研究发现,除言语攻击外,父子亲合和母子亲合与攻击性及其各维度相关极其显著;母子亲合与言语攻击呈显著相关。本研究的结果与以往研究有相通之处,陈立民在考查亲子关系与攻击性行为的相关性时指出,青少年学生的母子、父子依恋程度越高,他们所表现的攻击性行为就越少。方晓义等认为,青少年学生与父母发生的冲突越多,他们所表现的问题行为也越多。和睦、融洽的亲子关系会促进儿童亲社会行为的发展,而冷漠和敌对的亲子关系往往导致儿童恶性社会行为。亲子关系与攻击性的高相关,究其原因,第一可能是习得,"父母是孩子最好的老师",孩子会有意无意地模仿学习父母的行为处事,包括习得父母对冲突矛盾的解决方式;第二可能是孩子通过问题行为来寻求父母关注;第三可能是孩子对家庭状况不满意的一种对外发泄。

因此,学校在进行家庭教育指导的过程中,要强调家庭环境对孩子成长的重要性,提高家长的责任意识。作为学生成长的陪伴者和引领者,学校可以创造条件直接组织或间接支持各种形式的亲子活动,为家长与青春期孩子的更多接触与交流搭建平台。

（3）同伴群体对中学生攻击性的影响

同伴拒绝会增加中学生的攻击性,具攻击性的中学生也会遭受更多的同伴拒绝。本研究发现,除言语攻击外,有同伴拒绝的学生比无同伴拒绝的学生更具攻击性。这种差异在很多研究中得到了验证。艾森伯格（2001）发现在同伴冲突情境中,如果幼儿更多地使用攻击等"暴力"策略,同伴接纳得分就会很低。大量研究也表明,同伴拒绝能够增加儿童的外化问题和内化问题。

因此,对于有内隐攻击性及外显攻击性的学生,学校可以更多地开展团队合作活动,指导学生提高人际交往的能力,使学生更好地融入群体,找到群体存在感和价值感,增加同伴接纳性,从而减少攻击性行为的发生。

（4）学校制度环境对中学生攻击性的影响

本研究发现,个体参与学校的活动越多,其攻击性越低,这可能是因为:第一,参加学校活动,提高了个体对自我的认同程度,个体希望做积极的自我印象管理,从而减少攻击性;第二,参加学校活动,分散了个体的注意力和精力,让多余的能量在活动中得以释放。

本研究还发现,只有身体攻击会因为惩罚力度的大小和对惩罚影响的担心而减少,这可能是因为身体攻击较外显,容易观察到,也容易定性,学校的制度更多针对的就是身体攻击。

因此,学校要多组织学生参与各种比赛与活动,提高学生的自我认同度并释放多余的能量。同时,学校除了制定对外显的身体攻击的惩罚措施,并做到有法可依、执法必严,还要关注学生内隐的攻击性,杜绝校园热暴力和冷暴力。

7. 结论

家庭环境、同伴群体及学校制度环境的差异是影响中学生攻击性行为发生的社会系统因素,因此,学校对中学生攻击性的早期干预可以从这三个方面入手。

(二)社会系统因素与我校学生攻击性的相关调查研究

1.研究对象(同上)

2.研究工具(同上)

3.施测程序(同上)

4.数据处理(同上)

5.研究结果分析

(1)学校性质、学生性别在攻击性及其各维度上的差异分析

将学校性质分为普通学校和专门学校,探讨学校性质和学生性别在身体攻击、言语攻击、愤怒、敌意及攻击总分上的差异,其描述性统计结果见表5-7。

表5-7 学校性质、学生性别在攻击性及其各维度上的描述性统计结果

	学校性质	性别	人数	均值	标准差
身体攻击	普通学校	男	204	19.85	6.43
		女	160	17.96	5.98
	专门学校	男	54	22.50	7.15
		女	24	19.63	6.26
言语攻击	普通学校	男	204	14.47	3.46
		女	160	14.19	3.47
	专门学校	男	54	13.98	3.03
		女	24	14.25	3.27
愤怒	普通学校	男	204	16.19	5.10
		女	160	17.10	5.18
	专门学校	男	54	18.15	5.44
		女	24	17.21	4.24
敌意	普通学校	男	204	21.00	6.33
		女	160	22.04	6.82
	专门学校	男	54	23.67	5.58
		女	24	20.79	5.68
攻击总分	普通学校	男	204	71.50	17.00
		女	160	71.30	17.40
	专门学校	男	54	78.30	16.70
		女	24	71.88	14.89

　　以学生性别和学校性质为自变量,分别以身体攻击、言语攻击、愤怒、敌意与攻击总分为因变量,进行 2×2 的方差分析。结果显示,身体攻击的性别主效应极其显著,男生的身体攻击($M=20.76$)显著高于女生($M=18.19$),$F=11.42$,$p<0.001$。总体攻击性的性别主效应显著,男生的攻击总分($M=73.88$)显著高于女生($M=71.50$),$F=4.41$,$p<0.05$。身体攻击的学校性质主效应显著,普通学校学生的身体攻击($M=19.25$)显著低于专门学校的学生($M=22.10$),$F=7.22$,$p<0.01$。学生性别与学校性质在敌意上的交互作用显著,$F=6.83$,$p<0.01$。进一步简单效应检验结果显示,在专门学校,不同性别学生的敌意差异显著,$F=7.61$,$p<0.01$,事后比较发现,男生的敌意($M=24.19$)显著高于女生($M=20.79$)。而在普通学校,不同性别学生的敌意差异不显著。不同学校性质的男生在敌意上的差异显著,$F=8.92$,$p<0.01$。事后比较发现,专门学校的男生敌意($M=24.19$)显著高于普通学校的男生($M=20.79$)。不同学校性质的女生在敌意上的差异不显著(表 5-8)。

表 5-8　学校性质、学生性别在因变量敌意上的方差分析及事后比较

变异来源	SS	Df	MS	F	事后比较
A 因子(性别)					
在 b1(普通)	118.30	1	118.30	2.82	
在 b2(专门)	316.12	1	316.12	7.61**	男>女
B 因子(性质)					
在 a1(男)	369.61	1	369.61	8.92**	专门>普通
在 a2(女)	49.02	1	49.02	1.17	
W. cell(误差)	21455.42	518	41.42		

注:** $p<0.01$。

　　以学生性别为横轴,普通学校学生和专门学校学生的敌意得分情况见图 5-1。以学校性质为横轴,男生和女生的敌意得分情况见图 5-2。

　　(2)不同学校学生在社会系统因素上的差异分析

　　将学校性质分为普通学校和专门学校,探讨来自不同学校的学生在家庭环境、同伴群体及学校制度环境这三方面的社会系统上的差异,结果见表 5-9。

　　独立样本 t 检验结果显示,普通学校与专门学校的学生在母亲亲合维度上的差异极其显著,$t=4.78$,$p<0.001$,专门学校学生的母亲亲合($M=34.45$)显著低于普通学校的学生($M=38.28$)。

　　普通学校与专门学校的学生在父亲亲合维度上的差异极其显著,$t=$

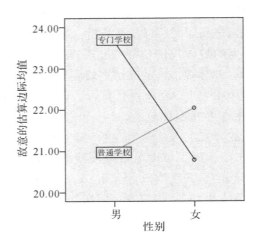

图 5-1 学校性质与学生性别在敌意上的交互作用
（以学生性别为横轴）

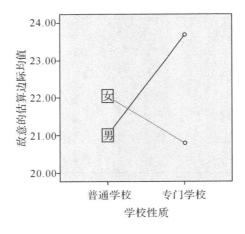

图 5-2 学校性质与学生性别在敌意上的交互作用
（以学校性质为横轴）

4.38，$p<0.001$，专门学校学生的父亲亲合（$M=32.78$）显著低于普通学校的学生（$M=36.64$）。

普通学校与专门学校的学生在同伴拒绝维度上的差异极其显著，$t=-6.85$，$p<0.001$，专门学校学生的同伴拒绝（$M=0.12$）显著高于普通学校的学生（$M=0.03$）。

表 5-9　不同学校学生在社会系统因素上的差异分析

		学校性质	人数	均值	标准差	标准误	t 值
家庭环境	母亲亲合	普通学校	364	38.28	6.59	0.35	4.78***
		专门学校	78	34.45	5.66	0.64	
	父亲亲合	普通学校	364	36.64	7.38	0.39	4.38***
		专门学校	78	32.78	5.27	0.60	
同伴群体	同伴拒绝	普通学校	364	0.03	0.09	0.00	−6.85***
		专门学校	78	0.12	0.17	0.02	
学校制度环境	担任班干部	普通学校	364	0.58	0.49	0.03	0.09
		专门学校	78	0.58	0.50	0.06	
	学校活动参与度	普通学校	364	1.53	2.00	0.11	−6.15***
		专门学校	78	3.32	3.51	0.40	
	班级活动参与度	普通学校	364	2.24	1.98	0.10	−0.78
		专门学校	78	2.45	2.66	0.30	
	学校的惩罚力度	普通学校	364	3.14	0.70	0.04	0.13
		专门学校	78	3.13	0.84	0.10	
	对惩罚影响的担心程度	普通学校	364	2.92	0.93	0.05	1.28
		专门学校	78	2.77	1.03	0.12	

注：*** $p < 0.001$。

普通学校与专门学校的学生在学校活动参与度上的差异极其显著，$t = -6.15, p < 0.001$，专门学校学生的学校活动参与度（$M = 3.32$）显著高于普通学校的学生（$M = 1.53$）。

6.讨论与分析

(1)专门学校学生的攻击性特点

本研究显示，男生的攻击性显著高于女生，尤其是在身体攻击方面。这与以往的研究一致。由于生理机制、性格特点、性别角色期待和舆论氛围等的影响，男生比女生更多地表现出攻击性行为。

此外，本研究表明，专门学校学生的身体攻击显著高于普通学校，这是由专门学校的接收学生条件所决定的。本次研究所涉及的被试，转校时间多数为一年以内。虽然有个别学生在短期内的转化效果显著，但从整体上来说，专门学校学生的身体攻击还是远高于普通学校学生。

本研究显示，在专门学校，男生的敌意高于女生，而在普通学校男女生的敌意差异并不显著。专门学校男生敌意显著高于普通学校男生，但不同学校的女生在敌意上的差异不显著。与上海市专门学校的学生一样,据了解,男生进入专门学校的原因有打架斗殴、敲诈勒索、偷窃、厌学逃学、网瘾等,其中以打架斗殴为甚。女生进入专门学校的原因有结交社会不良青年、混迹 KTV 酒吧网吧、厌学逃学、离家出走等,以贪图安逸为主。而在普通学校,大部分学生的注意力还是在学业上。

(2)专门学校学生的社会系统因素特点

以往研究表明,父亲亲合、母亲亲合能够显著降低儿童的外化问题和内化问题。本研究发现,来自专门学校学生的父亲亲合、母亲亲合都较低。2015年10月在该专门学校的整体调查显示,问题学生父母的婚姻状况中,已婚、离异未再婚、离异再婚、丧偶分别占到了 68%、14%、14%、4%。这些学生感知到的父母的关系中,和睦相处且相亲相爱、偶有摩擦但关系稳定、常有矛盾且关系一般、矛盾突出且关系恶劣分别占到了 36%、32%、14%、18%。因此,专门学校学生的父母在抱怨孩子这不好那不好的同时,也该反思孩子所身处的家庭中存在的问题。各类学校也应该加强家庭教育指导,提高学生与其父母的亲密度,从而降低攻击性行为的发生。

许多研究者发现,攻击性行为的"挑起者"常常不为其他儿童所喜欢。攻击性与拒斥彼此相关,具攻击性又被拒斥的儿童往往更易走上犯罪的道路。本次研究的结果显示,专门学校学生的同伴拒绝远高于普通学校。每个专门学校学生身上存在各种各样的问题,这些问题使他们自己很难受到别人的喜欢。并且,专门学校学生对同伴的接纳度和容忍度较低,多数专门学校学生在原校都处于"天不怕地不怕"的"唯我独尊"的地位,或者被群体孤立冷落的地位,他们要么习惯了目中无人,要么对群体充满敌意。这也提示各类学校在管理教育学生时,要更注重培养学生的人际交往能力,提高同伴接纳,减少同伴拒绝,从而预防攻击性行为的发生。

此外,该研究欣喜发现:对于这些专门学校学生来说,他们很难在学业中找到成就感,而各种活动体验更能激发他们参与的热情,因此,他们在学校活动中参与度都较高。在"介入"干预中,学校的侧重点是多让这些孩子在丰富多彩的活动中锻炼自己,发现自己的闪光点,寻找到自己的舞台,从而增强自我印象管理,提高自我价值感,减少不良行为习惯的发生。

7. 结论

具有攻击性行为的学生在家庭环境、同伴群体及学校制度环境这三方面的社会系统因素上与普通学校学生存在显著差异,初步可以判定中学生攻击性行为的发生与社会系统因素差异具有一定的关联性。根据这些社会系统因素是否可以预测攻击性的产生和发展,从而指导家庭和学校对学生的攻击性进行早期干预,我们下面将做进一步研究。

为进一步验证社会系统因素中亲子亲合关系的改善、同伴信任协作的增加、学校制度的完善以及校园活动的参与可以减缓或者消退中学生攻击性行为的发生，我们将通过联合诊断，识别出 16 位具有强攻击性行为的学生进行"介入"干预。

（三）"介入"干预在攻击性行为矫治中的实践研究

1."介入"干预的操作性定义

"介入"干预：通过联合会诊，识别问题成因，经团队研究制定的策略进行有效干预，相当于医学上的"介入手术"，其特点是诊断科学、针对性强、创伤性小、效果明显。

早期"介入干预"：通过调查所知的存在攻击性行为可能性的学生，由学校相关部门组织专业力量，建立三级预警干预机制，力图在攻击性行为发生前就形成严密的"防护网"，以达到防患于未然的效果。

"1＋X"介入干预模式：依据个体的心理、行为问题类型，有针对性地配备具有相应辅导资历的心育导师、结对德育导师、班主任、心理老师或家长，根据不同问题类型的不同需求，确定其中之"1"为主要辅导者，其余"X"协同辅导，通过"定期会诊"和"应急诊断"相结合而制定相应辅导方案进行"介入"干预的一种特需模式。

2."介入"干预的实施

（1）建立预警等级档案

校园安全已经成为目前学校生存中面对的巨大挑战，而校园安全中很重要的一项内容就是针对学生攻击性行为带来的校园欺凌事件，为此，本研究以"攻击性行为早期干预"为目标，建立三级预警及干预机制的途径（图 5-3）。

一级预警：指行为过激和情绪波动较大，具有安全方面的危害性，需要学校层面干预或转介者；

二级预警：指行为习惯较差，会偶发情绪，有一定危害或影响，需政教处层面干预者；

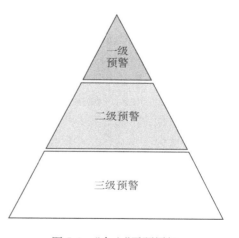

图 5-3　"介入"干预层级

三级预警：指一般性行为习惯问题，无情绪波动，危害或影响较小，只需班级层面干预者。

攻击性行为的预警等级由班主任和心理老师共同确定。通过亲子亲合、同伴关系、社会活动参与度等相关测试,筛查出存在攻击性行为可能性的重点人群,按照程度轻重予以预警等级分类。心理辅导站为所有预警等级的学生单独建立档案,并召集相关人员开会,对他们采用"联合诊断、综合干预",即"1＋X"干预模式,推行"就诊式"辅导。每一等级预警的学生,都有相应等级的人员参与会诊,有相应等级的人员跟进干预。

(2)分级联合诊断

三级:班主任、心理老师、家长;二级:教导处、班主任、心理老师、家长;一级:学校专家、教导处、班主任、心理老师、家长。

班主任提供该学生的出勤率、学校纪律要求的表现、与教师的关系、与同学之间的关系、学业情况等;

心理老师提供该学生的智力、性格、情绪、应对方式等的心理测验结果,不良的生理、心理反应;

政教处提供该学生问题行为的表现和发展状况、学校政策、相关校纪校规、法律法规;

家长提供该学生在家里的异常表现、家庭关系、父母期望、教养方式、已经采取的教育方式和结果等;

专家提供对该学生心理障碍的诊断和建议。

(3)分级综合"介入"干预

1)"介入"干预成员

三级:家校互助(班主任和家长);二级:导师制(心理老师、班主任和家长);一级:校级干预(政教处、心理老师、班主任和家长)。

2)"介入"干预内容

心理干预:A.认知调整;B.情绪调整;C.应对方式的指导。

行为矫正:A.阳性强化;B.适当惩罚;C.行为消退训练。

家庭干预:A.家庭教养指导;B.亲子良性互动训练。

提供社会支持:A.专业机构业务指导;B.建立畅通的转介渠道。

3)"1＋X"介入干预路径

①成长伴侣:"七色心晴"日记

本研究结合学校心理中心力量,向全体学生发放"七色心晴"日记,要求有攻击性行为学生每周两次记录"七色心情"日记(高中生每周一次),心理辅导员则当日一一回复,文本辅导及时掌握攻击性行为学生情绪、行为变化情况,如发现学生有问题或情绪困扰,辅导员及时、主动找该生了解情况,进行面对面个别辅导。通过"七色心晴"日记已预警多起攻击性危机事件。

②QQ在线:"零时空"辅导

学校要求每位心理辅导员都成为自己所任教班级学生的QQ、微信好友,开设在线咨询。网络不仅使辅导员能关注到更多的攻击性行为学生,还能使学生在节假日期间得到及时的帮助,以实现"零时空"辅导。

③亲情导航:"客厅式"亲子辅导

心理中心专门开辟了一间以"家和万事兴"为主题的"客厅式"亲子辅导室,为有需求的存在攻击性行为学生提供一个温馨的"家庭"聊天场所,促进良好亲子关系的提升。

④心灵绿洲:花园式辅导

心理中心利用后院幽静的自然环境,修建了"心灵绿洲"花园,与有需求的学生在大自然中沟通,达到建立良好辅导关系、放松来访者身心的效果,特别是对具有攻击性行为的学生,可以释放情绪,放松心情,便于沟通。

⑤携手共进:大型亲子团辅

学校每年会举行一次大型亲子心理团辅,如"青春飞扬""共托明天的太阳""携手共进,助力成长""信任之旅"等,同时心理中心还开设菜单式选修课程,为班级和同质小组辅导提供支持,释放亲子间的情感,增进亲子间沟通了解,让学生懂得感恩的同时提高家长对子女心理健康教育的意识。

⑥丰富活动:给学生一个展示的舞台

为丰富住校生的业余生活,政教处要求班班每周有活动;学校通过主题月每月安排一项校级大型活动。通过组织学生参与各种比赛与活动,可以提高学生的自我认同感、同伴信任度,同时可以释放多余的能量。

⑦引进专家力量,及时转介

处于一级预警干预层级的攻击性行为学生存在着情绪极难控制、易激惹的情况,部分一级层面学生有严重情绪问题甚至有情绪控制障碍的病态显示,即使是专门学校的专业心理中心力量也无法进行相应的治疗,本课题研究基于问题的严重性,引入市级专科医院青少年心理门诊专家资源,及时转介,帮助严重攻击性倾向的学生适时得到专业帮助。同时辅助以心育导师、心理辅导员等学校力量和家庭的介入干预(图5-4)。

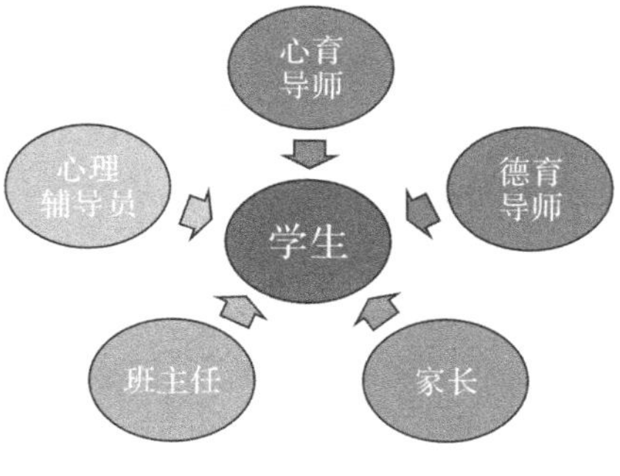

图5-4 一级干预模型

3."1+X"介入干预研究分析

(1)对攻击性行为学生的情感培养

很多青春期学生出现攻击性行为,与他们缺少家庭温暖、缺少父母关爱密切相关,情感上的欠缺,往往导致他们情感淡漠,缺乏道德感,不懂得感恩,不懂得如何关爱家人、朋友及其他人。强调对个体的情感培养,重视道德感和美感,尤其是家庭系统中的高级情感体验,对攻击性行为学生有着重要的意义。

(2)对攻击性行为学生早期的情绪调适

研究发现,就攻击问题的三个维度看,青春期攻击性行为学生的认知控制水平最高,行为控制水平其次,情绪控制水平最低。攻击有时是一种"冲动",而不仅仅受认知的控制。因而,在强调认知攻击性行为后果的同时,训练对各种问题形成建设性的、非攻击性的行为应对方式,化解同伴之间的矛盾,从而能控制和消除因冲动而发生的攻击。

(3)提升自我控制能力的团体训练课程

本训练课程依据自我控制有关理论,针对早期攻击性行为而设置,以提升自我调适和同伴协作力。训练内容分为团队建设、认识愤怒、控制对策、攻击影响因素、人格结构、训练总结等六个方面。

(4)营造和谐的外部环境

通过本研究希望营造民主型家庭可以减少溺爱、暴力、亲情缺失而造成的攻击性行为;本研究希望通过构建和谐班集体,建立良好的师生关系、生生关系,对攻击性行为学生以纵向评价来重塑其自信,以客观评价来对其进行正向引领,以多元环境进行学校、家庭、社会三方联合干预,以此营造和谐的外部环境。

五、研究的方法

(一)调查研究法

采用 Buss 和 Perry 编制的攻击问卷(The Aggression Questionnaire)来考察个体的攻击性;采用 Olson 等人编制的家庭适应和亲合评价问卷(FACES Ⅱ)的亲合分问卷来测量学生感知到的父亲、母亲与他的情感联系或支持状况;采用同伴提名法评定学生在班级内的同伴拒绝情况;采用自行编制的问卷考察学校制度环境。

(二)实践研究法

在调查掌握专门学校具有潜在攻击性行为可能的学生人群后,建立相关档案,确定预警等级,组织参与干预成员,在研究具体实施阶段开展"1+X"介入式干预实践,并形成实践总结。

六、研究的步骤

(一)研究的准备阶段

形成研究总方案,确定实验学校、实验城区和班级。准备心理测量量表。

(二)具体实施阶段

按计划实施研究方案,并在实施过程中及时修订计划。及时积累并分析原始资料,并准备在下一轮实验班进行滚动研究。

(三)研究报告(略)

七、研究的成果与成效

本研究通过"早期识别",确立了攻击性行为学生预警等级,完成对研究对象的心理症状类型分类,形成了《亲子亲合、同伴拒绝、学校制度环境与中学生攻击性的相关研究》和《专门学校学生的攻击性及其社会系统因素特点的调查研究》两篇研究报告。根据被试的心理症状类型确定了干预责任人和介入团队,并制定了相应的辅导方案,在此基础上推行"1+X"介入干预模式,形成成熟的校园"三位一体"干预网络模式(图 5-5)。

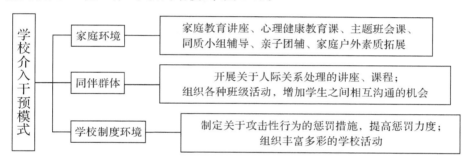

图 5-5　校园预警网络模式

研究所在专门学校被教育部授予"全国中小学心理健康教育特色示范校"。两年来,识别的 16 名攻击性高危预警学生,在课题组成员集体"介入"干预的努力下,其攻击性行为得到了一定的减轻,其中有 5 名从高危转到二级预警,8 名已基本消除攻击性行为转到三级预警,研究取得了良好的成效。

案例一

下课时,我见教室里六七个女生把另一个同学小萍包围在角落里,用脚踢。我赶紧把小萍"解放"出来,并且问女生为什么要踢她,女生们七嘴八舌地向我诉苦:小萍上课时,经常悄悄骂同学,还讲下流话,藏同学东西,而她被打以后并不还击,总是笑笑,以后照样去惹别人,终于成为一名班里人人嫌弃的学生。

小萍为什么会如此爱惹是生非,甚至自找罪受?班主任老师与家长沟通了解,并进行了深入的分析。小萍从小学起就被班上的同学嫌弃,从三年级开始就没有人愿意主动理睬她。现在她到了一个新的环境之中,上课不听讲,成天叫别人绰号,讲下流话。等把同学惹火了,打两拳,踢几脚,她还揉揉屁股冲你乐,因为她感觉到自己最起码的人际交往需要得到了满足。作为班主任,如果不去全力改变这种状况,那么小萍的心理健康状况会进一步恶化,各方面的成长也根本无从谈起;对于班级群体来说,缺乏同情心,对一个不受欢迎的同学只会嫌弃,而不懂得去接纳,帮助她改变,这样的群体只能算是一个松散群体。

与此同时,班主任及任课老师也完全明白,要改变小萍的言语攻击性行为,不去故意激惹同学,光说理是不起作用的,老师首先要爱护她、关心她,耐心地帮助她,给予小萍情感上的支持,用榜样行为来感染大家。

掌握了正确的理念后,班主任及任课老师都做到不当众训斥小萍,在学习上不断启发她上进,给她创造成功的机会,一发现小萍有进步,老师就给予热情的表扬。一次英语单词测验,半数以上的同学没有通过,小萍却在老师的督促下认真复习而得了90分;还有一次教室后面地上有一个纸团,几个同学走过都没当回事,可她却把纸团捡起来扔进了垃圾桶。班主任就抓住这些事例在班级里对她进行了表扬。小萍心里慢慢地有了荣誉感,慢慢地,她对其他同学的语言攻击越来越少,偶尔也有同学会与她正常交谈了……

【案例说明】

该生是调查问卷中筛查出的具有攻击性行为的学生之一,攻击性程度为三级预警,限于班级范围内,经班主任与家长联合诊断,在同伴拒绝项目中分值数据较高,家庭完整,但本身存在一定智力问题和语言表达问题,父母无法提供更多支持。

【案例分析】

由于种种复杂的原因,小萍在小的时候就养成了一些不好的习惯,这让周围同学很不能接受。久而久之,经常遭到同伴拒绝的小萍耐不住寂寞,转而用激惹别人的办法来引起同学的注意,即使付出被侮辱的代价也在所不惜。依据马斯洛的需要层次理论,她的内部需要仅仅是处在安全需要都没法得到完全满足的层级上,爱和归属的需要更是无法得到满足,因为班里没有人接纳她,更没有人爱她,人人都避之唯恐不及。想让她在整天缺乏安全感,更缺少归属感的心理状态下产生尊重、自我实现的高层次需要是根本不可能的,进而希望她又争取进步的行动也是不现实的。面对这样极端困难的情况,班主任教师首先表现出对小萍无条件的关爱,从不大声呵斥她,更没有对她进行体罚或者"心罚",并且不断影响和带动全班学生转变态度,接纳、关心、帮助小萍。当小萍的安全需要得到了基本满足,爱的需要和归属需要也得到了一定程度的满足后,她的尊重需要开始出现,并驱动她产生转变的需要。本案例是行为矫正方法运用于一级预警干预中的较为典型的案例。行为矫正的阳性强化法是促使攻击性行为学生同伴拒绝得到缓解的"强心剂"。

案例二

张同学性格急躁,还老喜欢去撩拨其他同学,又不肯吃半点亏,所以几乎每天和同学打架,班里的同学也不太喜欢他。刚进入我校进行军训的两周里,表现如下:和教官唱反调,不听从指挥,也因此常常被单独辅导,休息时间乱跑,常常迟到。半个月时间里:上课时而听一点,但不认真听课的时间更多,作业少做或不做,而课间打架、上课扰乱课堂纪律时有发生。有一天上课,他悄悄拿出手机,被老师发现,当老师按照学校要求请他把手机存放到老师处时,张同学当场拒绝,并大喊大叫无法安静。政教处老师出面才"搞定",为了更好地与家长沟通配合教育,政教处老师、学校心理中心老师、班主任一起去张同学家家访,地点居然是在棋牌室。原来张同学父亲是夜班出租车司机,母亲是开棋牌室的,不能随意停业。在和母亲的交谈中,发现家长对于孩子的表现也是有客观认识的,知道自己的孩子要打架,喜欢说粗话等,但是认为孩子还小,不懂事,调皮点也是正常的,希望老师多点耐心。同时又因为父母都忙于生计,无暇与孩子交流也不懂怎么教育孩子,很是无奈。母亲同时说,孩子人还是善良的,但是管不住自己的嘴巴,因为经常来棋牌室,接触各式各样的人,所以"变坏了"……

【案例说明】

张同学是具有攻击性行为的学生之一,基于他的攻击性行为影响程度较大,行为控制能力较差,情绪调整能力较弱,社会认知能力不够,将张同学归为二级干预预警层级,在建立档案的过程中,心育导师分析发现,张同学的问题很多是来源于他的家庭,在研究组成员联合诊断过程中,大家一致同意以提升张同学家长的家庭教育指导和亲子亲合关系改善为主要方向,可以帮助张同学尽快改善攻击性行为。

基于特殊的工作性质,张同学父母对孩子的关爱十分有限。棋牌室又是个鱼龙混杂的地方,这样的生活环境对他的成长不太有利,很容易让他对他人产生敌意,认为人与人之间没有真诚的友谊。但是他又希望得到同龄孩子的关注,想和他们一起玩耍,当这个意图得不到满足时,就会用完全对立、甚至相当暴力的方式发起攻击,所以会动不动与人打架。

心育导师在与家长的一次次沟通过程中,告知家长青春期孩子将会出现的一些变化,比如他们的独立性急剧增强,不再被动地听从父母的教诲和安排,如果继续放任孩子,到时出现问题,想管都已太晚;又比如他们的情绪容易多变和行为易冲动,只有平时注重与孩子交流和沟通,知道孩子的所思所想,才能更好地帮助孩子成长。

考虑到家庭的经济条件还可以,希望家长好好思考,在赚钱和孩子的健康成长之间有适度的平衡,做出相应的取舍。比如,在孩子回家的时间段,家里至少有一位家长在,为他烧饭,了解一下他的在校情况等,而不是常常给点钱,打个电话来问问孩子好不好,要让孩子体会到父母真正的爱。

【案例分析】

亲子亲合关系是一个人一生发展中最为重要的关系,许多学生出现各种心理问题大多是亲子亲合出现问题所致,张同学的攻击性行为即如此。当张同学无法在成长过程中得到来自父母的亲子之爱时,表面上是无所谓的态度,潜意识中他以不正常的表达方式来寻求情感得不到满足的宣泄,打架、与同学起冲突、不听父母的安排均是张同学情感得不到满足的表现。本案例中,张同学的心育导师准确地捕捉到张同学的内心需求,及时与家长建立联系渠道,心育导师的"1",加上家长、班主任等的"X",共同努力下,改变了张同学家庭的日常相处模式,使张同学家长建立起正确的家庭教育理念,从而改善了张同学与家长的亲子亲合关系,张同学的攻击性行为也随之减少了。

案例三

小 C,父母来自安徽,在杭城打工,家庭以开小超市做小生意为生,因为父母缺乏与青春期孩子沟通的方法,导致亲子关系紧张、疏远,小 C 近五年没有喊过爸爸,学习成绩及其他表现也比较让人头痛,父母无奈将他送至专门学校。因小 C 个性内向而倔强,与同学交流相对较少,起冲突时常常拔拳相向,一次与班主任起争执,甚至把班主任推到墙边……

新年到来之际,学校一年一度的大型百人亲子团辅活动隆重举行,小 C 及父亲应邀参加了团辅活动,随着游戏活动的进行,小 C 脸上慢慢浮出笑意。第三个活动是"说说心里话",活动安排摒弃了传统的亲子之间对话,而是让孩子们走圈,换到陌生的"父亲""母亲"面前,彼此交流,两人对话,听听来自其他父母的心里话,让孩子们有了另一番感受。听听来自其他孩子的心里话,也让参加活动的父母们换个角度去理解自己的孩子。小 C 的心理导师在一旁观察到了小 C 在陌生父母前真诚的倾诉,知道小 C 已有所触动,就利用活动总结环节这一难得的机会,为缓和小 C 与父亲之间的疏离,有意"撮合",特意安排小 C 和他的父亲上台,在近百名同学、家长、老师面前进行活动分享,角色互换、父子对话,终于小 C 敞开了心扉,喊出了"爸爸,其实你也不容易!"父子拥抱在一起……困扰小 C 及父母多年的情感心结,在亲子共同参加的学校活动中解开了。

【案例说明】

小 C 的攻击性行为发生具有典型性,近年来我校常有学生,尤其是不善言谈的男生出现攻击性行为带有情感发泄的意味。推究其发生背景,往往来自不善言谈的父母,尤其是父亲角色缺失带来的压力。小 C 近五年来不喊爸爸,就是他对父亲的无声反抗,解决之道在于让小 C 有个机会了解父亲、听一听父亲的心声。年度大型亲子团辅活动提供了一个让父子交流的平台,尤其是角色互换,与别的父母说说心里话的活动,提供了一个"悄悄话窗口",让小 C 有机会说出自己多年来无法正常喊一声"爸爸"的隐痛。之后的父子上台分享环节也就自然而然地顺利进行了。这个案例是学校利用团辅活动,成功促进亲子交流的众多案例中的一例。

【案例分析】

攻击性行为的发生背后原因复杂,亲子沟通障碍只是原因之一,但却是至关重要的一个原因。研究人员在测试调查基础上发现,专门学校学生的学校活动参与度($M=3.32$)显著高于普通学校的学生($M=1.53$),对于这些学生来说,很难在学业中找到成就感,而各种活动体验更能激发他们参与的热情。因此,在这样的氛围中,专门学校学生的学校活动参与度都较高。本研究利用这一优势,通过大型亲子团辅游戏活动,促使攻击性行为学生与父母之间形成良性对话,从而达到缓解该学生情感压力、改变其认知偏差,进而减少攻击性行为的发生。

八、研究存在的主要问题和今后方向

本研究仅仅探讨了社会因素影响下的攻击性行为特征及干预,对攻击性行为学生人格及认知因素的影响没有进行深层次研究,作为学校教师,研究方法不多,研究能力有限,研究的科学性有待规范,对攻击性行为早期识别的研究仍有许多不尽如人意之处。在本研究经验积累基础上,今后将针对攻击性行为的其他因素进行进一步研究。

(盛萌芽　章建华)

第三节　化身孤岛的蓝鲸

摘　要:中学阶段是人生命过程中的一个非常特殊的阶段,青少年学生的身心处在一种非平衡状态,容易产生心理发展上的矛盾,进而影响行为。本节通过谈话和心理测试,发现个案的问题属于偏执型人格障碍。在对其人格障碍成因分析的基础上,采用焦点技术建立良好的咨访关系,再利用归因训练进行人格纠偏,最后辅以家庭指导改善成长环境。经过一个学期的辅导,其偏执型人格障碍情况有所好转,辅导效果良好。

关键词:偏执型人格障碍;敌对;归因训练;家庭教育

一、个案基本情况

(一)基本情况介绍

小鲸(化名),男,16岁,高一学生,在家排行最小,上面有两个姐姐,父母均为来杭务工人员。家庭关系不是很和睦,父母经常吵架,父亲脾气较暴躁,平时教育孩子多用暴力手段。

小鲸个性固执,敏感多疑,易怒,脾气暴躁,心胸狭隘,与同学、老师关系紧张,在校期间多次发生打架事件。他觉得老师、同学都不喜欢自己,对自己有敌意,在班里没有情感上的朋友,常用命令、威胁的口吻来要求同学的行为,同学没有做到就会起冲突。他自述很容易生气,对他人的言行极为敏感,不能容忍挫折和拒绝,难以原谅他人的不当言行。他觉得老师对他不公平、不信任,不管发生什么事情,老师都会认为是他的错,大家都对他有偏见。

(二)咨询师观察

小鲸第一次来咨询,是在与同班同学发生冲突时自己主动要求的,但自述是为了想离开当时的环境。咨询过程中他始终低着头,趴在桌子上,目光很少朝向我这边,表现出明显的焦虑、抗拒,话不多,也不主动,但言语尖刻,敌意较强。从谈话中感觉他最明显的问题是敏感和猜疑,听到别人无意中说的话就觉得是在针对他,即使理智上承认有时候这些想法不合逻辑,但还是认为可能性很大;有极强的自我中心意识,遇事多以"我"字当头,生活中与人发生冲突,都将引发他不假思索的剧烈反应;在谈话过程中,他表达明确、思路清晰,具有一定的自知力。

(三)心理测验

采用症状自评量表(SCL-90)进行测试:总分226分,其中敌对3.83分,偏执3.83分,人际关系3.22分,强迫症状2.5分,躯体化2.42分,抑郁2.23分,恐怖2.14分,焦虑1.9分,精神病性症状1.8分,其他(睡眠及饮食)2.29分①。

二、鉴别诊断

个案意识清晰,语言表达流畅,交流切题,未见妄想、幻觉等精神病性症

---

① 关于症状自评量表(SCL-90)测试分数的说明:量表的各因子分是组成该因子的各项目总分除以组成该因子的项目数得到的,所以各因子总分加起来不等于量表总分。根据测试结果筛查的时候,量表总分超过160分,需考虑筛查阳性;单项因子分大于2的时候考虑有该方面的心理问题。

状,故可排除精神病的可能。严重心理问题表现为反应强烈,已泛化,对社会造成严重影响,病程大于2个月。虽然小鲸的心理困惑持续时间长,但他的心理问题并无泛化,也没有对社会造成严重影响,因此可以排除严重心理问题的可能。广泛的猜疑、易怒和警觉性高是偏执型人格障碍的主要特点。

偏执型人格障碍的个体表现为对他人极端的不信任,对发生的社会事件经常做出错误的解释,哪怕是和别人发生了非常小的摩擦,偏执型人格障碍的个体也会对别人表现出一种愤恨的反应,他们易形成一种病态的妒忌,对他人容易形成敌意和攻击。

在ICD-10F60.0中偏执型人格的特征描述为:

1.广泛猜疑,常将他人无意的、非恶意的甚至友好的行为误解为敌意或歧视,或无足够根据,怀疑会被人利用或伤害,因此过分警惕与防卫。

2.将周围事物解释为不符合实际情况的"阴谋",并可成为超价观念。

3.易产生病态嫉妒。

4.过分自负,若有挫折或失败则归咎于人,总认为自己正确。

5.好嫉恨别人,对他人过错不能宽容。

6.脱离实际地好争辩与敌对,固执地追求个人不够合理的"权利"或利益。

7.忽视或不相信与患者想法不相符合的客观证据,因而很难以说理或事实来改变患者的想法。

8.易有病理性妒忌,过分怀疑恋人有新欢或伴侣不忠,但不是妄想。

9.过分自负和自我中心的倾向,总感觉受压制、被迫害,甚至上告、上访,不达目的不肯罢休。

10.具有将其周围和外界事件解释为"阴谋"等的非现实性观念,因此过分警惕或抱有敌意。

个案的症状至少要符合上述项目中的三项,方可诊断为偏执型人格障碍。

通过面谈及观察发现,小鲸的情况符合第1、5、6、7、10项,并根据其SCL-90的测试结果,诊断为偏执型人格障碍。

三、成因分析

(一)自我意识发展障碍

12～18岁的青少年学生由于成人意识的觉醒,有了自己的价值标准和行事方式,在人格上要求获得地位、尊重和自由。但小鲸自述,从记事开始就经常被指责和否定,自我意识统一的过程受阻,因此,他逐渐疏远成人社会,并伴有"引起攻击性反成人态度"的心理。

(二)不当的归因方式

归因方式是人们在长期生活中形成的对自己和他人行为结果的原因的一

111

般看法,它是个体个性特征的组成部分,并对人们的行为产生深刻的影响。小鲸习惯性的归因方式是将失败归因为外部的、稳定的、不可控的因素,根据"结果—归因—情绪、期望—行为抉择"这个过程,小鲸的归因方式引起他对外界的敌意,进而引发他的自我设限行为。

(三)家庭环境因素

从心理方面来说,偏执、多疑是由于缺乏自我安全感而产生的,这种人格特征往往源于不美满的家庭生活。小鲸的父母关系不融洽,经常吵架,父亲脾气暴躁,常以暴力手段教育孩子,他在怀疑、担心、恐惧的家庭氛围中成长,逐步形成疑虑、偏执的人格特征。

四、辅导方法和过程

偏执型人格障碍的核心观念是不爱、软弱、无价值、坏的、失败、劣势等,这些消极评价特别是对个体稳定的、总体的消极自我评价会导致个体产生消极的情感,但这不属于精神疾病,一般通过心理辅导便可有良好的疗效。针对小鲸的具体情况,先采用焦点技术建立良好的咨访关系,再利用归因训练进行人格纠偏,最后辅以家庭指导改善成长环境。

(一)采用焦点技术,建立良好的咨访关系

偏执型人格障碍患者最大的特点是对人的不信任和猜疑,对他人的言谈举止非常敏感,人际关系存在困难,所以建立良好的咨访关系就愈加重要。小鲸第一次咨询就表现出明显的抗拒,直接表达"我不是来找你的,只是不想待在班级听班主任训"。感觉到他的抗拒,我给他倒了杯水,表明我可以安静地听你聊聊你的故事和想法,不发表你不想听到的言论。他趴在桌子上,眼睛看着窗外的方向慢慢开始讲述自己的事情:"我每天特烦,做什么都烦。大家也不喜欢我,但我无所谓……"他说了很多自己的感受,从记事起就不被认可,在家人、老师、同学的眼中就是一个坏孩子……我如约没有表达自己对他所述内容的观点,等他说完,用自我暴露的故事分享完成一般化技术,他回给我的眼神感觉到对我没有明显的敌意了,我顺势以玩笑的口吻问了句:"你觉得我对你有什么不好的看法吗?或者说我的什么行为让你感觉到不舒服吗?"他说:"没有。""那么我可以当作你相信不是所有的老师都对你有偏见喽?""我没有把你当老师。""那我是什么?""朋友。"我会心地笑了笑,企图运用焦点技术开始问题重构。咨询结束,我没有跟他预约下次咨询时间,只是和他说,等你准备好,可以以任何形式随时来找我。

咨询后一周,在"七色心晴"日志上,他写了这样一段话:

　　　　鲸

　　巨大孤独

　　故事太多

　　让人无法倾听

　　　　——化身孤岛的蓝鲸

　　感觉他有了想要倾诉的欲望,我给他以同样的形式回复:"记得小王子说,沙漠里面有一点寂寞。蛇说,和人在一起也寂寞。但是,总有一个人,能够让寂寞的生命开出一朵小心呵护的玫瑰。或许每个人心中都有一个蓝鲸的故事,只要你自己选择,是可以不做孤岛的。老师期待成为鲸的良友,我有沙滩和大海,有星空和绿地,只等你的故事来充填这些孤空的灵魂。"

　　一周后,他在我的回复后面回复了一句:"那一天,你来了。"

(二)利用归因训练,进行人格纠偏

　　偏执、敌对的个性是很难在短时间内改变的,偏执型人格障碍的个案更是难以接受行为训练的指导,故拟运用归因训练改变认知来进行人格纠偏。

　　归因方式是人们在长期生活中形成的对自己和他人行为结果的原因的一般看法,它是人们个性特征的组成部分,并对人们的行为产生深刻的影响。归因理论认为,个体在建立人际关系的过程中都会遭遇到成功和失败,对于成功和失败的结果在自我心理层面做出某种解释。不同的归因导致不同的情绪和成功期望,进而导致不同的成就行为,最终将影响到个体的心理素质和进一步的人际交往。小鲸习惯性的归因方式是将失败归因为外部的、稳定的、不可控的因素,认为与人发生冲突都是因为别人对自己有偏见,导致了他对外界的敌意,进而引发他的自我设限行为。自我设限是指在表现情境中,为了回避或降低因不佳表现所带来的负面影响而采取的任何能够增大失败原因外化机会的行动和选择,是在自尊受到威胁的情形下,保护或提升个人自尊的策略。故而小鲸表现出对外界的敌对和攻击性。归因训练,是指通过特定的训练程序,使人们掌握某种有利的归因技能,改变其原有的不良归因风格,形成更加积极的归因风格。

　　咨询关系建立之后,小鲸会经常主动在 QQ、微信找我聊天,但他还是比较排斥老师等权威和心理咨询,故我们以按朋友身份分享生活为主要形式。为了进行归因训练,我以分享鲸的故事为由,和他约定每天晚上六点半准时微信联系,和我分享一些当天有意义的事情,针对他分享的事情引导调整他的归因方式。小鲸目前对人际的归因都是对方对自己的偏见,在交流过程中引导他关注自己的言行,进行内部的、不稳定的、可控的归因。前期并未说明进行的是归因训练,一段时间后,等到他的认知发生转变了,再在班级开设一堂合

理归因主题的心理活动课。

(三)指导家庭教育,改善成长环境

攻击性行为的背后,是对爱的强烈渴望。小鲸内心的恐惧、不安和不合理的认知最初来源于家庭,未来的家庭氛围和父母的行为方式仍会持续影响着小鲸的个性发展。因此,需要联合小鲸的班主任和成长导师做好家庭教育指导工作。小鲸的父亲也意识到了自身的问题,并承认其个性对小鲸的不良影响,表示会尽力克制自己的脾气,缓和家庭氛围,一起为小鲸的健康成长努力。

五、效果和反思

经过一个学期的辅导,小鲸有了明显的好转。可以比较自如地交谈,也更积极主动,同学关系也有所缓和,并表示想要住校,自述已上交住校申请。同时坚定了在学习上的目标,小鲸的学习基础一直不错,希望他可以通过学习感受到自身的价值。期末进行 SCL-90 测试,敌对、偏执和人际关系均低于 3 分,虽然仍大于 2 分,但与咨询前相比已有明显好转。

人格特征是在家庭、社会环境和个体的经历中长期形成的,他的转变也必然是一个长期的过程,这就要求我们教育工作者付出足够的耐心和仁爱之心去承担起孩子成长路上的导师职责。偏执、敌对的背后是对拒绝、伤害的恐惧,攻击性行为的背后是对爱的强烈渴望。

(朱玉玲)

第四节　用绘画破译内心世界

摘　要:偷窃癖的最大特征就是不能抵制冲动,用纪律处分不能发挥有效的作用,甚至还可能造成当事人的情绪低落、悲观厌世等消极后果。如果遇到了偷窃情况比较严重且行为怪异的学生,需谨慎处理,首先要区分德育问题与心理问题,而心理问题更适合用投射相关技术去解决。

关键词:偷窃癖;问题区分;症状;绘画投射

一、问题初现

下课时,一个同学跑到办公室,急匆匆地说:"老师,今天我们在寝室捉到了一个贼! 老师你看,就是'他'。"说着,学生就把"他"从门外推进了心理辅导室。站在我面前的是一个很弱小的男生,浑身上下穿着名牌,低着头。我想,

在弄清真实情况前不能张扬此事,于是让其他同学先回去。

我请他坐下,给他倒了一杯茶,等待他自己开口。他警惕地看着我,我默默注视着他,希望他能在这样安静的空间里释放自己内心真实的想法。1分钟,2分钟,5分钟……但是他还是没有说话。

二、心理投射

这时候,我找来一个画板和彩色笔,把一张雪白的纸推到他面前,用和蔼的语气说:"你能把你的家画下来吗? 这里有彩色笔你可以随便用。"他抬头看了我一眼,低下头开始注视彩色笔和画板了。他还是没有说话,慢慢地拿出一支深蓝色彩笔,在画面的右上方画了一个五层楼的房子,用黄色彩笔给楼房进行了装饰,很豪华。房子的旁边有两棵孤零零的小树,树上没有几片叶子,树干底部很细。在楼房的门口有一个男孩,穿着红色的衣服,站在门口很耀眼。房子旁边画了一辆已经破损的汽车,画面空荡荡的,这个时候他犹豫了一下,拿出了一支黑色彩笔画天空。他画的时候很用力,似乎嘴巴还在唠叨什么,一会儿整个画面变成了黑色,天空中只有三颗孤独的星星在闪烁。过了不久,他又拿起黑色笔在画面上涂抹着,天空变得更黑了,那几颗星星更耀眼了,他把黑笔放下,又拿起蓝色笔在星星旁边画上了眼泪。我注意到他画眼泪的时候,他的眼睛也慢慢变湿润了,嘴巴开始颤动起来。画完后,我们一起欣赏他的画。"这个是你家吗?"他点点头。我又指着穿红色衣服的小男孩问:"这个是你吗?"这个时候,他不好意思地点点头。

"你爸爸妈妈不在家吗?"

"是的。"

"他们在哪里?"

他用手指向天空中流泪的星星。我很惊讶,我没有再继续问下去。咨询室又陷入了沉寂。3分钟后,他伤心地说:"爸爸,妈妈……他们死了。"

他默默坐在那里,眼泪流了下来。对他这样的回答,我非常吃惊,我轻轻地走到他一侧,慢慢地抚摸着他的头,把手搭在他的肩上。这时他突然转过身子把头埋在我胸前,大声痛哭起来。他的这个举动让我很意外,但我没有动,让他尽情地哭泣。5分钟后,他的哭泣声慢慢小了。"老师,我不是贼,我不是小偷!"他注视着我,我点点头:"老师相信你不是小偷!"

他说:"老师,其实我是小偷。"我被他这样一肯定一否定的回答给弄糊涂了,我没有继续问下去。

"能谈谈你的家庭吗?"

"我爸爸、妈妈死了,他们一个多月前死的。爸爸、妈妈在桐乡做羊毛衫批发的,每年都能赚很多钱,在上海、杭州和北京都有分店。他们每年过年都会给我很多零花钱,但今年就没有再回来了。"

"为什么?"

"他们在开车回家过年的途中遇到了大雪,在高速公路上出了车祸。坐在前排的妈妈当场死了,爸爸被送到医院的时候因流血过多也死了。爸爸在出车祸的时候还在用手机给家里人打电话……"说到这里,他目光呆滞,看着窗外不语了。

我用手轻轻拍着他的肩。

三、问题区分与应对

"老师,你是第一个听我倾诉的人。"

我点点头,这个时候我很能理解他画面所表现的内容了。我说:"你觉得你内心是孤独、寂寞、黑暗、恐惧的吗?"

"是的。老师,其实我不是很想偷他们的东西的,但感觉偷完以后很兴奋,我偷过他们的钱,还有饭卡、作业本、游戏机,甚至晒在外面的袜子、内裤。看着他们焦急寻找的样子感觉很兴奋,有一种满足感,起初他们不会怀疑是我偷的,因为他们知道我家庭条件是很好的。但这一次他们设计好了,把钱放在床下,然后他们躲起来,等我偷的时候他们就全出来了……"

这时我意识到这不是简单的偷窃行为,他有"偷窃癖"的特征了。"偷窃癖"的形成和他的个性以及近一段时间突发的家庭变故有密切的关系。如果平时他身边没有什么真正的朋友,当亲人突然离开的时候,他内心的应激反应会很强烈。所以在他的潜意识里希望通过某些行为引起他人的注意。

"偷东西被人捉住了,有什么后果吗?"

"别人会嘲笑我,同学们会远离我。"

"如果在天堂的父母知道你现在做贼了,他们感受如何呢?"

"他们会很生气的,我一直是他们的骄傲,我的成绩在班里是很好的!"

说到成绩,他脸上露出自信的笑容,感觉他现在需要的是我们的肯定和关注。事后从班主任那里了解到,这个学生家庭十分优越,成绩也好,在班级担任学习委员。我告诉他:"人都会有生命结束的时候,这是人的一种规律,只是生命长短的区别,但是不要让亲人带着遗憾离开。"

我指着他画的画说:"你的妈妈、爸爸看到你现在的情况流泪了是吗?"他点点头。

第二次咨询,我拿出一张白纸:"怎么让妈妈、爸爸不再伤心流泪呢?"他拿起画笔在纸的中央画了一个高高大大的楼房,楼房每个窗户画上一盏亮灯,一楼的门打开,还在通往学校的路边画上茂密的大树。树上画了一个象征着家庭的鸟巢,有三只小鸟好像在说话,天空有几朵白云,白云咧开嘴巴在朝着下面微笑。画完后,他长长舒了一口气。这个时候我也拿起一支画笔,在他的家里画很多人,在通往学校的路上也画一个人。他很吃惊地看着我,我告诉他:"其实,你并不孤独,有很多亲戚、朋友、老师、同学在关心着你。你看着这个人就是我。"他呵呵笑了起来!

四、支持系统与评估

事后,我和他寝室的同学们做了沟通,让寝室的同学们能理解他的行为的真正原因。同学们都表示愿意继续做他的好朋友,一起来帮助他走过这个痛苦的心理时期。

一段时间后,他又来了,告诉我他现在参加了学校好几个社团,特别忙,没有时间来看我,并悄悄告诉我:"对别人的物品已经不感兴趣了。"

事后,我们分别又做了 SCL-90 和自我意识评估测试,其总分、阳性项目数、大多数因子分数都在 1.5～0.25,其中人际交往分数因子为 1.2。

经 Piers-Harris 儿童自我意识量表(6～16 岁)测试,他的自我意识水平总分达到正常水平,行为、合群、焦虑、幸福与满足、学校表现情况也都在正常范围内。

五、反思与预防

辅导这名学生的时候,很容易共情。首次辅导时,面对他阻抗的情绪,运用了绘画投射性心理分析方法,让他在绘画的过程中宣泄,建立关系,然后了解他偷窃的真正目的。主要采用了认知疗法、完形疗法、投射疗法。在确立辅导目标后,进入辅导过程:建立关系—确定目标—树立信心—澄清问题—找出问题—认知干预等。

在没有掌握全部情况之前,要分清是德育问题还是心理问题,我们不能完全把这些行为与学生的道德品质联系起来而进行简单道德谈话或者用行政惩罚来解决。是否定性为"偷窃癖",一般从以下六个方面来判断:经常反复去偷窃,看见别人的物品不能克制自己的冲动;自己也不知道为什么要偷,没有目的性、没有原因;偷窃的过程很兴奋、紧张,偷窃后很放松、很满足;偷窃的时候也没有考虑经济价值,经常把偷窃的东西销毁、收藏或者归还;往往一个人偷窃;偷窃后会感到自责内疚,想改却改不了。

从精神病学角度讲,"偷窃癖"实际上是一种心理变态行为,大多数患有"偷窃癖"的人和他们所遭受的经历有一定关系。面对这个学生的冲动障碍,我们的主要任务是缓解他因失去父母造成的焦虑,注意疏导他的情绪,鼓励他转移目标,战胜自我。

面对有"偷窃癖"的学生,我们教师应该具体去了解他的不同情况,然后再做判断,决定如何处理,比如是让学生来求助,进行心理辅导,还是按照纪律条例给予处分。对这样的学生进行处分,并不一定能起到阻止他们继续偷窃的作用,因为这种"强迫性偷窃"具有反复性与顽固性的特征。"偷窃癖"的最大特征就是不能抵制冲动,使得纪律处分不能发挥有效的作用,甚至还可能造成当事人的情绪低落、悲观厌世等消极后果,给治疗辅导与康复带来困难。所以,班主任如果遇到了偷窃情况比较严重,且行为怪异的学生,一定要区别对待,谨慎处理。

学生家长方面,一方面觉得孩子偷窃不光彩,一方面又感觉无从下手。这时,家长也不要操之过急,首先要认真听取孩子的倾诉,及时进行辅导,使其心理冲突得到及时化解。其次,在孩子遇到心理冲突的时候,可以找机会让孩子进行自我宣泄,鼓励孩子找知心朋友倾诉,同时也可以求助学校的心理辅导老师。

同时,要正确对待孩子利用心理自我防卫机制来保护自己。通常,孩子在遇到突发事件的时候会产生一种应激防卫机制来保护自己,这是一种正常的心理反应。但是有时这种应激防卫机制运用不恰当,会导致负面的结果。比如这个学生的偷窃行为,就是一种潜意识的具有神经强迫症的变态行为,并非是他真正的想法。有"偷窃癖"的人大多数存在性格缺陷,比如自私、倔强、好强、孤僻等,这也是与家庭教育分不开的。当然,教师在对学生进行思想教育时,也要利用、创造各种机会鼓励学生之间的正常交往,同时也要多和家长沟通,彼此合作,共同寻找解决问题的办法。

(曹　刚)

第五节　珍爱受伤的"花朵"
——阳光女生培养途径探析

摘　要:教育的目的不仅为社会培养各行各业需要的人才,更需要为社会培养身体和心智健康的公民,专门教育的意义就在这里。笔者根据不同女生的行为习惯和个性特点,施以积极的教育方法,探索阳光女生的有效培养途径。
关键词:阳光女生;行为习惯;培养途径

每个孩子都是一个独立的个体,都是家庭的希望,是国家的未来。每个孩子都应该得到尊重,得到家庭和社会的关注。如果孩子不能得到健康成长,在成长过程中其人格和行为习惯得不到良好的发展,在成长过程中得不到他人的尊重和理解,便会出现令人担忧的结果。对于这些花季般的少女来讲,过早地涉猎不属于她们这个年龄阶段的东西,不仅对于其自身容易造成不必要的伤害,也成为一种社会隐患。相比普通学校的孩子,走进杭州市城西中学之前,她们缺失的不仅仅是老师的关爱和同学的理解,更多的是来自各方面异样的眼神,她们被贴着"另类"的标签来到这里。作为一名专门教育工作者,笔者在不断地思考这样一个问题:相比普通学校,相比学生父母,相比社会,我能给她们带来什么,我能让她们改变什么?我又能让她们收获什么?

教育是形成有意义的人的实践,是对人的价值的发现、挖掘、形成和规定。提高人的主体性是教育的最高价值和终极意义,认识教育本质就是认识人的价值。郝文武(2004)认为教育不仅仅是开启智慧的一把钥匙,更是引导心灵走向自我完善、走向自我审慎的一条大道。明确了这一点,也就明确了自己的教育目的,并借以回答了我的疑问:教育是在让学生体会到老师的关爱、学校的关注,守护她们稚弱的心灵的同时,教导她们逐渐改掉不良的生活、行为习惯,教导她们走出心灵的阴影,引导她们去感受阳光的明媚和人生的美好。

一、学生案例分析

(一)初识荷花

我和她的相识是在新学期报到的第一天。在我(起初,我并不了解她们的情况)看来,她跟其他的女孩子没有什么区别。她是一个高挑、如荷花般清澈、美丽的女生,两岁左右父母离异,起初法定监护人是母亲,但因为母亲生活作风不好,其姑母看她水灵可爱,不忍心让其跟母亲受苦,于是让其爸爸争取过来,主要由姑姑来抚养。不过,隔段时间生母也会接女儿去住一段时间。

在原来学校,她经常旷课、逃学,跟一些社会无正当职业人员混在一起,浓妆艳抹,全然不是一个女中学生的样子,连女孩子最基本的贞操也看作儿戏,性意识淡薄。到专门学校后,首先,心理是比较抵触,把老师看作眼中钉,经常旷课不到校,第一个礼拜在姑母的陪同下来学校后,第二、三个礼拜就旷课,偷拿家里的钱,在外面混,彻夜不回家。其次,没有责任意识,不知道为自己的过失负责。禁假后的一个礼拜又旷课,我们通过各种途径将其从网吧里带回,当时的情景就像电视剧,跟她一起出来的是个女孩子,也是浓妆艳抹,没有一点修养,见到是荷花的老师后,她竟然破口大骂。荷花回来后,我们跟她讲这个事情的原委,让她能够认识到事情的严重性,这次的经历让荷花有了些许变化。这时,我们趁热打铁,在值班的时候,我经常绕着圈子地跟她"瞎聊",看她眼神和情绪能够跟着我的思绪走的时候,我便悄悄地切入到我的教育目的上。首先告诉她,在整个事件的过程中,她扮演着一个受害者的角色,在她眼中的这个"大学生"的小姐妹,压根就是她的一个"大姐大",让她来付钱,听她的指挥。我开玩笑地跟她说,你就是被她卖了,你还会帮着她数钱,她会心地笑了一下,眼神也可爱极了。

案情分析:从初识荷花到相处一段时间以后,我的思绪由忙乱开始变得清晰,她本身是一个善良的孩子,不,她就是一个善良的孩子,但是她的善良却被不良的人和行为牵制着,让她自己分不清什么是好,什么是恶。在她的成长过程中,由于缺乏良好的生活、教育环境,她的行为习惯没有得到很好的指导,在她自己觉得自己没有指望后,性情开始变得怪异,躲避关心她的人,逃避自己的种种。

(二)相知荷花

相处中,荷花开始慢慢信任了我,也发现我对她没有恶意,甚至可以说,她意识到我的存在对她来说代表了一种"善",于是在接下来的几次聊天中,我依旧从她的闪光点开始,每次首先是赞许,当然赞许之后我会微笑着跟她说出她的不足,她也很赞同,慢慢地她便敞开心扉跟我说了她的许多不堪的往事。其中,以下四点对我的触动很大:

第一点,我们在聊男女问题的时候,她犹豫了几次后告诉我,跟异性发生的第一次关系,是酒后被人骗到宾馆里强奸的,这件事情她没有告诉任何人,包括她的家长。

第二点,当我们聊到"性"的话题的时候,她竟然说,妈妈更乱……

第三点,她说,像她们这样的女生,原来的同学瞧不起,原来的老师更是不予理睬,恨不得她们早点离开。

第四点,当我提到设想十年后你的未来的时候,她说到,像她这么乱的女孩子以后谁还会要,怎么可能会好呢?

谈吐间可以深深地感受到她对未来的迷茫和恐惧。

案情分析:对于起初没有任何准备的我,听到了这样如雷般的震响。我相信任何人听到这些,都会揪心,我想了好多,反思了很多,梳理思绪,可以说,荷花如此的缘由主要有以下几点:

(1)自我保护意识淡薄,对是非的判断较差,特别是在重大问题上。

(2)家庭环境复杂,在家庭中缺失了亲情之爱,反而受到了不良影响。家庭环境的好坏直接影响着未成年人独立个性的形成,青少年的心理、行为与价值取向(江英,2006)。荷花的心理、行为和价值取向的异常很大程度上归因于成长的家庭环境。

(3)自暴自弃观念较深,认为自己的生命已经没有了意义,所以不断地肆意挥霍。

(4)特别在意别人的看法,有些甚至是自己臆想出来的。

(5)普通教育阶段,家校之间在"合作教育"上存在缺陷,疏忽了孩子的健康成长。

(6)社会的不良诱惑直接给了她逃避现实的"心灵归宿"。

二、培养途径探析

(一)学会包容——交谈中给予正确的引导

对于遇到困难的阳光女生而言,心灵的悦纳是第一位的。如果孩子心灵上接受不了教师,在班级管理和日常工作中,教师与其沟通便变得异常困难。尽管相识于"冲突",但是在 24 小时的守望和教育中,在给予她们更多的关注、关心和关爱后,我们看到了她们可喜的变化,她们变得自律、自爱起来,开始变得爽朗起来。应该说,教育因为有了爱,才能真正走进学生的内心世界,让学生对自己敞开心扉自由表达。内心的交融、彼此的信任可以彻底改变一个学生,老师一个关切的眼神、一句安慰和鼓励,也许就能改变一个孩子的一生。

(二)走进心灵——引导学生明确是非、自信自强

孩子出现问题的关键是缺乏正确的观念意识,对于什么是对的,什么是错的,什么是对她成长有益的,什么是不利的,她们往往分不清楚。在言传身教中,教师应该给予她们易于接受的合理的引导。当她们分清了是非,她们才能对自己以前的行为有合理的价值判断,我们的教导才能达到好的效果。

(三)保持家校良好的沟通——为孩子成长创造更好的家庭环境

家庭是孩子最初的成长环境,家庭环境给孩子带来的影响可以说是双向的,将直接影响到孩子对待生活的态度。从学校现状来看,"问题女生"大部分来自一个不和谐的家庭,或者父母离异,或者重组,或者隔代抚养,可以说,她们问题的形成在很大程度上归因于问题家庭的存在。因此,教师还要做好学生家长的工作,不断沟通,为孩子健康成长创造尽可能好的环境,让她们在家里也能够感受到亲情的温暖。

(四)用仁爱打动冰冷的心——普通学校和社会需要做出自己的贡献

孩子本无错,有错的是孩子成长中没有给予应有、及时的教导。在学校里生活了几年的孩子,大部分时间接触到的是教师,可以说,教师是她们人生路上的领路人和照明灯,教师、学校如果不能做到一视同仁,不能给予问题学生应有的尊重和理解、帮助,任其发展,那么,教育便真的成了"吃人"的教育(杜威观点)。任何一个教育单位都应该正视这些孩子,让她们能够感受到鼓励而不是讥讽,感受到安慰而不是惶恐。夏丏尊先生曾言:"教育没有了情爱,就成了无水的池,任你四方形也罢,圆形也罢,总逃不了一个空虚。"这种"空虚"的后果是无比可怕的,因此,给青春活泼的学生以充分的尊重和自信心,就成了我们教育中不可或缺的一项工作。

三、小结

教育应把人的发展作为重要的目标,而关注人的情感发展是教育中的一个本源性、根基性的问题。因为情感才是真正属于个体的,它是内在的、独特的,是人类真实意义的表达(朱小蔓,2002)。情感教育关注学生情感、态度和价值观,是促进学生全面健康发展的教育。著名教育家斯普朗格曾说:"一个真正受过教育的人,不单体会到常识,了解经济意义,欣赏美的事物,而且又肯为社会服务,即便对生存的意义也能体会。"黄克剑也说过:"教育须承诺知识的授受和智慧的开启,教育也须承诺身心训育,和人生境界的润泽与点拨。"教育的对象是正在形成中的个性最细腻的精神生活领域,即指挥、感情、意志、信念、自我意识。这些领域也只能用同样的东西,即智慧、感情、意志、信念、自我意识去施加影响。

通过教育引导学生积极向上是一项十分艰辛的事业,学生的行为习惯和问题千差万别,需要每一位专门教育工作者在烦琐、漫长的工作中不断积累经验,摸索前行。

作为一名女性专门教育工作者,我认为在工作中应做到以下几点:首先,要有心。教育迷失的学生不仅是国家、社会给予的责任和重托,更是一名人民教师应该负起的责任。其次,要用心。只有用心了,我们的情感才会更加真切,孩子才会信任你,才能够真正得到心灵的安慰,教育才有了现实意义。最后,要尽心。在这块专门教育的园地中,我们需要不厌其烦地去做好各项工作,"反复抓、抓反复",脚踏实地耕于此。教育过程中,会遇到种种艰难困苦,经历数不清的失败与挫折,我们只有孜孜以求,才能让那些难以调教、桀骜不驯的"问题女生"走出迷途,消除自卑感。珍爱她们,让她们走上健康之路,找回属于她们应有的精彩人生。

(朱玉莲)

第六节　用心守望,方显教育的力量
——对一起偷窃事件的思考

摘　要:青少年时期是自我意识和同一性建立的关键时期,学生的健康成长以心理需求得到满足为前提条件,需求的不满足容易导致各种行为问题,偷窃行为便是其中之一。对于班主任来说,处理班级失窃事件是一件劳心费神的差事。每一个学年新生报到后,班主任最怕的便是班级里有个别"顺手牵羊"的孩子,学生来自四面八方,似乎每一个班级都会不可避免地出现这样的人。本文笔者从实际工作出发，浅谈对于学生偷窃事件的思考。

关键词：偷窃；原因；干预

一、案例呈现

2011 年 3 月 3 日

今天有人报告少钱了，这已经是这个学期的第三次了，而且数目也有些大。所以和龙老师一起下定决心查出来。终于，在两个人商量摸索并研究实施后，在全班没有一个同学知晓的情况下，拿钱的同学被找到了，钱也被找到了。小 A，一个家庭相对贫困的孩子，在初中时就因为偷窃被抓住过三次，而且每次偷窃的数额都以数百计。我该怎么帮助她呢？

2012 年 9 月 13 日

开学两周，在原本以为一切顺利的时候，小 B 同学反映丢了一百元钱。管理一届新生，最怕的就是有偷窃习惯的孩子。一系列的"秘密"侦察之后，发现原来是一出"贼喊捉贼"的闹剧，而这正好成为开学教育同学保管好财物的绝好机会，岂能浪费？于是我居然将这场闹剧演成了苦情戏，不仅教育了小 B，也教育了其他同学，哈哈！班主任真是个万能的演员啊！

遇到这样的事情，在以后的工作过程中，要格外关注小 B。通过"贼喊捉贼"的戏码，可以发现小 B 既想要得到老师的关注，又想来试试老师的水平，真不是一个好弄的娃啊！

2014 年 4 月 23 日

小 C，从开元商贸转进来，因原校就读六个月时间（非住校），共偷窃 22 次。从与父母的谈话中得知，孩子从 8 岁开始拿东西，所有值钱的东西一眨眼便会被拿走。在校拿同学、老师的，周末在家就拿父母的，甚至客人的钱物，几乎每周甚至每天都在发生。频率之高，令人咋舌！教导处把这样一个"炸弹"安排到了我们班，我们学校又规定学生住校，我应该怎么管理她？该做什么工作呢？我得好好想一想。

二、教育的力量

来到学校四年，这三个学生带给我对于偷窃事件的思考特别多。很幸运的是，小 A 在那之后的两年半，没有发生过一次类似的事件，现在工作也很稳定。高三，她鼓起勇气选择留下来备战高考，我想那时候的她一定是已经改掉了不良习惯。虽然最后她没有考上大学，但是她说从来也不曾后悔过。毕业后的那年春节，收到一条短信："林老师，新年好。因为很多原因，从来不曾亲口和您说声谢谢,但是没有你就没有我的今天。谢谢您。"小 B 在校两年也不曾有过偷窃行为,现在的工作很出色。小 C 来到班级之后,她的偷窃概率明显下降,父母亲也开始对孩子由绝望变得有期望了。作为教育工作者,看到她们的成长,心中充满无限感慨。教育,可能不是万能的,但是在孩子成长的道路上,没有教育确是万万不能的。

三、偷窃习惯形成的原因剖析

剖析上述三个案例,我们来寻找一下这些偷窃事件形成的原因。

(一)小 A 事件的原因

小 A 家里经济条件相对比较差,父母对钱相对敏感,平时给孩子的钱较少。

小 A 本人比较贪吃,所以常常觉得钱不够用。

在初中时,每次出事以后,老师总是觉得孩子看上去很老实,所以让小 A 把钱还上,私下批评教育就了事,渐渐地她就觉得没关系,就是当时紧张一下罢了。

(二)小 B 事件的原因

小 B 父母是外来务工者,一家人居住在比较小的空间里,为了不让同学知道她的情况,小 B 平时在物质上总是会大手大脚。但是她又是一个相对理性的人,为了制造"有钱"的假象,最后自导自演了"贼喊捉贼"的戏。

小 B 个性张扬,喜欢标新立异,喜欢成为同学的焦点。所以在开学之初,她想首先取得老师的关注,也想看看老师的水平。

(三)小 C 事件的原因

小 C 幼年时父母离异,在离异过程中,奶奶家的人为了阻止妈妈带走她,曾将她独自一人关在一个小屋里,因此内心受过创伤。

抚养权被妈妈争取过来以后,她一直跟着外婆家的人生活,妈妈一直在外面谋生。小学阶段结交了不好的朋友,曾目睹好朋友偷拿家里的钱去挥霍,留给她深刻的印象,于是她从八九岁开始拿家人的钱,一发而不可收。

12 岁开始她跟着母亲在杭州生活,经济条件优越,由于觉得一直亏欠孩子,所以母亲在这样的事情上一直没有在意。当发现事情的严重性后母亲又采取不给零花钱、严格看管等措施,导致孩子问题更加严重。

青春期的来临让孩子更要面子,从小跟着老人生活的自卑感总是让她想在同学面前表现出大方的一面,所以小 C 对于物质的需要更加依赖,也促使了事件的形成。

综上所述,总结青少年学生校园偷窃事件形成的原因,见表 5-10。

表 5-10　青少年学生校园偷窃事件形成的原因

家庭原因	1. 家庭经济条件非常差
	2. 大人对孩子管教出现偏差
	3. 家庭突发变故
学校原因	1. 课业压力过大,心里压抑
	2. 教师关注不够,心理失衡
社会因素	好奇心,寻求刺激
自身心理因素	1. 寻求老师父母的关注
	2. 挑衅家长老师的权威
	3. 虚荣心使然
	4、贪婪侥幸心理使然

四、学生偷窃问题的干预理念

中学阶段,学生最主要的需求就是爱与自尊的需求,爱会使个体产生成功的动机和自我价值,爱与自我价值交互作用又会形成自我认同。所以,处理偷窃事件,我一直坚持和强调以下一些理念。

(一)强调负责

教师要注重"现在"和"行为",引导学生对自己形成正确的认识,在面对现实的基础上,在不侵犯他人的范围内,实现自己的需求。强调学生对自己的行为负责。

(二)强调价值判断

引导学生对目前已经造成的行为做一个自我评判,特别是强调学生须对目前的行为性质做价值上的判断。所谓价值判断,即关于价值的判断,是指某一特定的客体对特定的主体有无价值、有什么价值、有多大价值进行判断。人和人组成的社会系统是由价值定向的,那些为人和人组成的社会系统定向的价值就是社会价值系统,又被称为社会核心价值。社会核心价值有两个作用:一是确定个人的人生态度和个人行为导向;二是在发生价值冲突时充当价值判断的依据。

(三)保护不是转移,也不是逃避现实

青少年学生的人格具有很强的可塑性,在偷窃行为发生时,不可能采取遮掩或忽视的态度,更不能包庇,任何一个转移视线或评价的行为都是无济于问题的解决的,反而会加重偷窃行为。这也是作为教师特别要注意的一点,我们总是会在不经意间把保护我们的学生演变成了转移事实,要知道这样的举动

对青少年学生特别是高中生而言,只会强化其侥幸意识。同样的,在偷窃问题上强调潜意识,即避开学生不负责的核心问题,并且给他一个逃避现实的借口,反而不利于学生承担责任。

五、学生偷窃问题的干预措施

(一)言传身教

孔子曰:"其身正,不令而行;其身不正,虽令不从。"教师平时与学生朝夕相处,教师个人的道德观、是非观、价值观都是学生学习和效仿的对象,所以教师应该不断地渗透和强调正确的道德观、是非观和价值观,在班级里营造积极、正确、向上的观念。

(二)把握分寸,避免负面效应

老师以共情、尊重、温暖等心理学家倡导的方法尽力与学生产生心理的融合,这有利于偷窃问题学生配合辅导。但是在这些心理涉入的方式和方法过程中,一定要注意分寸,避免卷入过多,带来负面效应。

(三)建立三方契约,避免负强化,创造家校合力

老师与学生及家长共同制定契约,明确指出哪些工作或行为需在何时完成,也指明在什么时候对孩子进行奖赏、怎么奖赏。在对小 C 的管教中,小 C 家长针对她的行为不停指责、预防以及向亲人朋友抱怨,家长的这些行为对小 C 的内心造成了二次伤害,反而激起了小 C 的叛逆心。后来,我们和小 C 的家长进行了沟通,与他们共同建立了契约。在制定契约的过程中,要注意契约的制定需合乎改变的情景和条件,要遵循循序渐进的原则。这里需要强调的是,如有必要,教师也需对家长进行家庭教育的指导。例如在对小 C 进行辅导的过程中,因为家长的知识水平有限,所以我会编辑好短信发给家长,然后让家长一模一样复制回来,再删除,最后无意间让孩子看到,来提高家庭教育的效果。因为我们的大多数家长不是不想配合,而是有时候他们也真的不知道如何表达。

(四)及时鼓励,加强正强化

青少年学生有爱与被爱的需求、自我价值感的需求,老师的鼓励对于学生这两种需求的满足影响很大。视契约的执行情况给予及时的鼓励甚至奖励,即适时地让学生清楚教师一直看得到她的进步,理解她的痛苦,这样孩子才有坚持下去的动力。

笔者认为,需要强调的是教师个人的人格魅力,当孩子认为你是一个有魅力的师长时,他的内心便会很愿意按照教师的意愿去执行,反之效果便会降低很多。因此,作为一名教师,如何做一名有人格魅力的教师是每一名教师永恒不变的追求。

以上为笔者处理学生偷窃事件的一些思考,为了保护学生隐私,很多细节都没有展开。尊重学生,爱学生,不仅仅是保护学生,更是对学生的一种爱。在见证这部分学生成长的过程中,我也渐渐领悟到教育的真谛:唯有用心守望,教育方显成效。

(林　萍)

第七节　去除"顽疾",春暖花开

摘　要:班主任应该都深有体会,班上总有那么一两个学生,不管怎样"折腾",好像就是走不上正轨,不能与其他学生保持统一步调。如何帮助并改变他们,成了班主任时常思考的问题。本节和大家分享一个去除学生"顽疾"的个案,探讨通过关注学生自我同一感、身心发展、建立新型师生关系、注重角色定位等方法,根除学生不良习惯,帮助学生长足发展。

关键词:自我同一感;新型师生关系;角色定位

一、个案描述

翻开上学期的教育笔记,发现小徐是出现次数最多的一个。作为笔记里的"常客",不是因为出色,反倒是她的诸多"顽疾"让我对她尤其关注,似乎不"惦记"她就会不习惯。字里行间,我是多么期盼凭借一己之力改掉她的不良习惯,她的一点点进步都会让我欣喜若狂。在这个持久战中,她的成长是最好的战果。她就像一朵含苞待放的花儿,需要老师舍得等待,舍得花时间和精力去扶持。而等到花开的那一天,我们会共同惊讶于这段路程,是如此美好!

(一)初次治理,表扬开路

小徐是目前班里动作最慢、性情最懒的一个学生。她在原校养成了不做作业、不做笔记的习惯,甚至连作业本都没有。这样的习惯很难改正,所以前两次假期作业没有如期完成,我们暂时没有采取严厉的惩罚措施,只是叫她补作业。她连续两个晚上都补到很晚,看到她这么磨蹭,我总想找个法子治一治,因为她不是笨,而是懒。

终于,她的一个行为让我觉得可以尝试改变她了。早晨打扫卫生的时候,她完成自己的任务之后,主动帮同学把拖把拿到洗漱间门口,而且自觉遵从老师的提醒,认真把未擦干净的阳台重新补擦了一遍。

这个小细节让我很振奋,于是我特意询问全班同学:"咦,是谁自觉把拖把

127

放回洗漱间的？这个同学真的很值得同学们学习啊！"

"不知道啊，我都忘了放回去了。"那个拖地的同学一脸疑惑、愧疚、感激。

"其实我知道是谁，但是我想应该有同学注意到了吧？"我故意卖关子不说。

"老师，是谁啊？""老师，我们班出了个活雷锋呀！""老师，我们真的不知道。"……

看得出，同学们根本没有想到会是她做的。

她坐在座位上，有点惊讶，有点不知所措，羞涩而欣喜的眼神分明在告诉我她是多么受宠若惊，但是她始终不敢站出来。

"是小徐，她还认真地把栏杆补擦了一遍。"其他同学简直不敢相信，因为在他们眼里，她是"懒惰"的代名词。这时同学们不禁鼓起掌来，她也开心地咧开嘴，傻傻地接受着这一切。

我连续表扬了她两次，让她顿时感觉在其他同学面前有底气了，上课也不再发呆，积极思考问题，下课后主动把笔记交给我检查。所以我相信，及时肯定她的闪光点，慢慢地一定能帮助她改正拖沓、懒惰、不做作业和笔记的习惯。她也一定能成长为合格的职高学生。

(二)再次出现，寻求合力

学生的问题总是会反复出现。学习委员反映小徐英语作业没有写，还磨蹭着不想写。学习委员已经提醒过她，她一边补作业，一边看电视，上晚自习前才写了两个单词。得知"情报"后，我想这是"顽疾"，得治。

"今天有哪些作业呀？"晚自习的时候，我若无其事地询问学习委员。

"老师，其他同学都只有语文和数学作业，就小徐还有英语作业。"学习委员郑重地回答我。

"为什么？难道是英语老师只给小徐布置了作业吗？"我继续装傻。

"老师，不是的，英语作业是昨天的。""老师，我们早就完成了，就她不认真做。"……

大家七嘴八舌地告状，她则羞愧地低着头不敢看我，我也觉得自己对她太残酷了。可是不改变她的态度，拖拉的问题就解决不了。

该怎么办呢？我想到《教育心理学》中提到："态度是通过学习而形成的、影响个人的行为选择的内部准备状态或反应的倾向性。态度决定个体是否愿意完成某些任务，即决定行为的选择，态度是通过学习而形成的，无论是对人还是对事，各种态度都是通过个人与环境相互作用而形成、改变的。学生态度的改变还要借助同伴群体。归属于某一个团体的需要是个体的一种基本需要，因此，正式的班集体、非正式的小团体等对学生都具有一定的吸引力，他们试图使自己的言行态度与同伴群体保持一致，以得到同伴群体的接纳和认可。

可以说,学生的态度在很大程度上受到他们所归属的同伴群体的行为准则和风气的影响。"班集体的积极氛围不正可以帮助小徐改变学习态度吗? 小徐肯定也是希望和班级其他同学保持统一步调的。

所以我压住批评的"本能",问小徐:"你是不是忘记写作业了? 或者你只是写得慢一点,其实你可以完成的,是不是?"

小徐震惊地看着我,欲言又止,然后微微地点头。我就顺势提议让学习委员每天提醒并帮助她写作业,直到她写完为止,学习委员觉得自己得到老师的信任是幸运的,很爽快地答应了,并暖暖地看向小徐。小徐觉得老师给了她台阶下,感激地点头答应。

这件事之后,我发现她连续好多天都能按时完成作业,班里的学习气氛更浓厚了,同学们也很乐意帮助她,似乎都找到了自己的价值,先做好自己的作业,然后就有资格去监督她了。一举两得,这是我没有想到的,同伴群体的力量果然是强大的!

(三)屡知屡犯,加以规范

抄写三遍课文,小徐花了整整一天时间也没完成。我一想到自己对她花了那么多心思,她依然如故,心里就很不好受。每次她犯了错误我都原谅她,只是想让她明白,对她好不是纵容,而是宽容,是给她时间和机会一点点去改变自己。现在发现我的用心良苦反而让她的陋习愈演愈烈,看来要采取其他方法了,比如"惩罚"。

当不良行为出现时,可以用两种惩罚方式:一是给予某种厌恶刺激,如批评、处分、舆论谴责等;二是取消个体喜爱的刺激或剥夺某种特权等,如不许参加某种娱乐性活动。惩罚不是最终目的,给予惩罚时,教师应让学生认识到惩罚与错误行为的关系,使学生从心理上能接受,心服口服。同时,还要给学生指明改正的方向,或提供正确的、可替代的行为。

下午课余时间,我把小徐叫到办公室,第一次对她严厉批评,强调给了她一个月的缓冲期,居然没有任何变化,太不像话。如果继续这样,我就可能选择不理她了(吓唬而已),由她自己选择改变还是不改变。或许"暴风雨"来得太快,来不及躲闪;又或许她害怕失去我对她的爱,"不理她"这个惩罚让她感到自己马上就要"失宠"了。老师"画风"骤变,让她意识到自己真的不能再拖沓下去了。到了晚上,她果然乖乖地抄好课文交给我,其他作业也完成了。这说明她有是非观念,在一定压力下还是可以做好的。

此后,再也没有出现不及时上交作业的情况,她对我"不理她"这个惩罚好像心有余悸。因为之前对她的肯定和呵护,让她不想放弃我对她的爱,不想再接受正色批评,所以希望通过及时完成作业来保留那份爱。

(四)习惯养成,以爱为范

"老师,小徐早上没有刷牙。"一个学生悄悄地告诉我。

"她不爱洗脸,我发现她的毛巾都是干的。"另一个学生分贝提高了说。

"她晚上不洗脚,好臭啊,熏得我睡不着。"又一个学生一脸嫌弃。

"老师,我有个重大发现,小徐好多天不洗澡了,寝室里难闻的味道就是从她身上散发出来的。"还有学生当着她的面在我这"谏言"。

一波才平,一波又起。同学们多次反映小徐不讲卫生:不刷牙、不洗脸、不洗脚、不洗澡。对于她来说,似乎到了个"多灾多难"的班级,同学都对她太不"友好"了,总是揭她的短,平时同学也"不给面子",这在情绪上给她造成了一定的困扰,对同学有一定的敌意。

发现了这个问题,我想该找个机会和她谈谈。趁她到办公室交作业,我表扬她完成得好的同时,建议她讲究卫生,爱美爱干净……大概交流了半个多小时,她从满腹怨言到虚心接受,并表示一定做好。

第二天询问同学关于她的改变,她确实做到了洗脸、刷牙。听到同学的肯定,她脸上掠过一丝开心与坚定,我看到了她的决心。果不其然,从那之后,不再接到学生对她的投诉,她也慢慢习惯了讲究卫生。

某天中午,我注意到小徐这些天的头发特别油。如果正面指责她,一定会让她很尴尬,而且有可能因此疏远我。所以,我决定以关爱加示范的方式引导她。

午休的时候,我特意把小徐悄悄地叫到洗漱间,充满爱意地说:"老师学了个洗头的妙招,想帮你洗头,给不给我这个表现的机会呀?"

她瞪大眼睛,表示不敢相信自己的耳朵,想摇头又想点头。

"但是你要自己装好水,拿好毛巾和洗发露,老师才会开启服务模式哦,哈哈哈……"为了让她放松,我故作轻松地要求她做到这些。

一边洗头,一边教她怎么洗,并且一再确认"你记住了吗",她如捣蒜般拼命点头。

通过交谈,我发现她的自理能力很有限,基本上是妈妈给她洗头,家人似乎也不是很关心她的个人卫生,她也就不怎么在乎了。

自始至终,我都没有指责她。后面的日子里,隔两天她就会洗头,虽然洗完了,头发还是有点油,但至少她努力了。

小徐身上长期有一股非常难闻的味道,特别是天气闷热的时候,味道更加浓重。晚上洗漱时间,我经过储藏室,看到小徐换洗的裤子裤裆部分有一块尿渍,翻看其他裤子也一样,导致储藏柜里的衣服都有一股刺鼻的味道。

她一时脸红地说不出话,我急忙为她开脱:"因为你年纪小,洗不干净,没事,老师教你怎么洗。"可是一个初中生出现这样的状况,是不好的,我决定教她洗裤子以督促她学会自理。

她在旁边看,我边洗边讲解,同时询问她为什么每条裤子都有污渍。她说因为怕上厕所来不及,实在太急了,导致尿到裤子上。见她面露尴尬,我轻描淡写地建议她每个课间都去小便,如果裤子上有了污渍,及时更换,及时清洗。

第二天,裤子上又有尿渍,她主动找到我,告诉我洗干净裤子了,那一脸认真、一脸自豪,让我很是感动。没错,她在改变,她在找回自信,找回爱美的自己。

二、个案反思

当学生出现问题时,老师们似乎习惯了简单地批评或处罚,但我们常常发现,这样做收效甚微,学生很快"旧疾复发",甚至愈演愈烈。所以我慢慢尝试克制自己批评的"本能",竟然收到了意想不到的效果。转化学生,我们需要在诸多方面付出努力。

(一)帮助学生确立正确的自我同一感

埃里克森的心理社会发展理论认为,进入青春期的个体开始对自己做认真的评价,但是如何对自己下明确定论,保持自我的一致性,并非易事。如果家庭、学校提供的工作与社交经验足以发展他们明确而一致性的角色,则统一的自我就可以得到发展。自我同一感的建立可以使青少年了解自己,了解自己和周围环境之间的关系,能与客观环境保持协调和谐的关系,这些心理特质对青少年融入社会,走向生活,接受人生的挑战都是至关重要的。不能建立同一感的青少年就会产生自我否定的情绪,形成自我同一性混乱,致使他们无法觅得自我一致的见解。所以,教师要给学生有关其自身状况的真实的反馈信息,以便学生能正确认识自我,确定合理的、适当的自我同一性。教师要最大限度地尊重学生,切不可简单地将其当作"孩子"来看待,不要在其同伴或其他有关人员面前贬低或轻视他们。客观看待他们的缺点,也要表达真诚帮助他们的意愿,肯定他们改变缺点赢得发展的可能,一分为二地评价他们,这样才能确保这个阶段的青少年自我同一性的合理定论,最终取得长足的发展。如何看待小徐,我首先要求自己"一分为二",帮助她确立正确的自我同一感。

(二)关注学生身心发展

人的身心发展的互补性规律,要求教育工作者首先要树立信心,相信每一个学生,特别是暂时落后或者某些方面有缺陷的学生,通过其他方面的补偿性发展,都会达到与正常学生一样的发展水平;其次要掌握科学的教育方法,发现学生的优势,扬长避短,长善救失,激发学生自我发展的信心和自觉。

人的身心发展的个别差异性规律,要求教育工作者充分尊重每一个学生的个别差异,做到因材施教,使每一个学生都能获得最大限度的发展。

所以,遵循小徐的身心发展规律,互补性也好,差异性也罢,我只选择适合她的方法引导她成长。

(三)对学生严慈相济,尊重和信任学生

教师要尊重学生的人格,因为学生具有与教师平等的人格,教师要信任学生,相信每个学生都是可教育的,经过教育都能成为最好的自己。严格要求学生。严格要求和尊重信任是相辅相成的。马卡连柯说过:"我总是尽可能地相信一个人,也总是尽可能地严格要求一个人。"从某种程度上讲,严格要求本身就是一种尊重和信任。

理解和宽容学生。理解和宽容本身是一种教育力量。学生是正在成长中的人,是一个未成熟的人,正是如此,才需要教师的教导和引导。因此,教师要了解学生的特点,理解学生在特定环境下的行为,给他反思和纠正不良行为的机会。

在严慈相济的教育下,小徐在慢慢地成为最好的自己。

(四)建立新型师生关系

教师要与学生建立一种新型的人际关系,其主要特点是:积极关注、尊重、真诚与同感。同感是指老师设身处地地去体会学生的内心感受,进入其内心世界。示范法是影响学生行为改变的又一种方法,观察、模仿教师呈示的范例(榜样),是学生社会行为学习的重要方式。模仿学习的机制是替代强化,教师的示范尤其能刺激学生完成行为改变,达到强化的效果。所以,我的多次示范,让小徐在自理能力方面有了明显改观。

(五)注重角色定位

在此次德育教育中,我注重自己两个角色的运用:一是榜样的角色。夸美纽斯曾说过,教师的职责是用自己的榜样教育学生。教师是学生学习的最直接的榜样。学生具有可塑性和向师性的特点,教师的言谈举止、行为方式、为人之道和处世态度等都会对学生产生耳濡目染、潜移默化的影响。二是朋友的角色。中学阶段是学生身心发展急剧变化的时期,他们的主体意识越来越强,希望教师能把自己当作朋友看待,希望得到教师在学习、生活、人生等方面的指导,希望教师能与他们一起分担痛苦与忧伤,分享欢乐与幸福。我想小徐能欣然接受我的许多建议,正是建立在这两个角色基础之上的。

最后,我想说:只要我们耐心帮助学生在成长路上慢慢地去除"顽疾",让他们能正确认识自我,确定合理的、适当的自我同一性,相信在未来的人生道路上,他们定能长足发展,春暖花开!

(刘丽芳)

第八节　摧龙六式在困难学生
帮教中的应用

摘　要:本文灵感来源于小说《输赢》中的市场营销技巧——摧龙六式,糅和教育理论,应用于班级学生帮教中。"摧龙六式"包含收集资料、建立关系、挖掘需求、呈现价值、赢取承诺和跟进服务六个过程。
关键词:摧龙六式;困难学生;帮教

"摧龙六式"一词源自小说《输赢》,应用于市场营销,是一套完整的近乎完美的销售技巧。在竞争激烈的商业大潮中,摧龙六式帮助优秀业务员击败对手,赢得客户信任,提升业绩。

营销和教育本不属于同一范畴,看似毫无关联,然而细细分析,它们之间有很多共同之处。师者育人,帮助学生成长。对于作为班主任的我来说,每一个学生就像一个客户。在看过商战小说《输赢》上下部后,我尝试吸取小说中摧龙六式的理论精髓,运用于学生帮教中,并取得了良好的效果。在此,仅以一名汪姓同学(以下简称 W 同学)为例,浅谈摧龙六式在帮教困难学生中的应用。

W 同学,富阳人,初一坚持读完,初二上学期开始逃学旷课,下学期半年时间都在外面流浪,初三学年第一学期,W 同学在父母的陪同下来到了××城西中学,进入了我的班级。一个新同学入班,就像是一个新的客户。我要运用新领悟到的摧龙六式攻克他,以实现"治病救人"的教育目标。

一、摧龙六式各式分析

(一)摧龙六式第一式:搜集资料

经过新生班的集中学习,W 同学从新生班转入我班,并带来了一点资料。这些资料简单地描述了该同学在新生班两周时间内的表现,包括明显的行为缺陷。这些资料有价值,但是远远不够详细,根本无法满足对其制定教育服务方略的需要。所以,我需要大量搜集 W 同学的个人资料,包括兴趣爱好、重大病史、性格类型、教育经历、奖惩经历、交友人群、家庭成员、成员职业、家庭收入、学生期望、家长期望等。这些资料的搜集一方面来自直接访谈,另一方面来自发展的"内线"。所谓内线,就是熟悉 W 同学并且愿意帮助我的人。除了家长之外,还需要从班上与 W 同学相处较好的同学那里入手。资料搜集以后,对 W 同学的情况进行汇总,并做成一份资料汇总表(表5-10)。

有了以上资料,接下来就要对资料结构和内容进行分析。从表5-11所列资料可以看出,W同学有网瘾、烟瘾,但没有重大不良嗜好,没有发生过重大违法违纪行为;其自身对学校生活还有期望,愿意继续读书;家庭管教力度不够,个人自控能力又不强;家庭经济能力好,身边不缺钱。

表5-11　W同学资料汇总表

姓名	W	出生日期	1996.7.19	
原所在学校	×××中学	家庭住址	富阳××路××号×××室	
新生班表现	表现一般,无重大违纪违规行为,网瘾重,逃学旷课,周末不回家			
兴趣爱好	上网玩游戏,打台球,抽烟,一群年轻人瞎逛			
重大病史	身体素质良好,无重大疾病			
性格类型	性格开朗外向,重义气,花钱大方,经常请客			
教育经历	小学	富阳××小学,但是离家较远,管束不够,成绩中等		
	初中	初一时期开始逃学旷课,初二更加严重,长期不入学校		
奖惩经历	初中时期多次被处分			
交友人群	自己家附近的一群伙伴为主,也与原初中学校部分同学关系密切			
家庭成员	父亲为企业主,但开办的公司远在丽水,一年之中很少住在富阳家里			
	母亲为全职太太,照顾家里孩子和老人			
	姐姐在富阳××高中读书			
	叔伯4个,堂兄弟姐妹很多,读书好的不在少数,家族经济能力极强			
家里地位	母亲管家,但是从小宠爱儿子,现在儿子大了,管教无力			
	父亲说话分量很足,W同学怕爸爸,但是天高皇帝远			
家长期望	能完成初中学业,最好继续深造,将来接管企业			
学生期望	初中顺利毕业,拿到毕业证,希望以后还有机会读职高			

(二)摧龙六式第二式:建立关系

实施帮教就要搞好关系,但是搞哪些关系,怎么搞关系呢? 这里面还是有点学问的。要想很好地实施对学生的帮教,我认为有四个关系要去梳理,其间有一个关系梳理不好,帮教的效果都要大打折扣。这四个关系分别是老师和学生的关系、老师和家长的关系、孩子和家长的关系,以及孩子父母之间的关系。我们先来看看W同学入班初期的这四层关系(表5-12)。

看到表5-12,略有经验的班主任都不会感到陌生,也能看出,在这样的关系里,作为班主任是无法实施有效帮教的。这需要班主任摆正自己的位置,认清自己的角色,一步一步和学生建立良好关系,并和学生家长形成战略合作伙伴关系,进一步帮助学生与其家长建立良好的关系。我对自己的定位是既是

表 5-12 W 同学入班初期各层关系表

老师和学生的关系	敌对关系,学生眼中的老师就是处处管束学生
老师和家长的关系	陌生关系,老师和家长相互不了解
家长和学生的关系	矛盾的亲子关系,既爱又气,恨不能重新生一回
孩子父母间的关系	乏味夫妻关系,为了儿子的教育经常因分歧而吵架

教师又是学生的朋友,做一个学生成长路上的引路人。通过家访、电话、家校通等方式与学生家长多联系、多沟通,逐步熟悉起来。在沟通的过程中教师务必呈现出教育的科学性、时代性,以及自身的教育魅力,使家长在潜移默化中被折服,从而理解老师、支持老师。老师和家长的关系改变,必然有助于梳理剩下的两层关系,共同抚育孩子成长。经过我一段时间的努力,我们再来看看 W 同学第一学期末的这四层关系(表 5-13)。

表 5-13 W 同学第一学期末各层关系表

老师和学生的关系	亦师亦友关系,老师是学生的指导者和引路人
老师和家长的关系	合作关系,老师和家长相互理解,相互弥补
家长和学生的关系	和谐的亲子关系,帮助孩子重获新生
孩子父母间的关系	甜蜜夫妻关系,为了儿子的教育共同进步

(三)摧龙六式第三式:挖掘需求

在四层关系梳理完毕后,教师应该探究学生真正的需求是什么。需求是学生接受老师帮教的关键,学生和家长制定的目标和愿望是学生产生需求的根源。当学生有了目标和愿望,他就会发现达到目标的问题和障碍,学生有了问题和障碍就要寻找解决方案。解决方案包含学生自身的改变和外界的帮教。从 W 同学的资料汇总表中不难发现,孩子的需求和家长的需求还是有很多共同点的(表 5-14)。

表 5-14 孩子的需求与家长的需求的共同点

家长期望	能完成初中学业,最好继续深造,做人正派,将来接管企业
学生期望	初中顺利毕业,拿到毕业证,希望以后还有机会读职高

(四)摧龙六式第四式:呈现价值

此时是呈现我们班主任价值的时候了。学生自身问题的改变是长久的、深层次的,单单依靠学生自身是无法实现的。家长多年的教育结果是失败的,纯粹依靠家长的努力也是无济于事的。只有学校和老师,特别是既懂心理学又懂法律,还掌握现代教育理论和技巧的班主任老师的帮教才是决定性的。W 同学有学习的需求,有向上的愿望,我可以帮助他,帮助他的父母,让他们的家庭幸福美满。

(五)摧龙六式第五式:赢取承诺

现在缺少的就是学生的一个承诺了。无志者常立志,有志者立长志。经过一段时间梳理关系,制定目标,分析问题和障碍,就需要 W 同学下决心了,于是 W 同学立下了一个承诺:好好学习,争取考取我校职高。

(六)摧龙六式第六式:跟进服务

跟进服务是摧龙六式的最后一式,但也是最关键的一式,成败的关键就在于班主任能否做到长久的、持之以恒的跟进帮教。经济学经常提到二八定律,本人认为,在这里同样符合二八定律,前面五式只需要班主任花 20% 的时间和精力,而在跟进服务上却需要班主任花上 80% 的时间和精力。花大量时间的跟进帮教是成功运用摧龙六式的关键所在。学生的成长是长期的过程,老师的帮教必然也是一个长期的过程。俗话说,学坏容易学好难,一个好习惯的养成是多么不容易。在学习进步的过程中,W 同学遇到了很多困难和障碍,外界的诱惑、自身的疑惑都让其经常出现徘徊,经常表现出动力不足。每当此时,我都会适时帮教,提醒他在不远的前面就是美好的前程,他又会拧紧发条,重新获得动力。W 同学的承诺和我的帮教价值就是他成长路上的内因和外因的关系。W 同学的进步,见表 5-15。

表 5-15　W 同学初三上下两学期主要违纪对照

学期	迟到	逃学	旷课	打架	抽烟
初三上学期	4	2	一周	2	13
初三下学期	1	0	0	0	4

除此之外,我帮教的对象并非 W 同学一人。在老师的眼里,每个学生都是可以改变的孩子。W 同学的努力不仅会改变他自己,还会影响到身边的同学,让其做个榜样,甚至是老师的小助手,帮助班级的其他同学共同进步。

二、关于运用摧龙六式的反思

虽然在 W 同学身上,我运用摧龙六式取得了不错的效果,但是,我认为,每个学生都是不同的个体,他们的家庭也相异甚大,所以并不是每个学生用此方法都会有良效。在此,我列举三种不适宜用此方法的学生:第一类是家长和学生的学习目标根本不一致,任班主任老师怎么沟通和交流,他们的需求就是没有交集。此类学生往往已经达到"百毒不侵"的"境界",家长和老师一厢情愿,难以出现良好的帮教效果。第二类是家长不负责任,完全对孩子放任自流,甚至有个别家长,放弃了自己的子女。对于这样的家长,可谓是"皇上不急太监急",班主任毕竟无法取代家长的地位,在困难学生的帮教过程中,没有家长的配合和帮助,想获得成功是非常困难的。第三类是学生过度追求"自由",经常在外逃学,家长束手无策或是家长根本就没有去寻找他们。俗话说:"巧妇难为无米之炊。"学生长期在外,不来学校,班主任又怎能落实摧龙六式呢?

三、后记

初三一年时间很快就结束了,W 同学顺利考进我校职高继续学习。在 W 同学初三一年的学习生活中,我把摧龙六式的商战市场营销技巧糅和到教育技巧中去,成功地实施了对 W 同学的帮教,取得了良好的效果。

（朱孝成）

第六章　同伴交往管理

第一节　青少年同伴交往

一、同伴交往概述

荀子说："人之生也，不能无群也。"人是社会动物，具有合群性。从马斯洛的需要层次理论来看，人的归属感、社会交往、友情都属于较高层次的需要。对于处在心理"断乳期"的青少年学生来说，同伴交往有着重要意义。

同伴交往（peer interaction）是指地位和认知上平等的儿童或青少年之间的相互作用关系和行为，这种相互作用的内容包括分享思想、感觉，交流情感、观念与信息（曹加平，2006）。同伴交往在儿童青少年的发展和社会适应中，具有成人无法替代的独特作用。相对儿童期，青少年学生与同伴共度的时间显著增加，同伴交往的重要性也随之增加。实际上，在人的一生中没有哪个阶段的同伴关系，会像青少年阶段那么重要。因此，良好的同伴关系在个体中学阶段具有举足轻重的作用。

（一）同伴交往的影响因素

往往在同一班级里，相同的同伴群体环境下，有的个体会受到欢迎，有的却被大部分同伴所排斥，而有的则像"透明人"，大家对其视而不见，经常会忽略他（她）的存在。国内外许多心理学者对影响个体同伴交往的因素进行了深入研究，发现这与青少年学生自身的内部因素及外界环境紧密相连。

1. 内部因素

在自身内部因素方面，大量研究结果已表明：青少年学生的个性特点、学业成绩、社交水平等显著影响其同伴接纳水平。有学者总结了受欢迎和不受欢迎儿童的特征后指出：学习成绩优良、外表漂亮、体型有吸引力、行为举止平静、出色、合作、助人、热情、外向的儿童更容易受到欢迎，而学习成绩差、成就感低、外表没有吸引力、待人不友好、经常喜怒无常、爱吹牛、小气、攻击性强和对人持批评态度的儿童则不受欢迎。具有高情商、高社交水平的儿童有着稳定的人际交往圈,更容易受到同伴的接纳,轻松融入集体环境;相反,低社交水平的儿童往往不受欢迎,总是处于群体的边缘地带,他们中的个体,要么内向孤僻被他人欺负,要么个性张扬欺负他人。

2.外部因素

家庭和学校是青少年学生成长发展的微系统,个体与父母、老师、朋友的互动是影响其同伴交往的重要因素。在家庭层面,亲子关系、父母教养方式以及家庭功能等都会不同程度地影响个体的同伴交往,尤其是父母教养方式对子女的同伴交往有着直接的影响。例如,在家庭中父亲的过分干涉、拒绝、否认及社交回避都容易导致孩子在同伴交往中被拒绝。在学校层面上,青少年学生与教师的关系与小学时相比发生了巨大的变化,不会再随意接受任何一位教师。当教师在教育教学过程中有意无意的关注、表现出的喜欢与不喜欢、与其互动的频率、交流方式等都会影响班级成员对个体的态度和接纳程度,同时也会影响个体在群体中的地位,不被接纳的个体比受欢迎个体从同伴处获得的帮助与支持、陪伴与娱乐以及肯定自我价值明显要少。

(二)同伴交往对青少年发展的影响

青少年学生正处于人体生长发育的第二高峰期,随着身体发育的逐步成熟,他们更加关注自己的内心世界,自我意识、自尊心日渐增强,同时也更加在意他人的评价。他们在情绪上表现出明显的两极性,有时情绪高涨,有时又会低落压抑,敏感而又矛盾,在人际交往方面呈现出了对成人闭锁、对同伴开放的特点。同伴逐渐成为青少年学生成长过程中的重要他人,在其个性和社会化发展过程中发挥着非常重要的作用。

1.同伴交往影响青少年学生的自我发展

同伴为青少年学生提供了寻找自我、确定自我的重要参照物,同伴关系与青少年学生自我概念的发展、自尊以及自我同一性的形成关系密切。强烈的成人感使得青少年学生想要摆脱成人的束缚来拓展自己的空间,他们更愿意参加与自己年龄相仿、地位平等、有着更多共同语言和兴趣爱好的同伴群体的活动,并在与同伴交流、互动的过程中通过社会比较来认识自己、了解自己,寻求认同感。Sullivan(1953)特别强调同伴关系对健康的自我概念发展的重要性,他认为被同伴群体孤立的个体更易产生自卑感,不利于良好自尊的建立。

2.同伴交往与青少年学生情绪健康有关

青春期又被心理学家称为"心理上的断乳期",尽管他们的自主性增强,有着强烈的独立愿望,但自身能力和经验并不足以使其独立解决所遇到的问题,这种矛盾性给青少年学生增添了许多烦恼。良好的同伴关系可以为个体提供情感支持,来自同伴的理解、宽慰和帮助有助于个体宣泄消极情绪、克服心理上可能出现的问题,促进其情绪健康。同伴关系不良则容易导致个体缺乏归属感和安全感,体验到更多的消极情绪。

3.同伴交往影响青少年学生的行为适应

对青少年学生来讲,在同伴群体中的地位影响其社会支持的获得、问题行为的发生及学业成绩的优劣等。良好的同伴关系可以给个体带来归属感和安全感,使其获得有效的社会支持,对其人格、情感的健康发展以及社会适应起着积极的作用;同伴关系不良则容易使个体更多地体验到焦虑,感到孤单,可能导致其在学业成就、自我发展以及未来适应等方面面临更多的困难,容易导致青少年出现孤僻、冷漠、退缩、压抑等心理障碍,使他们很难适应社会甚至会出现攻击、犯罪等反社会行为。

二、青少年同伴交往问题的成因

结合有关学者提出的相关理论,主要从认知、情绪、能力水平三个方面来探讨交往问题发生的成因。

(一)认知特点导致交往问题

1.喜欢争论

青少年学生由于抽象逻辑思维的发展,对自己、对周围环境的看法随之发生改变,表现在他们能够独立地、批判地思考,对同学、教师、家长、知识点都有自己的认识和看法。他们喜欢争论和怀疑,敢于发表自己的意见,即使是片面的意见,这在同伴交往中容易导致由于观点不同而产生的矛盾对立。

2.自我中心

青少年学生自我意识开始增强,尤其独生子女受多方面呵护,自尊心也特别强,容易形成自我中心的认知应对方式。同时由于个体社会阅历浅,心理上也相对不成熟,因而经常在自己头脑中预先塑造一个理想的思维模型,然后根据自我塑造的这个模型在现实生活中寻找朋友,一旦现实中的同伴与自我塑造的模型不匹配,就容易产生交往问题。

3.理想主义

由于抽象思维的发展,青少年学生能超出现实,想象现实中并不存在的各种可能性,现实越不完美,他们的想象就越完美。他们能想象更理想的家庭、宗教、政治和道德系统,并尝试探究实践它们的可能性。这种理想主义往往导致他们看不惯现实生活中的种种弊端,又由于理想和现实有差距,他们就会成为爱吹毛求疵的人,对同学有更多的芥蒂或退缩心理,不容易敞开心扉,也不易被同伴接纳。

(二)情绪问题导致交往问题

情感成分是人际交往因素的重要部分,人与人之间的交往通常是由情感萌发的。青少年学生由于感情丰富、变化快,忽冷忽热,忽晴忽雨,有时对人、对事过于敏感而又不具客观性,重一时而不重全面,使得人际交往缺乏稳定性,从而导致各种交往问题的产生。

1. 紧张

有些青少年学生有交往的欲望,但无交往的勇气,常常表现为与人交往时(尤其是在人多的场合下)会不由自主地感到紧张、害怕,以致手足无措、语无伦次,严重的个体会导致社交障碍或者广场恐惧症。当然,特别严重的还是占很少比例,大部分呈现出紧张、害羞、被动等特点。

2. 嫉妒

有些青少年学生心理承受能力较差,经不住挫折,甚至容不得或者嫉妒别人超过自己,表现为对他人的长处、成绩等心怀不满,对胜过自己的同学轻则蔑视,重则仇视,有的甚至不择手段地攻击、报复对方。嫉妒的种类很多,有的因容貌、家庭条件等因素而产生嫉妒,有的因智力、能力、交往等因素产生嫉妒,由此引发各种交往问题。

3. 自卑

在交往活动中,自卑表现为缺乏自信、自惭形秽。自认为失败的体验多,成功的体验少,感觉别人会看不起自己,其实深层的体验是自己看不起自己。当出现深层体验时,便觉得自己什么都不行,似乎所有的人比自己强得多。当然,还有一些是来自先天的生理原因,担心同伴嘲笑和嫌弃。因而,个体在交往中常常感到不安,将社交圈子限制在狭小范围内。

4. 孤僻

孤僻有两种情况,一是孤芳自赏,自命清高,不愿与人为伍,与人不合群,自己将自己与外界隔绝起来;另一种属于有某种特殊的怪癖,使人无法接纳,从而影响了人际交往。这里不包括自闭症患者。自闭症患者基本无法和同伴建立常态的交往关系。

(三)能力水平导致交往问题

交往能力的欠缺是影响青少年学生人际交往的重要原因之一。不少青少年学生自认为缺乏交往的经验,尤其是成功的经验,他们想关心人,但不知从何做起,想赞美人,可怎么也开不了口或词不达意。又或者不知道用怎样的话题引起对话,总以"不好意思"来掩盖个体语言表达能力和知识面的欠缺。

三、青少年同伴交往的应对策略

(一)社会技能干预

社会技能干预是对个体进行相关的认知、情感、行为方面的培养或调整,帮其掌握社会交往所必需的知识或技能,促进个体与他人进行有效互动并建立良好关系,进一步提高其社会适应能力。已有研究发现,社会技能干预可以有效提高个体的同伴接纳水平,在同伴关系改善中具有很多优势。

1.认知方面

针对上述青少年学生的认知特点,在充分肯定他们思维发展的基础上,提供新的视角,运用角色扮演、空椅子技术等心理咨询技巧,让学生体验更多角色背景下产生的想法;也可以将学生自我中心意识中的理想化模型进行具象化,使学生逐渐实现现实化,走出自我中心的幻象,确立切合实际的交友想法;或者用寻找证据、统计打分和不合理信念辩论等认知调节技术,达到改变错误认知的效果。

2.情绪方面

个性心理品质的提高是改善人际交往质量的根本方向。交往中的双方情绪越稳定,双方的关系也越稳定。这就需要青少年学生努力完善自我,协调好情绪,不被大喜大悲所控制,改变以往忽冷忽热的情绪管理惯性。

3.能力方面

"良言一句三冬暖,恶语伤人六月寒。"由于语言和话题不当导致的交往问题,可以采用对话练习和头脑风暴的技巧加以反复训练,用同质团体辅导的形式效果更佳。比如,可以把同样具有此类问题的同学组成一个辅导小组,在小组学习中提高语言表达和话题选择能力。其中值得注意的是,倾听也是一种非常重要的语言能力。虽然不说话,但是通过聚精会神的、接纳式的倾听,也可以获得良好的同伴互动关系。所以,这也是一种必须训练的能力。除上述几个方面之外,还需要提示青少年学生人际交往中的一个重要原则:"你要别人怎样待你,你就得怎样待别人。"

(二)焦点解决短期心理咨询

焦点解决短期心理咨询(solution-focused brief therapy,SFBT)是在积极心理学背景下发展起来的一种充分尊重个体、相信个体自身资源和潜能的心理干预模式,把解决问题的关注点集中在人的正向方面,并寻求最大化地挖掘个体的力量、优势和能力。焦点解决短期心理咨询的基本主张是:用正向的、朝向未来的、朝向目标解决问题的积极观点来促使改变的发生。因此,焦点解决短期心理咨询的主要特点在于,它区别于一般的心理咨询方法,不局限于探求深层原因或是讨论问题取向,也即咨询的焦点放在建构解决问题的方法上,而非对问题的解决上。焦点解决短期心理咨询具有简单实用、见效快等特点,为帮助交往障碍、改善人际关系、改善社会支持系统的工作增添了更多的可行性。对于处在青少年时期的中学生而言,他们的自我意识开始觉醒,特别爱面子,较避讳"揭人伤疤",焦点解决短期心理咨询指向未来,不容易导致求助者的阻抗行为,关注求助者可以做什么事达到实际效果。这种强调解决方法、以探究和激励为本的咨询模式较符合青少年学生的群体特点。

（三）心理剧

心理剧作为一种团体咨询和集体心理治疗的方式由维也纳精神病理学家莫雷诺（Moreno）首创。自 20 世纪 90 年代传入中国以来，心理剧广泛应用于心理学领域，并在学校范围内形成了独具特色的心理剧形式——校园心理剧。校园心理剧是心理剧在我国本土化的产物，并逐渐发展成为学校心理健康教育的有效形式。

校园心理剧是利用舞台创设的生活情景，通过行为表达的方法与技术，以舞台表演的形式重现生活情景中的心理活动或心理冲突，使演员和观众认识到其中的主要问题，促进演员和观众认知领悟、情绪表达和行为改变的一种综合性的表达式心理干预活动。它集教育性、活动性、趣味性和观赏性于一体，对学生的自尊、心理素质、同伴关系、自我同一性等都产生了积极的影响。同时它还具有预防和教育的功能，受众面广，为学生提供了观看交流、表达体验、分享讨论和自我成长的机会，在中小学心理健康教育领域取得了良好成效。

第二节　一例"人际困惑"的案例报告

摘　要: 本文中的求助者是一名初三学生，由于人际交往困难及新学期不适应而产生了心理问题。本文介绍了对求助者心理诊断和心理咨询的过程，并根据与求助者的共同商定，采取了行为训练，支持心理疗法。经过咨询，求助者与周围同学的关系有所改善，对生活抱有乐观的态度，达到了心理咨询的目标。

关键词: 人际交往；心理咨询；人际困惑

一、一般资料

（一）人口学资料

史某，男，15 岁，单亲家庭，与母亲生活，某市本地人，就读初中三年级。

（二）个人成长史

史某，独生子，4 岁多时父母离异，现在由母亲一个人抚养，父亲已经另外成家。母亲在酒店工作，平时很忙，一般都要到凌晨才回家，对孩子无暇照顾，所以周末史某一般是一个人在家，有时候到外婆家去玩。史某原来是在杭州的一所普通中学学习，由于成绩很差，又经常与老师闹矛盾，所以原校老师坚决把他送到我们这所专门学校。由于我们学校是住校半军事化管理，史某刚来时不适应，内心很孤独，加上缺少与人交往的技能，经常与同学闹矛盾，因此同学都不愿意跟其玩耍。但还是愿意与老师交流，经常主动找老师聊天，这样一年下来也没有什么大问题。今年下半年刚开学，由于他的班主任老师以及大部分任课老师换了，感觉很陌生，加上新班主任的风格不像以前班主任那么随和，不是很好接近，其他同学又不愿接近他，因此他感到很孤独，情绪低落，内心难受，很想回到原来学校去，于是主动到心理辅导室来寻求帮助。

（三）来访者主诉

我不喜欢待在这个学校里，这里很无聊，同学都不跟我玩，一个人感觉很孤独，心情很郁闷，想回到原来学校去。可是现在原校那几个玩得好的朋友也不理我了，无论在哪里都是一个人，我想到外面去打工赚钱。现在班里没有要好的朋友，一开始有一个同学（陆某）和我比较好，结果我发现他在我背后说我坏话，给我取"屎壳郎"的外号，我很讨厌他。还有一次我在跟李某玩，他（陆某）就过来把李某拉走说了几句，结果李某就不跟我玩了。有时候他还叫我把零食给他吃，我几乎每天都给他一元零钱。我感觉太孤独了，不管在学校还是在家里都是我一个人在玩，我很想回到原来学校去，那里的同学更好相处。可是我去找过原校的教导主任，他说让我来问问我们这边的学校，于是我又找了我们学校的教导主任，结果他叫我等等，到现在都没有给我回复，有时候我觉得老师都是不可信的。昨天（周日）我一个人溜达到西湖旁边，真想跳下去死了算了，后来想想我可怜的老妈，就没有这么做。我活得好辛苦啊。我现在很烦，看谁都不顺眼，觉得干啥都没意思。

（四）咨询师观察了解情况

史某，身高 1.60 米左右，脸色苍白，身体虚弱。他主动前来找我咨询，坐下时眼睛就湿润了。当讲到自己不想活的时候，眼泪开始不断涌出，约 10 分钟后情绪才慢慢稳定下来。当提及父亲时，表情冷淡，无话可说。谈到母亲时感到愧疚，觉得母亲很辛苦，自己没有好好学习，有点对不起她。自知力较正常，对自己的情绪现状有一定的认识，心理过程协调一致，逻辑思维正常，思想略显偏激。刚开学，又换了很多老师，很不适应，与同学不合群，找不到可以倾诉的人，学习成绩也不理想，自信心极度受损，自卑心理很严重。

（五）班主任的反映

在班上不合群，同学开他玩笑，他就生气，不怎么主动去接近同学。班主任老师经常找他谈话，但是他思想固执，谈话效果甚微。母亲对其很关心，几乎把他当成幼儿园小孩子一样教育，生怕他受到外界的伤害。

（六）目前的身体状态

身体状况比较差，来我校之前动过手术（他说是输尿管有肿块）。来学校后，一直脸色不好，每次跑步下来，腰两边都会很痛。上半年有一次在寝室里晕倒了，后来送到医院，住院半个月。他说每次身体不好的时候，心理状态就很差。

(七)目前的精神状态

感知觉尚好,情绪不稳定,逻辑思维清晰,思维状态略显偏激,存在认知偏差,缺乏与人沟通的技巧,情感表达自如、一致,注意力集中。

(八)目前的社会功能

与父亲基本没有沟通,有时候会跟母亲交流一下,但由于母亲的工作性质,次数也是很少。在学校与同学的关系较差,内心很想与他们交往,但缺乏技能,相处得不好,容易起冲突。以前跟老师关系不错,能主动找老师聊天,可是现在两个班主任都换了,都不熟悉,不知怎么交流。

(九)心理测验结果

抑郁自评量表(SDS):68 分;焦虑自评量表(SAS):65 分。

二、评估与诊断

(一)心理状态的评估

求助者精神状态低迷,情绪不稳定,心情压抑;与同龄人交往时易产生冲突;自知力完整。

(二)诊断

一般心理问题。

(三)诊断依据

根据郭念锋教授判断心理正常与异常三原则,该求助者知情意统一,对自己的心理问题有自知力,有主动求助行为,无逻辑思维混乱,无感知觉异常,无幻觉、妄想等精神病症状,因此可以排除精神病。

症状由现实刺激引发;时程较短,持续不到半个月;反应比较强烈,痛苦无法自行解决;内容无明显泛化。

该求助者的症状表现为感知觉尚好,情绪不稳定,逻辑思维清晰,思维状态有些偏激,存在认知偏差。愿与同龄人交往,但相处得不好,容易起冲突。

心理测验结果及相关资料支持本诊断。

(四)原因分析

1.心理因素

第一,存在认知偏差。求助者认为老师都是不可信的,没有一个人对自己好,没有一个人愿意跟他玩,这些都是绝对化的认知偏差。

第二,存在个性缺陷。求助者个性内向,自我封闭,抑郁情绪明显。

第三,存在能力缺陷。求助者成长环境及个性的原因,导致其十分欠缺人际交往的能力,平时也不大爱说话,很少与人来往,在家也几乎是孤家寡人,不善于为人处事,也没有机会得到这方面的锻炼。尽管他有时候也希望与同学改善交往关系，但又不知道如何去做，内心冲突，于是就产生了自卑和焦虑的心理。

2.社会因素

家庭的不完整，从小缺少父爱，母亲又不经常在家，一个人无暇照看孩子，导致其缺乏安全感。由于智力偏低，学习不理想，原校的老师和同学也不喜欢他，与人交往的自信心受到极大打击。来我校之后，环境特殊，人际关系复杂，加上开学换了很多老师，一时没有办法适应。

3.生理因素

身体一直虚弱，动过手术，曾经在我校寝室里晕倒。随着青春期的到来，自我意识迅速增强，认为自己的家庭及自身能力都不如别人，易产生自卑感，导致其与人交往的心理障碍。

三、咨询目标的制定

该求助者在父母离异之后缺乏关爱，安全感丧失；不懂得如何与人相处，很难与他人建立亲密关系。随着青春期的到来，自我意识迅速增强，自尊心很强，因此易产生自卑感。学习成绩也不理想，不能正确面对挫折，缺乏与人交流沟通的技能，解决问题能力欠佳。根据以上评估与诊断，应及时采用操作性、时效性、目标性很强的认知疗法和行为疗法，使求助者尽快摆脱目前的困境，尽快融入学校的正常学习与生活中来。与求助者协商后，确定以下咨询目标。

（一）具体目标和近期目标

缓解压抑情绪，改善当前人际关系，消除回原校的念头。

（二）最终目标和长期目标

使求助者正确看待自我，克服自卑心理，提高自信心及自我价值感，建立良好人际沟通模式，习得健康有效的人际交往技巧，平稳度过青春期。

四、咨询方案的制定

（一）主要咨询方法

合理情绪行为疗法、行为疗法、支持心理疗法。

（二）双方责任与义务

1.求助者的责任、权利和义务

责任：向咨询师提供与心理问题有关的真实资料；积极主动地与咨询师一起探索解决问题的方法；完成双方商定的家庭作业。

权利：有权了解咨询师的受训背景和职业资格；有权了解咨询的具体方法、原理和过程。

有权选择或更换咨询师;有权提出中止咨询;对咨询方案、咨询时间有知情权、协商权和选择权。

义务:遵守咨询机构的相关规定;遵守和执行商定好的咨询方案各方面的内容;尊重咨询师,遵守预约时间,如有特殊情况提前告知咨询师。

2.咨询师的责任、权利和义务

责任:遵守职业道德,遵守国家有关法律法规;帮助求助者解决心理问题;严格遵守保密原则。

权利:有权了解与求助者心理问题有关的个人资料;本着对求助者负责的态度,有权提出转介或中止咨询。

义务:向求助者介绍自己的受训背景,出示执业资格等相关证件;遵守咨询机构的有关规定;遵守和执行商定好的咨询各方面的内容;尊重求助者,遵守预约时间,如有特殊情况提前告知求助者。

(三)咨询时间

每周 2 次,每次 1 小时,一共 4 次。

(四)咨询费用

免费。

五、咨询流程

(一)咨询过程

咨询过程大致分为:心理的诊断评估与咨询关系的建立;心理的帮助阶段;结束与巩固阶段。

(二)具体咨询过程

1.第一次咨询:2011 年 9 月 20 日,星期二

我上个学期在求助者班级上过课,求助者主动找我,可见其对我是信任的,所以咨询关系很快就建立起来。

咨询目标:了解求助者的基本情况;建立信任感和情感互动协调;确定主要的心理与行为问题,让求职者了解他自己的问题在哪里;使求助者的困难正常化并注入希望。

采取方法:会谈、心理测验、心理支持。

布置作业:写出自己对青春期人际交往的认识。

2.第二次咨询:2011 年 9 月 22 日,星期四

咨询目标:加强咨询关系;找出求助者对人际关系的非理性认知,并进行纠正,使求助者领悟到正确认知,并去说服自己;鼓励求助者向他人调查,了解别人的想法;找求助者班上几名同学过来谈话,让其了解求助者现状,在生活上给予支持与帮助。

采取方法:会谈、行为疗法、理性认知疗法。

布置作业:敢于用目光直视班上的每位同学,主动接触两至三位同学,学会与他们交流。

3.第三次咨询:2011年9月27日,星期二

咨询目标:学会运用合理正确的认知去评价在校的学习、生活,提高自理能力;提高处理人际交往矛盾的能力,学会控制自己的情绪;加强与同学和老师间的沟通;与老师商量,指导他多利用集体活动、班会、生日聚会等场合,给其制造更多与同学交流接触的机会,并多鼓励、表扬求助者。

采取方法:认知疗法、行为疗法、支持心理疗法。

布置作业:到班级后再与另外三至四名同学交流,主动去跟老师交流,找出自己能被同学和老师接受的五个优点,并确认自己的优点,旨在提高求助者与人交往的自信心;制订一份自己与人交往的计划(周四过来探讨)。

4.第四次咨询:2011年9月30日,星期五

咨询目标:巩固咨询效果;训练交往能力;在人际交往中完善人格欠缺;学会把所学的交往能力运用到班级及家庭的实际生活中去;结束咨询。

采取方法:会谈、行为训练。

布置作业:记录自己的情绪和行为有什么改变,在生活中会碰到哪些新的问题,以后遇到类似的问题自己怎么去解决,有自己不能解决的问题或困惑可以及时来找我。

5.咨询片段摘录

刚开始史某情绪很激动,我让他躺在沙发上,闭上眼睛放松,然后放了一段柔和的轻音乐,让他慢慢放松下来。等情绪稳定下来后,我们的咨询就开始了。

答:你爸爸妈妈对你怎么样?

史某:爸妈离婚后,爸爸就不管我了,只有妈妈和我两个人。现在妈妈也不管我了,又把我送到这所学校来。在这世上,根本就没有爱我的人,活着还有什么意义。

答:你认为在这个世界上没有一个人爱你,也包括你妈妈?

史某:是的。

答:你刚才说你妈也不管你了,真的吗?

史某:(停顿一下)她根本没有时间管我。

答:没有时间管你跟不爱你是两码事,你说呢?

史某:嗯,我妈太忙了。

史某:(沉默,似有所悟)……

六、咨询效果评估及反思

(一)对本咨询的效果评估

经过一个月四次心理咨询后,史某发生了如下变化:

求助者自我评估:自我感觉好了很多,不再偷偷哭泣,自己早上会跟班里同学一起跑步,晚上会跟同学打羽毛球,同学的玩笑也不会再介意,心情比以前舒畅了许多,不再对父母怀恨在心了。

咨询师评估:在整个咨询过程中,求助者能坦然敞开心扉,对咨询师建立了较高的信任感,在与咨询师进行不合理信念辩论时有所感悟,接连几次脸上笑容也增添许多,聊天也比较轻松愉快。

求助者周围人士评估:班主任反映,史某与同学的人际关系有所改善,对同学一些玩笑不再耿耿于怀,也没有再提出回原校去,愿意主动和老师聊天,班上同学还一起给他庆祝了一次生日,不少同学也愿意同他交往了。

心理测验评估:抑郁自评量表(SDS):44 分;焦虑自评量表(SAS):49 分。

(二)针对本咨询的反思

求助者的压抑情绪得到一定缓解,当前人际关系有所改善,近期目标基本达到,但是能够持续多久,有没有反复,需要一套长期的跟踪制度。

长期目标是使求助者正确看待自我,克服自卑心理,提高自信心及自我价值感,建立良好的人际沟通模式,习得健康有效的人际交往技巧,平稳度过青春期。我感觉对长期目标的实现心有余而力不足,因为它需要多方位、各层面的支持和合作,这一点上有什么好的办法,还需要多加思考和研究。

不完整家庭的孩子多少都有点性格缺陷,我校这类孩子较多,而且班级里的大多数问题都出现在这类孩子身上,如何完善这类同学的人格,树立正确的价值观和人生观,是以后值得思考的一个课题。

(王建军)

第三节 心理剧在校园冲突行为中的实践研究

摘　要:校园心理剧是近年来我国的新生事物。本研究基于笔者成功指导过的两个心理剧,对校园心理剧的具体操作流程、实践效果及实践反思等方面进行了分析。结果表明,校园心理剧对策划者、当事人、参与者及观看者都会产生积极的影响,是一种行之有效的学校团体心理辅导新途径。在学生团体心理辅导方面能够发挥独特和良好的教育作用，是学校开展学生心理健康教育的一种有效方式。

关键词：校园心理剧；冲突行为；冲动

一、问题的提出

我校是一所专门学校，入读我校的学生绝大多数有行为偏差现象，攻击性行为偏多，学生自律性较差，管理难度较大。对该类学生行为问题的调查表明，由攻击性行为引发的校园冲突事件占所有学生问题的 43% 左右。这些冲突事件的发生，大都是由于同学之间缺乏人际交往技巧，情绪控制能力较差，讲江湖义气，一点小事就互不相让，进而大打出手。吃亏者心里不服就想"翻本"，甚至找自己"哥们"一起参与报复，进而造成更严重的校园群体冲突事件，冤冤相报何时了。这不仅极大地影响到学校的安全与稳定，而且给当事双方的心理、生活及家庭造成了很大的负面影响。心理测试表明，受害学生如果长期处于这样的环境中成长，其心理健康水平明显低于其他同学。而青少年学生心理上迅速发展，正处于接受教育的黄金时期，他们的智慧、潜能是一块尚未开发的"宝藏"，与此同时，各种不稳定因素也会不断展现出来，思想及行为波动现象也随之增多。如果学校教育方式恰当有效，他们的智慧就会提升，潜能会得到有效开发，各种不稳定因素也能得到有效控制；一旦教育不当，这块"宝藏"或许会永远被埋藏在地下不能被利用，各种波动现象也不能得到有效控制。鉴于此，学校急需一种针对广大学生的团体心理辅导模式来进行有效辅导和教育。

考虑到校园冲突事件涉及面广、破坏力大、影响深，传统的心理辅导模式（如个体辅导、普通的心理健康教育课等）或多或少有其局限性，难以担此重任，学校需要寻找一种教育覆盖面广、学生喜闻乐见、易于接受的全新心理辅导形式来弥补过去传统心理健康教育的不足。笔者认为，富有建设性的新生事物——校园心理剧，或许可以一试。

二、校园心理剧在学校冲突行为中的实践

校园心理剧把学生的冲突事件通过艺术加工的形式呈现在舞台上，让同学们知道冲突事件发生过程及其利害关系，这不仅可以让演员自我调整和重新认识，也可以使在场观众达到思想共鸣，从而增强安全意识，学会换位思考和自我保护。基于以上思考，下面笔者就曾经成功指导过的两个心理剧《冲动是魔鬼》和《班级有大爱》进行分析研究。

（一）冲突行为心理剧素材的搜集及主题的确立

通过到心理辅导室来咨询的学生了解到，很多案例都是同学之间闹矛盾、

打架斗殴导致心理上的困扰。同时,根据目前临床心理学最常用的心理健康状况自评量表症状自评量表(SCL-90)的测试结果,求助学生各因子的心理症状明显偏离正常水平,这表明冲突行为对受害者的心理和生活造成了一定的影响。鉴于此,笔者针对学校发生的实际案例及班主任老师的情况反馈,把有关冲突行为的素材进行了罗列及梳理,与学生一起编写了两个剧本《冲动是魔鬼》和《班级有大爱》。

《冲动是魔鬼》讲述的是一起球场冲突行为演化为群体报复事件,导致当事双方的身心受到较大伤害,最终一方进入派出所,而另一方住进了医院。该剧的素材来自某初二班级的真实案例。篮球是青少年学生最喜爱的体育活动之一,然而因玩篮球而引起的同学矛盾也是层出不穷。青少年学生由于自控能力差,处理问题比较极端,尤其是受到委屈后心里极其不服,就想着报复,进而引发更大的冲突事件。在《冲动是魔鬼》中,就是因为某同学在球场上被人冲撞,事后越想越来气,于是集结班级里几名"哥们"对冲撞者实施报复,导致悲剧后果。

《班级有大爱》的素材来自初二学生课堂冲突事件。施暴者理当受到大家的谴责,而后来得知该同学家中的困难后,班级同学并没有怀恨在心,反而出现全部同学主动捐款帮助该同学渡过难关的感人画面。这体现了班级的一种大爱精神,故事因此得到升华,转变了学生的审美视角,引发了学生更深的人性感悟。

以上两个心理剧讲的都是同学矛盾引起的冲突事件,基于学生突出的心理问题进行艺术加工和创作。因此,笔者力求把握一剧一主题的原则,把学生在生活交往中的人际冲突及其所带来的烦恼、困惑作为创作的主题。总之,主题确立是在素材搜集的基础上进行高度概括的结果。

(二)心理剧本的创作

校园心理剧剧本的创作也是开展素质教育的一个重要载体。校园心理剧剧本是开放式剧本,允许在排演的过程中随着剧情的发展而不断修改、丰富、完善和创新。校园心理剧的剧本应更多地依靠广大同学自己创作完成,这样会使学生得到双重辅导和锻炼,积极地培养和吸引有文学才华、创作冲动的学生加盟。在动员同学创作《冲动是魔鬼》《班级有大爱》的过程中,同学起初都觉得难度很大,缺乏信心。此时需要辅导老师指引,化解同学心中的恐惧感,告知同学剧本的创作并不难,只要把平时遇到的事情和困惑如实写出来,并对有不同才华的同学进行分工。首先,让擅长叙事的同学进行述说,班级同学进行讨论,并确定主题;然后,设立故事的框架,让擅长写作的同学进行记录梳理,让擅长电脑的同学打印成稿。辅导老师随时进行点拨和指导,牢牢把握故事的主线。学生经过上述步骤后,信心越来越强,最终顺利完成了剧本的创作。

（三）校园心理剧排练过程的指导

校园心理剧的导演的任务是通过学生心理健康教育活动解决心理健康问题。导演就是学校心理辅导教师，工作包括演员的选定、表演艺术效果的指导和排练等。

1. 演员的选定

演员的气质类型要符合角色，要指导演员认识、体会和了解角色的心理问题。这些问题或许就是他本人的心理问题或是他周围人的心理问题，从表演中找到是与非、对与错、正常与不正常等，从而达到解除危机和烦恼的疗效。最符合条件的演员就是提供素材的原型人物。严格地讲，"心理剧"诞生之初，本意就是给患者提供表演和宣泄其困惑等心理问题的工具。心理剧中有主配角的分工，主角代表戏剧反映矛盾的主要方面，配角是帮助主角完成整个戏剧表演的。有时，学生们争着演主角，不愿演配角，这本身就是一种缺乏团队协作精神的不良心理表现，需及时得到咨询老师的协调、帮助和教育。《冲动是魔鬼》和《班级有大爱》的主角阿力、大猛和许威都是真实案例的当事人，在剧本创作过程中只把名字稍加修改，征求本人同意后，也得到其他同学的支持。

2. 表演艺术效果的指导和排练

由于多数学生的表演素质并不高，比如舞台的空间感、语言表情的艺术感、剧情发展的起伏感、节奏感等舞台经验都需要老师给予指导和排练。尤其在语言和动作表演上，许多学生由于初次表演会极不自然，缺乏戏剧艺术性，他们总觉得生活中不是这样说话，不是这样做动作，其表演显得生硬、机械等。这一切对担任了角色的学生来说，完全是一次全新的心理素质锻炼和各种综合能力的丰富和完善。如《冲动是魔鬼》和《班级有大爱》要求使用配音演员，这是为了增加舞台音响效果和表演的流畅性，避免上场演员紧张忘词，并在表演最后需要演员跪在地上忏悔和感激。起初他们都觉得这比较夸张，也不符合现实情况，不愿意按照剧本要求来完成表演，此时辅导老师需要辅导跟进，让他们知道这是为了更具舞台效果，给观众心灵上带来极大震撼力。当他们理解其用意后，都表示愿意尝试。最后通过自己的艰苦努力，初步达到了能上舞台表演并令观众和指导老师满意的效果时，其成就感和荣誉感便会油然而生，而这正是素质教育中所强调的，是心理健康教育所期盼的。

3. 校园心理剧的演出

舞台是演出的载体，演员在台上推动剧情的发展与现场观众情绪的发展，并引导大家进行思考。演员在舞台上主要起到设置场景，使场景真实化的作用。正如瑞典心理剧导演 Leif Dag Blonk Visty 所说，心理剧所演出的场景是"代表自己的某个东西，并不会有任何隐藏，个人投入这些新的、不熟悉的经验,这些比解释跟诠释更来得重要"。校园心理剧的演出是在学生群体中普及心理健康知识、引起学生共鸣的良好途径。通过演出,表演者能得到最大的支持鼓励和精神安慰,其辅导效果也是显著的。校园心理剧的演出是学生在角色上进行的艺术创作和灵感发挥,既再现了角色自身的个性特色,又融入了他们对角色的领悟把握;不仅是学生课余生活中心血与劳动汗水的结晶,更是学生进行心理健康教育的自我实践活动。在《冲动是魔鬼》和《班级有大爱》演出过程中,班级所有学生全员参与,有舞台上表演的,有旁白的,有配音的,也有搬道具的,每个人都为整台心理剧的顺利演出贡献了自己的力量,最终也赢得了观众的掌声。

三、校园心理剧在学校冲突行为中的实践效果及思考

上述两个心理剧,学生亲自创作、编排、表演,把学校冲突事件的发生过程及危害贯穿始终,表演过程中不仅当事学生心理问题得以疏导,情绪得到了很好的宣泄,而且所有参与学生都收获了一种前所未有的成就感,同时也给观看的同学和老师带来心灵上的启迪和精神上的洗礼。

《冲动是魔鬼》中扮演阿力的朱某和扮演大猛的余某,在生活中本来就有矛盾冲突,经过台上的表演,两者都认识到当时的一时冲动给双方带来了伤害,最后谁也没有占到便宜。表演过后,他们在评论对方表现的过程中逐渐成了好朋友。这就是心理剧潜移默化的效果,它比老师的单纯说教更加有效,其影响也更加深远,足以让双方铭记一生。

《班级有大爱》中扮演许威的徐某与扮演凯子的陈某,在班级里也是有过节的。徐某强势霸道,经常欺负弱小的陈某,陈某深受其害,敢怒不敢言。让此两人出演也是别有用心,尤其是故事的结尾,凯子知道许威家中有困难急需用钱时,主动倡议大家为其捐款,此时,许威倔强而又脆弱的内心深深受到了触动。他走到凯子跟前握手鞠躬,表示深深的歉意,然后来到王老师跟前扑通一声跪了下去,流下了忏悔的眼泪。这是一种真情的流露,是许威对自己平时生活中情绪积累的真实表达。虽然故事结尾是为了舞台效果虚构的,但是这种真情实感却一直延续到现实生活中。有了这次表演经历后,徐某在班级里焕然一新,不再欺负那些弱小同学,有时甚至会主动帮助那些弱小或有困难的同学。

校园心理剧旨在对有类似心理问题的学生进行预防、辅导和教育,并且形式活泼生动,更适合在全校学生中普及开来。《冲动是魔鬼》《班级有大爱》两剧的演出都选择在元旦文艺活动现场,全校师生都参与了观看。他们始终沉浸在剧情中,时而欢笑,时而鼓掌,时而沉默。可以看出,观众的心情随着剧情的波动而波动,在舞台上表演的学生收获成功体验的同时,台下的学生也收获了快乐和成长。因为演的就是身边事或者自己曾经亲身经历过的事,同学们

在观看之后一定会多一层换位思考,知道一时冲动会酿造出怎样的悲剧,在以后的生活和学习过程中,一定会加以注意,并能运用所学的心理知识更好地保护自己和他人。

在上述两个心理剧的指导过程中,笔者体会到,心理剧表演结束后一定会给观众留下点东西,其效果也一定会非常深远。由此引发了以下几点思考:

一、校园心理剧应该更加注重过程,而不是结果。学生的心理问题其实在排练过程中通过集体讨论、思辨以及反复修改已经得到启发或解决,而最后的演出只不过是给学生一个展现自我的机会,让学生更有动力去完成整个排练过程。

二、心理剧是一种即兴的演出剧,非常重视场景体验。不仅要重视参加演出者的语言表现,还要重视其非语言行为的表现。心理剧的演出不要以固定的剧本或模式强制性地让学生表演,而要让学生有足够的时间去发挥他们的角色,鼓励他们去探索。

三、让所有想参与表演的学生都有机会出演,即便是当幕后英雄,也有助于辅导活动目的的达成。同时,要关注现场的学生观众,尽可能让每个学生都能看清表演。指导学生评估演出者的行为而非扮演者个人,以免造成对扮演学生的伤害。

实践证明,心理剧这种辅导形式活泼生动、效果显著,深受欢迎。演出的学生能通过行动达到很好的领悟,学生观众也能结合自身实际进行思考,最终达到对校园冲突行为的预防、辅导和教育作用。

因此,校园心理剧在学生团体心理辅导方面能够发挥独特和良好的教育作用,是学校开展学生心理健康教育的一种有效方式。在今后的心理辅导工作中,笔者还将尝试将其运用于其他心理及行为问题,如亲子关系、早恋、适应、上网、逃学等。

(王建军)

第四节　焦点解决短期心理咨询应用于学校心理辅导的比较优势

摘　要:焦点解决短期心理咨询是指以寻找解决问题的方法为核心的短程心理治疗技术,它强调用正向的、朝向未来的、朝向目标解决问题的积极观点来促使心理转变,避免局限于探求原因或是问题取向的讨论,是目前国内外新兴的、越来越被广泛使用的一种心理咨询方法。本节将结合在学校心理咨询中运用焦点解决短期心理咨询技术的个案，探究将焦点解决短期心理咨询技术应用于学校心理辅导的比较优势。

关键词：焦点解决短期心理咨询；学校心理辅导；比较优势

一、焦点解决短期心理咨询概述

焦点解决短期心理咨询（solution-focused brief therapy，SFBT）是指以寻找解决问题的方法为核心的短程心理治疗技术，是在不注重探求问题发生原因的情形下，探求发掘来访者的资源，并通过做某些事情让问题不再继续下去，以便使问题在短期内得到解决的咨询方法。该方法是 20 世纪 80 年代初期，由 Stevede Shazer 和其妻子 Inn Berg Kim 以及一群有多元训练背景（包括心理、社工、教育、哲学、医学等）的工作小组成员，在美国威斯康星州密尔沃基（Milwaukee）的短期家庭治疗中心（Brief Family Therapy Center，BFTC）共同发展起来的。

焦点解决短期心理咨询强调用正向的、朝向未来的、朝向目标解决问题的积极观点来促使心理转变，避免局限于探求原因或是问题取向的讨论，即该技术是在不注重探求问题发生原因的情形下，探求发掘自己可以做什么让问题不再继续下去，以便使问题在短期内得到解决的咨询方法。学校心理咨询中，一方面需要接待的学生较多，更适宜采用短期心理咨询技术；另一方面，有些前来咨询的学生不愿老师深究问题缘由，抑或他自己也很难发觉问题的缘由到底是什么，更愿意老师可以不究原因地引导其解决问题；此外，焦点解决短期心理咨询所运用的主要咨询技术也是学生利于接受的言语交流形式。

二、焦点解决短期心理咨询的咨询过程

焦点解决短期心理咨询将咨询过程分为三个阶段：目标建构与解决阶段、休息阶段、正向回馈阶段。

（一）目标建构与解决阶段

这个阶段有四个主要步骤：第一步是建立咨询关系。与个案发展建立民主、合作与信任的咨询关系，说明咨询程序。第二步是构建目标。咨询员引导个案直接指向他想要的目标，并确立咨询工作所要达到的目标。这个目标应该是正向且可达的、具体且可观察的。常见的问句是："你到这里来的目的是……"第三步是找到例外。帮助与引导个案探索问题不会发生时的情境，并发现他自己已经存在的合理解决问题的方式，从中找到生命的闪光点。典型的问句是："什么时候这个问题不会发生？"第四步是假设解决，即假设问题已经解决或目标已经达成，让个案想象他自己会是什么样子，并对自己的过去、现在、将来进行比较,看看会有什么不同,鼓励来访者加以改进和完善,促进行为的改善。如问个案:"当这个问题已经解决了或是这个目标达到了,你的行为会有什么不一样?"或"如果有一天,你睡觉醒来后有一个奇迹发生了,问题解决了(或你看到问题正在解决中),那么,可能的解决方式是什么?"等。

(二)休息阶段

这个阶段有三个主要步骤:第一步,咨询员暂时离开会谈场所,这个过程约为十分钟。一是让来访者有时间思考自身解决问题的方法,二是咨询员有足够的思考和整理问题解决思路的时间。第二步,回顾和整理会谈情况,对第一阶段中来访者所提及的有效解决问题的方式进行回顾和整理。第三步是思考和讨论,即对来访者如何给予有效的回馈并提供建议。

(三)正向回馈阶段

这个阶段有两个主要步骤:第一步,给予正向的回馈。咨询员再回到会谈场所,赞美、鼓励、肯定和支持个案自身具有的且已经在加以运用的力量与资源,以提高他们的自信心。第二步是布置家庭作业。这是在休息阶段为促使个案保持持续的改变而设计的。咨询师用任务作业或家庭作业鼓励来访者做实验练习,尝试新的改变,与来访者商量如何将咨询结果落实于生活中,以及如何检视其在家庭作业中可能遇到的任何问题,使其明确不仅要为自己的改变负责,也要为咨询师的要求负责。通过家庭作业追踪策略的运用,进一步强化咨询效果,促使来访者持续巩固良好行为。

三、焦点解决短期心理咨询的优势

焦点解决短期心理咨询简便有效,尤其适合学校学生问题的咨询,因此在学校心理辅导中具有独特的优势。下面将结合学校心理咨询中的案例来具体分析焦点解决短期心理咨询技术的优势。

小A因为同学关系苦恼了很久,来咨询室找我。因为代课,在前来咨询前,小A跟我已经比较熟,在平时的交往中已经建立了良好的咨访关系。我问及找我的主要目的,她便直奔主题,说自己因为同学关系,最近越来越难受,感觉在这个集体中已经待不下去了,并自行举了很多的具体事例,越说情绪越不好,由一开始的闷闷不乐到抽泣,直至号啕大哭,边哭边继续诉说。我见她丝毫没有想要停止的意思,且这样一直听下去,也只能让她一直陷于抱怨,情绪会越来越差,便给她递过去几张纸巾,趁机打断她:"你希望你现在的同学关系状况发生什么改变呢?"

焦点解决短期心理咨询理论认为,当来访者带着问题或困难前来,并且一再叙述他的困难时,似乎情况真是糟糕透了。但如果咨询师能引导他去思考"希望情况有何改变"时,来访者就不再陷于抱怨,而能比较明确地去澄清自己的期待,并且思考改变的可能及寻找自己的着力点,也就是说,来访者开始为解决问题的目标做准备。所以焦点解决短期心理咨询把焦点放在问题的解决上,而不是局限于问题情境中。在心理咨询中,咨询师的责任就是要将个案对问题的抱怨,引至正向解决问题及未来导向的谈话中。因此本案例中,我用问题未来导向的问句引导小 A 从对情境的抱怨中走出来,寻找解决问题的办法。

小 A 随即停止了诉说和哭泣,思索了好一会儿,告诉我说:"我也不知道,现在脑子一团乱,不知道自己的同学关系怎么会发展成这样,也不知道以后到底想怎样,就是想让同学关系变好。可是我也不知道什么情况才算好,具体要怎么描述,反正就不要现在这样,我很痛苦。"我说:"我现在问你一个奇怪的问题,你必须发挥一下想象力。这个奇怪的问题就是:我们今天谈完话之后,你回去还按照平时一样学习、吃饭、睡觉,但在你今晚睡觉的时候,奇迹发生了!这个奇迹就是,让你现在的困扰完全都解决了。你的问题不再是问题了,因为奇迹发生了。但是,因为奇迹发生在夜晚睡觉的时候,所以你一点也不知道,第二天早上醒来,发现某些事情不一样了。如果这种事情真的发生在你的身上,你会说奇迹解决了你的什么问题了呢?"

由于学生分析和认识问题的能力还不足,因此在学校心理辅导中,经常会遇到类似小 A 这样不知道自己想要解决的问题是什么的情况。对于这类情况,焦点解决短期心理咨询中的主要咨询技术之一奇迹询问技术就可以起作用。焦点解决短期心理咨询的重点在于当事人想要什么不一样的生活,而不在于探究问题成因。奇迹询问技术依照当事人的参照架构想象问题解决了,引导当事人没有范围限制地思考各种可能性,思考一个他们想要看到的改变目标。

小 A 思考了一会儿,告诉我说,她能够在不想帮同学们做事时拒绝她们的要求。我就问她:"你之前是同学们所有的要求都答应吗,即使你很不愿意?"小 A:"是的……几乎是的,有几次我自己心情很不好,就没有帮她们做,然后她们就在一起说我的不是,还集体不理我。我很害怕被大家孤立,所以即使自己再不情愿也还是去帮忙了。可是我自己很痛苦,为什么她们不能理解我也有心情不好的时候?"我说:"你说你不帮忙,同学们就会一起说你的不是,集体孤立你?班级所有的同学都会这样吗?"小 A 想了想说:"小 C 还好,一开始跟我关系挺好的……现在好像也还好,没有跟其他同学一起说我坏话,不过好像也不怎么理我了。"我说:"你曾经有拒绝过小 C 的要求吗?"小 A 说:"有的。"我说:"那你的意思是,你曾经拒绝过小 C 的要求,却没有因此而影响到你们的关系?"小 A 说:"是的。"我说:"那现在请你回想一下某次你拒绝了小 C 的要求,却没有因此影响你们关系的具体情景。"

这里运用了焦点解决短期心理咨询中的例外询问技术。焦点解决短期心理咨询的创始人 Insoo Kim Berg 是韩国裔,她把东方"阴阳太极"中"变"的思想植入心理咨询中。她将"阴阳太极鱼形图"中白的部分设定为"问题不发生时的情况",把黑的部分设定为"问题发生时的情况"。她认为,传统做法一般是从黑的部分入手,思考如何减少黑的部分,进而修改问题的结构,而焦点解决短期心理咨询的做法却是从白的部分入手,力图扩大白的部分,认为"整个系统是固定平衡的,一旦白的部分扩大一些,黑的部分自然就减少一些,所以一旦白的部分扩大,整个系统的改变也就发生了"。焦点解决短期心理咨询强调从成功例外入手,认为着眼于扩大来访者的积极体验区间,自然会缩小消极体验区间。焦点解决短期心理咨询相信任何问题都有例外,个案有能力解决自己的问题,咨询师要协助个案找出例外,让个案看到以自己的能力和资源获得问题解决的可能性。研究个案做了什么而使例外情境发生,并加强例外情境发生的可能性,使这些小小的例外情境成为问题改变的开始,逐步发展成更多的改变。

给小 A 布置首次咨询的家庭作业时,我让小 A 对现在自己的烦恼程度打个分,从 0 到 10 分,0 表示一点烦恼都没有,10 表示烦恼到极致。小 A 想了下告诉我说"8 分"。我给小 A 布置的家庭作业是,让小 A 尝试用她在那个例外情景中找到的方法去拒绝同学的要求,如果还是担心比较强烈,可以先从拒绝小 C 开始。每拒绝过一次同学,就去感受下自己的烦恼体验,再给自己的烦恼情绪打个分,下次来告诉我分数变化情况。

这里采用评量询问技术,让小 A 把自己的抽象情绪体验具体化。焦点解决短期心理咨询常利用数值进行评量(如 0~10),请当事人将他的观察、印象和预测在一个 0 到 10 的量表上反映出来。协助当事人将抽象的概念以比较具体的方式加以描述,可以使描述具体化,行为行动化;可作为咨询进展的指标,从中发现变化;可以给当事人提供机会,以特别的方式定义自己;使当事人复杂的生活更加具体,更容易投入。

经常有同学来向我倾诉莫名其妙的烦闷和苦恼,如果一味刨根究底去寻找引发问题的原因,可能导致来访者的排斥,甚至加剧其负面情绪。而焦点解决短期心理咨询专注于朝向问题解决的历程,而非探索原因的历程,所以有可能在不探究问题原因的情形下,就成功地解决了问题。这样不仅能节省不少时间和精力,而且简便易行。此外,我也遇到同学隐晦或不愿意说出造成问题的原因,较避讳揭"伤疤"。焦点解决短期心理咨询指向未来的治疗理念不容易导致来访者的阻抗行为,而是关注来访者可以做什么事来达到良好的实际效果。

在咨询过程中,咨询员在来访者表现正向的力量或资源时,尤其是找到

"例外"的解决方法时,要及时给予鼓励与赞赏,对来访者的"小改变""小进步"喝彩加油。肯定来访者的成功以及这些成功隐含的力量,对于问题的解决具有非常积极的意义。可见,这种咨询模式具有发展性和正向鼓励性,非常适合学校心理咨询。

另外,学生的咨询时间和次数是有限的,很多时候他们都希望一次性解决某个问题,此时短期咨询方法的比较优势就得以凸显。

当然,焦点解决短期心理咨询方法也有其局限性,例如缺乏丰厚的心理学理论基础,不关注来访者问题原因的探讨,也不对来访者的问题给予过多的解释,使得咨询缺乏深度,也并不是适合所有的来访者。但是,没有哪一种咨询方法是可以适用于所有来访者的,因此想要成为一名优秀的咨询师,首先要熟练掌握各种咨询理论,再结合实际融汇出属于自己的咨询风格。

(朱玉玲)

第五节　穿越情感的风暴

摘　要:少男少女的爱情是现在老师们重点关注的内容。从心理特点上来看,青少年学生已经摆脱了对老师的崇拜、对父母的听从,更多的时候,他们是从同龄人那里获取关怀和理解。他们对异性情感的获取充满理想,但不失理性。因此,如何正视他们的青涩,并帮助他们平稳度过这段青涩时期,不仅仅是技术,更是艺术。本案例采用认知行为疗法、问题行为分析法、故事疗法等辅导方法,帮助一名初三女生穿越情感的风暴,树立正确的恋爱观。

关键词:早恋;认知行为疗法;问题行为分析法;故事疗法

一、个案一般资料

X,女,15岁,初中三年级学生,父母离异,跟着妈妈一起生活,妈妈未再婚,在外打工,经济收入较低。X个性强硬,长期缺乏家庭的关爱,没有温暖感,做事很情绪化。周末经常和以前的朋友在外面玩,有一个交往了大半年的男朋友。最近常常感到寝食难安,对什么事都没兴趣,精神不能集中,注意力容易分散,主动寻求帮助。

二、个人陈述

我很小爸妈就离异了,我跟着妈妈生活。妈妈没有正式工作,打一些零工,带着我生活非常辛苦,我基本上感受不到家庭的温暖。在外面关系很好的朋友也并不多,大多是一起玩玩。我跟 A 是小学同学,小学毕业以后放假、周末也经常在一起玩,慢慢发现自己对他越来越依赖。不放假的周末就盼着上机,只为了跟他聊 QQ,他平时对我也很关心帮助,周末我们一起出去玩的时候心里总是甜甜的,周围的小伙伴也经常说我们俩挺般配的。去年寒假他向我表白,要我做他女朋友,我自然也是欣喜地答应了。这半年我们一直都挺好的,同学聊天听到别人秀恩爱时,心里就想到他,总是甜甜地傻笑,还把我的QQ 号跟他的关联了。前段时间,我发现他的前女友给他留言了,心里就很不是滋味,忍不住跑他前女友的空间去看了,结果发现他们在她的 QQ 空间一直都有留言互动。从那以后,我总会有意无意揣测他的行为想法,两个人经常会吵起来,我感觉再也没有以前的那种信任了。上上周回家见面又吵架了,我终于忍不住提出了分手。但我心里一直放不下,非常想与他和好,忍不住又去找他聊天,没想到他却反应冷漠。对这段关系,我感到非常苦恼,常常精神恍惚,觉得生活没意思,人生没寄托,将来没希望。不知道该怎么办……

三、鉴别诊断

来访者的知、情、意、行协调一致,个性稳定,有自知力,表达清晰流畅。虽然情绪低落,出现寝食难安、注意力不集中、对什么事都提不起兴趣等情况,但从严重程度和社会功能来看,不构成焦虑症、抑郁症,我初步断定她是因为感情不能满足而引起的抑郁状态。

四、成因分析

(一)家庭教育缺失

来访者从小缺乏父母的关爱,缺乏健全的社会支持系统,缺乏关注和温暖,特别是父母离异对 X 打击过大。在这种情形下遇到一个关心自己的人,难免会被感动。她对朋友的感情含有很多依赖的成分,与他在一起能够满足她的心理需要。

(二)青春期逆反表现

青少年学生特有的半幼稚半成熟的特点,使她看问题容易产生偏见,以为与老师、家长对着干就很勇敢,是一种英雄行为。此外,周围的小伙伴都在谈恋爱,觉得这是潮流,是时尚,看着大家"秀恩爱",自己也羡慕不已……种种外部氛围促使他们走得更近,甚至超越正常朋友交往。

五、辅导目标

(一)近期目标

澄清当前感情状态的本质,跳出情感认识的误区;

以发展的眼光调整自己的认知和行为,走出感情的烦恼;

稳定情绪,改善失眠、厌食状态。

(二)长期目标

拥有正确的男女交往观;

学会正确地与异性交往的技能;

形成乐观向上的人格特征。

六、辅导方法及过程

辅导方法采用认知行为疗法、问题行为分析法、故事疗法、角色扮演法、情景讨论法。咨询分为两个阶段。

第一阶段:在咨询开始时,充分尊重来访者,用开放性问题搜集她的详细资料;通过倾听、共情、无条件地尊重与接纳,让她尽情倾诉自己的烦恼,建立良好的咨询关系。

第二阶段:搜集了大量的资料,形成了初步诊断,运用共情、倾听、面质、澄清等辅导技术,依据认知行为疗法的指导理念为来访者提供咨询。

(一)认知行为疗法调整情感观念

第一次咨询时,X神色茫然地走进我的办公室,只见她神情沮丧,显得很痛苦。刚刚坐定,她就一五一十地向我说出了她的苦闷。她最近常常感到寝食难安,对什么事都没兴趣,精神不能集中,注意力容易分散。X向我叙述了这些情况之后叹了口气,看了看我便低下了头。

很显然,她并没有把苦闷的真正原因说出来,而是以一种试探的方式等待我的反应。看到这种情景,我以一种平和的声调对她说:"很高兴你来找我,谢谢你的信任,我将会给你最大的帮助。那么,你希望我给你哪方面的帮助呢?"

X抬起头看看我,以微弱的语调说:"我希望老师帮我解决一个问题。""什么问题?""我喜欢上了一个男生,我们正在交往,但最近我们之间出了一些状况。""愿意把具体情况说给我听吗?"

于是,X给我讲了他们之间的故事。她和A小学时就认识了,两个人非常要好,无话不谈。上初中以后,周末放假也会在一起玩,确定恋爱关系也有大半年的时间了。最近两个人因为一些事情吵了架,X就提出了分手,从此彼此就很少联系。但X内心始终无法放下,又非常想与A和好,A却反应冷漠,X为此非常苦恼,常常精神恍惚,觉得生活没意思,人生没寄托,将来没希望。

161

"你听过小鸡和老鹰的故事吗？小鸡和老鹰小的时候可以在一个窝里生活，并且相处得很融洽，但当它们长大的时候却不能在一起，因为老鹰总是翱翔在高高的天空中，而小鸡却无法飞到鹰的高度，它的生活空间是在地上。你明白这个故事的含义吗？"

"老师是想说我跟他不合适吗？"

"像你这么大的女孩喜欢异性是人之常情，就像吃饭、睡觉一样普通自然，也是你心智发育正常的标志。但你需要清楚地知道：对某个男孩或女孩的好感并不等于爱情。爱情是指经济独立、人格成熟的两个异性经过一段时间的交往，彼此有了深入的了解，从而建立起来的持久的亲密关系。你的人格还不成熟，根本不明白自己一生的主导需要是什么，就将朦胧的好感当作爱情，就好比是冒险地踏进一片虽开着奇花异草，同时也暗藏陷阱的森林。"

我遵循平等性、主体性、共感性、选择性和变通性等原则，帮助 X 澄清自己对对方的情感并不是真正意义上的爱情，就其本质而言，只是对方填补了她情感的空白，抚慰了她内心的孤独感而已。为此，我必须给她足够的选择余地和自主空间，让她更清醒地认识他们之间的关系，客观地去评价他们的感情，用对感情的客观评价来代替头脑中对不可缺的爱情的评价，通过认识的转变完成情感的升华。我用角色扮演法帮她回忆了几个生活片段，使她能够重新去审视他们之间的感情，促进心理矛盾的转换。

（二）问题行为分析法引导她的选择

初中生对爱情的理解不是一两次心理疏导就能解决的问题，还需要伴随着她的成长而成熟。那么，当下如何引导她正确处理这段感情就是首要需求了。我要她设想：照目前的形势发展下去，他们的将来会是怎样的，把最坏的结局写出来。X 的设想并不乐观，并说出了自身的恐惧和担忧。伴随着 X 心灵的成长，我引导她进一步明白，青少年学生的情感更多地源自一种需要，一种倾诉的需要、一种关爱的需要。这是一种心灵的补偿，不是可以托付终身的爱情。并借助美国心理学家斯腾伯格提出的爱情三角理论，引导她分析他们现在的爱情是否具备爱情的三要素，尤其是对承诺的思考，通过设置情境（意外怀孕怎么办），让她分析出青少年学生还不具备承担爱情承诺的能力。一般来说，快乐与痛苦的比例是 6：4，人们就会坚守；如果快乐与痛苦的比例是 4：6，人们就可能放弃；如果快乐与痛苦的比例是 5：5，人们就会在取舍间产生激烈的心理冲突。看得出来 X 经过思想斗争，已经有了自己的想法。

（三）故事疗法纠正爱情交往观

从 X 跟男友分手的起因事件可以看出，X 对爱情中的男女交往还存在观念上的问题。为了培养她爱的能力，形成正确的爱情交往观念，我给她讲了金岳霖与林徽因的故事。"林徽因和梁思成可以说是中国近代史上的传奇人物，而金岳霖是他们夫妻的挚友。金岳霖一生未娶,自始至终地爱着林徽因。梁思成和林徽因结婚后,辗转昆明、重庆,金岳霖每有休假,总是跑到梁家居住。金岳霖对林徽因人品才华赞美至极,十分呵护。林徽因对他亦十分钦佩敬爱,他们之间的心灵沟通可谓非同一般。一次,林徽因哭丧着脸对梁思成说,她苦恼极了,因为自己同时爱上了两个人,不知如何是好。林徽因对梁思成毫不隐晦,坦诚得如同小妹求兄长指点迷津一般。梁思成自然矛盾痛苦至极,苦思一夜,比较了金岳霖优于自己的地方,他终于告诉妻子:她是自由的,如果她选择金岳霖,祝他们永远幸福。林徽因又原原本本把一切告诉了金岳霖。金岳霖的回答更是率直坦诚得令人惊讶:"看来思成是真正爱你的。我不能去伤害一个真正爱你的人。我应该退出。"从那以后,他们三人毫无芥蒂,金岳霖仍旧跟他们毗邻而居,相互间更加信任,甚至梁思成、林徽因吵架,也是找理性冷静的金岳霖仲裁。这样的爱,你看到了什么?"

"他们好伟大啊,我想我错了,我不该因为看到他们还有联系就胡思乱想,我对他不够信任。"

"是啊,爱情需要理解、尊重和包容,德国心理学家弗洛姆就说过:爱,就是关心、责任、尊重、认识!过去你之所以会那么做,是因为你只站在自己'现实感受'的角度考虑问题。当内心的快乐感觉占主导地位时,你就拼命地想抓住对方,因为没有他的日子内心难免会孤独落寞,而当你感觉到威胁时,就会不顾一切做出过激行为。"

七、效果和反思

经过三次咨询,来访者的问题基本解决了,能够以较为轻松愉悦的心情投入生活中,厌食、失眠情况得到明显改善,对爱情及恋人间的交往方式也有了新的认识和理解。

学界对"早恋"问题的关注由来已久,但至今仍没有一个确切的专业定义。少男少女之间的懵懂爱情成为老师们的"烫手山芋"。从心理特点上来看,这个年龄段的学生已经摆脱了对老师的崇拜、对父母的听从,更多的时候,他们是从同龄人那里获取关怀和理解。今天的他们对异性情感的获取充满理想,但不失理性。因此,如何正视他们的青涩,并帮助他们平稳度过这段青涩时期,不仅仅是技术,更是艺术。它需要老师用心去理解他们,关怀他们。对于青春期早恋,老师更要巧施方法才能取得好的效果,而不能采取强硬的手段。应该尊重和保护孩子们的隐私,用健康积极的沟通方式授人以渔。

(朱玉玲)

163

第六节　把好情感之舵

摘　要:目前,青少年学生恋爱已是非常普遍的现象,青少年学生异性之间的关系,从彼此好奇到相互吸引,逐渐发展到密切往来、结伴出游,严重时还会发生性关系。专门学校青少年学生异性交往问题尤为突出,如何管理好"早恋"学生,引导学生树立正确的恋爱观,是教师们一直需要探索的课题。下面,就我曾接触到的一个青少年学生恋爱问题,与大家分享有关异性交往的管理措施。

关键词:情感;同伴价值;自信

一、个案基本情况

X是一个皮肤白皙、外表文静的漂亮女生,给人的第一印象就是特别乖巧。但事实恰恰相反,她的问题令人头疼,她的大胆直白、对感情追求的执着,让人瞠目结舌。

在我的第一节课上,她问我的第一个问题是:"邵老师,你是不是处女啊?"听到她的问题,我的内心久久不能平静,同时对她充满了好奇,这是怎样的一个女孩? 为什么她对男女情事如此感兴趣? 为什么年纪尚小的她会在众人面前问老师这样一个问题呢?

后来,X与学校的一名学长Y开始恋爱,并住在了一起。当时Y已经从我校毕业,两人不能在学校见面,由此引发了X很多的异常行为。每个周一早上,X来校都会迟到,整个人无精打采的,充满了不情愿;等到周二晚上时,她便开始找遍理由想要回家。一次,她以身体不舒服为由要求回家看病,我察觉她可能是想回去找Y,并不是真的身体不舒服,于是提出由我和另一位老师先带她到隔壁的××医院检查一下。经过检查后,医生认为X没有大问题,并给她开了些药。看病回校后,X的情绪稳定了一天。但到周四晚上,她又开始闹腾了,说身体很不舒服,这次一定要回家看病才放心,为了回家甚至假装晕倒。X的异常行为持续了两个多月,反反复复以各种理由想要回家,其真实意图是为了和Y在一起。

二、个案问题分析

X的情况严重影响了教学秩序,对我的班级管理工作也提出了巨大的挑战。要管理好学生,首先需要对造成学生行为的原因进行分析。在与副班主任讨论后,我们认为造成 X 异常行为的原因主要有以下几方面。

(一)家庭因素

1. 家庭基本情况

X 是一个单亲家庭的孩子,据母亲介绍,X 的亲生父亲现在台湾。而且 X 家境比较贫寒,母女两人就住一间十几平方米的房间。

2. 家庭教育的缺失

X 从小就缺失了父爱,父亲并未在她的成长过程中给予引领、教导。母亲一个人要照顾整个家庭,自然没有那么多精力来管教孩子,且母亲自身的感情生活较为混乱,并不能为 X 树立良好的榜样。父亲和母亲教育的缺失,导致 X 的身心发展有失偏颇,她无法合理判断什么是正确的,什么是错误的,她的整个价值观体系呈现扭曲状。总的来说,X 从小就缺少家庭教育,父母在她的人生道路中并未扮演引路人的角色,导致 X 在成长过程中跌跌撞撞,道德意识淡薄。

(二)自身因素

家庭状况带给 X 的是一种与生俱来的自卑感,经济条件不好、家庭结构不完整、母亲私生活混乱等都在 X 心中埋下了自卑的种子,导致 X 有很强的自我封闭保护意识。她不愿与人亲近,害怕深入交往之后,糟糕的自己被人看见,于是在一开始她就以拒绝的态度对待老师和同学。与此同时,由于父爱、母爱的缺失,X 极度渴望找到精神寄托,渴望在 Y 身上找到安全感和归属感,这种对安全感和归属感的强烈追求是造成 X 异常行为的最本质原因。

(三)同伴因素

X 内心的强烈自卑必然会导致她外在的强烈自尊,以此来弥补内心深处缺失的安全感。因此,她总是在同学面前炫耀自己的情感经历,一次两次后,同学对她产生了意见,渐渐和 X 疏远了。一次,X 跟着班上另一位学生欺压别的女生,更是引起了同学们的反感。X 的一些行为导致她在班里没有任何的知心朋友,得不到关心与支持,X 的心中难免感到孤独,于是她更是把所有感情寄托到了 Y 身上,认为 Y 就是自己的一切。

三、辅导方法与过程

在孩子的教育管理过程中,最重要的一环就是家庭,对于一个不配合的家庭,教育工作是没有办法开展的。所以在辅导 X 的过程中,第一步需要寻求 X 家长的支持,然后对该学生的认知和行为进行矫正,最后完善其人格,挖掘其内在潜力,促进其健康成长。鉴于此,我和另一位老师认真研究并且实施了以下教育对策。

（一）争取家庭的积极配合

1.母亲的配合

面对这样的学生，如果她不到校，我们所有的教育对策都只是空谈，因此最关键的就是要寻求家长的支持，否则就是剃头挑子——一头热。

当时，不知是出于溺爱还是其他原因，X的母亲相当不配合，每次只要X一闹就让她回家，X母亲的行为并不利于矫治工作的开展。后来我们就这个问题跟X母亲交换了意见，明确表示鉴于X的身体状况暂时不适宜在我们寄宿制学校就读，请家长办理请假手续，带回杭州就医，等X病好了，能够适应寄宿制学校生活再回来上课。母亲带走了X。

半个月时间不到，母亲将X送回了学校，并带来了药。当着X的面，母亲告诉我说："X的病已经完全好了，可以适应学校生活。如果再闹，她就是装病，不必理会；就是真的病了，药我已经带来了……"X没有了"靠山"，也就乖乖地待在学校里了。不过到了星期二或者星期三，她还是会发呆或者默默地流眼泪，但至少她已经能够不迟到不早退，为我们接下来开展有针对性的教育疏导提供了有利条件。

2.男友Y无意间的配合

有一段时间，X母亲到外地做生意去了，星期五下午的接送工作她交给了X的男友Y。对于Y的接送工作我们并没有很严肃地谈过，更没有极力反对，只是巧妙地利用X对Y的依恋及重视。

有一次，X在学校里抽烟了，周五Y来接X时得知X抽烟的事情，很生气地自己走了，X小心翼翼跟在Y的身后，一副很后悔的样子。经过这次教训之后，X公然犯错的次数明显减少。

（二）拉近心理距离，调整不合理认知

由于我们是寄宿制学校，教师全天24小时陪护着孩子，这为我和孩子的接触奠定了充足的时间基础。在矫治X行为的过程中，我总会有意无意与X聊天，发展师生间心理上的"相知"关系，尝试着了解她、理解她，试图缓解她对老师的对立情绪，缓解其"孤独心理"的负荷，为后期的认知矫正工作打下坚实的心理基础。

对于X的早恋问题只能疏导，不能堵压，堵压并不能解决实质性问题，只会引发她更为严重的逆反心理。一开始，X是抗拒我这个年轻的班主任的，因为在她的心目中，老师对学生早恋的问题都是不赞同而且是严厉打压的。要打开她的话匣子，首先得从她的男朋友Y入手。因为Y本身就是我们学校毕业的，而且班上的另一名班主任还给他上过课，对他比较了解，所以我首先肯定了X的眼光，表示Y同学是一个比较正气的男孩子，长得还挺帅。这一说，一下子就拉近了两人的关系，她也打开了话匣子。后来我又陆陆续续地找X

聊天,有单独的,也有群体的,暗示 X,不管是哪个男孩子(包括 Y 在内)都希望自己的女朋友有本事,安分守己,女生要懂得自尊、自强、自爱、自立。如果一个人真的爱另一个人,应该努力完善自己,努力使自己成就一番事业,为对方创造各种通向幸福的条件。

　　X 是个聪明的女孩,她听进去了,接下来的表现也像换了个人似的,各方面都想表现得优秀些,我想其内心肯定有一个明确的目标在指引着她。

(三)发挥集体舆论,改善人际关系

　　每个班级都有自己的规定,我们班就有一个扣分禁假制度:违反校纪班规要扣一定的分数,一个星期扣满 10 分,双休日就要留在学校里。当然,在这个过程中,如果做了好事可以加分,冲抵扣分。结果有一个星期,X 的扣分已经远远超出了 10 分,哪怕她做再多的好事也于事无补。作为班主任,我们知道禁假对于 X 来说是一件很可怕的事情,如果对 X 进行强制性禁假,很可能会出现意想不到的事情。所以在 X 来讨饶之前,我们就想好了对策,让 X 去寻求同学的帮助,只要全体同学都同意原谅她,那么周末她就可以回家。经过 X 的努力,临近放假时,班上还有两名同学不愿意原谅她。当 X 再次向我们求救时,我们两位班主任兵分两路,一路去做通另外学生的工作,一路帮助 X 找原因,为什么这两个同学会不同意? 最后 X 如愿回家了,但是她记住了一点,群众的眼睛是雪亮的,要想得到老师的认可,就必须与同学处理好关系。之后,虽然她还会犯些错误,但相比以前,与同学的矛盾少了,脸上的笑容也多了,内心有种久违的归属感。

(四)丰富集体生活,挖掘内在潜能

　　相比普通学校,我们学校的课业相对来说轻松很多,而且又是住校,所以空余时间比较充裕。怎么利用这部分时间呢? 恰逢那时临近校庆,学校要求每个班级准备节目,学生蠢蠢欲动。看到学生兴致这么高,我想利用这个契机,让学生的课余生活丰富起来,增强学生的自信心。我们班的节目是群舞,因为 X 的体型相貌很不错,我们将她安排在了一个显眼的位置。X 很珍惜这次机会,排练非常认真。排练期间,X 不仅增进了与同学的友谊,也提升了自信心。最后,那个舞蹈得到了大家的一致好评,也让 X 体验到了自我价值感。

四、辅导成效

　　通过一年半的努力,我们对 X 的教育管理也有了一定成效,X 在行为、情绪、认知方面都发生了很大改观。

(一)行为方面

　　在学习上,杜绝了旷课现象,基本能够做到认真听讲,完成作业;在同伴交往上,与同学吵架的次数减少了,周围同学也能够认可和接受她。

(二)情绪方面

X的情绪基本稳定,没有无理取闹的情况,与同学的矛盾也逐步减少,尽管偶尔会发生争吵,但大部分情况下还能控制自己的脾气,能主动融入班集体这个大家庭中来,逐步感受到学校及家庭的安全感与归属感。

(三)认知方面

X对老师及同学不再有排斥心理,能主动与老师谈心;而且在男女关系的认知上能够把握分寸,合理处理,没有再因为情感问题而影响学业及同学关系。

五、辅导反思

X是我教育生涯中所接触到的一位比较特别的女生,她是一个缺乏安全感的女生,造成她缺乏安全感很重要的一个因素就是家庭。她的这个家,给她带来的不是无尽的幸福,而是隐藏在心底的自卑和严重的价值匮乏感。她以前的滥交、同学朋友面前的炫耀及后面的专情,都是为了寻回自尊,寻回自我价值感。她的无理取闹也是强烈的自卑感在作怪,她害怕失去这个让她在朋友面前有面子的男朋友。

其实,X是许多早恋孩子的缩影。现在一些家庭都存在或多或少的问题,父母对孩子关爱缺失,孩子得不到家庭的温暖,转而寻求异性朋友的关注,于是出现了早恋倾向。这其中,有部分学生已经不再局限于谈"爱",引发了更为严重的异常行为,对学习生活造成负面影响。针对这部分学生,我们怎么引导呢?从这个案例中我有所领悟:

一定要有家长的配合,最好是能得到家庭的温暖;

抓住心理规律,合理疏导,及时调整其不合理认知;

把握老师角色,不宜严厉批评,站在学生的立场说话,真正走进学生的内心;

善于利用周围同学的力量,与老师一起形成教育合力;

要培养学生的兴趣爱好,挖掘内在心理潜能。

(邵玉琴)

第七节　基于心理委员朋辈辅导的实践探索

摘　要:本文分三部分展开论述,第一部分就班级心理委员的产生、发展、定义、职责、选择标准、培训与指导进行综述;第二部分介绍了本校的朋辈辅导工作,具体阐述了在实践过程中对同伴关系的改善效果;第三部分分析了培训过程中心理委员的内心成长历程和感悟,并对培训有待改进之处进行了思考。

关键词:班级心理委员;朋辈辅导;同伴关系

在日常教育实践过程中,针对学生心理工作的有效开展,需要更贴近学生的成长规律和感受。心理委员是朋辈辅导的主力军,他们不但具有一定心理学基础知识和基本操作技能,而且本身作为成长中的人,他们有更强的自我成长动力。同伴互助和交流就是同伴关系在实际教学环境中的体现,心理委员则起到穿针引线,助推同伴共成长的作用。

一、学校心理委员综述

社会的发展,带来日益增大的生活和心理压力,心理健康的重要性越发突显,与身体健康同样重要。同时,近年来高等院校及中小学校时有校园恶性危机事件(如刘海洋硫酸伤熊事件、云南大学马加爵凶案、江西医学院"516"凶案等)发生。学生自伤、自杀事件的频发,一方面反映出了社会变化与学生自身心理脆弱性和波动性的关联;另一方面也为每一位学校心理健康教育工作者敲响了警钟。如何探索一条切实可行的学校心理健康教育的途径,既让学生自我成长又能帮助到他人,由此,班级心理委员朋辈辅导应运而生。

(一)班级心理委员的概念

班级心理委员是由教师和同学通过严格的程序选拔而来的,都是综合素质优秀、有服务热情和责任心的学生。通过对心理健康基础知识的学习,他们具备一定的心理问题识别和咨询的能力。他们为班级同学及身边朋友提供心理健康帮助。他们是班级学生干部,以平等、尊重、服务同学的态度为有相关需要的同学提供帮助,承担或协助实施有关班级心理健康教育的各类事务或活动。

班级心理委员通常要具备一定的条件,如拥有胜任该项工作的个性特征,经过系统的培训之后,经考核合格方可担任本职,接受班主任和学校心理健康教育辅导站的双重领导,工作的同时还需接受长期的专业指导和监督,以便于有效发挥积极作用。心理委员运用所学的心理咨询知识和技能在帮助身边同学解决心理问题,提高其他同学的心理素质和心理健康水平的同时,也培养了自身的心理自助能力,学会了如何关心他人、帮助他人,主动维护自身的心理健康,通过这一互动的过程来实现全体学生的心理健康和全面发展。

(二)设立班级心理委员的意义

1.保证心理健康教育的普及性

据统计,我国20%~30%的家庭存在心理问题,且大多数是儿童和青少年的心理问题。郑日昌在对几个大城市进行调查后发现,有心理问题的小学生约占 13%,初中生约占 15%,高中生约占 19%,大学生约占 25%,随年级升高呈递增之势。由此可见,心理问题在青少年学生中普遍存在。为了预防学生心理问题的产生和加重,在我国中小学加强心理健康教育,及时对有心理困惑的学生进行心理辅导,防止心理问题严重化,克服许多学校心理健康教育体制不完善、从事心理健康教育的专业人员数量不足等困难,在学生发展不同阶段设立工作侧重点不同的班级心理委员制度将对学校心理健康教育工作发挥极大的作用。

2. 及时预防学生心理问题的出现

通过设立心理委员,及时发现并适时调整学生心理状态,预防学生心理健康问题的出现。心理委员作为班级的一员,与同学朝夕相处,年龄相仿,跟同学自然性鸿沟小,防御性低,共同性大,互动性高。因此,可以及时发现和预防学生中存在的心理问题,增强学生承受挫折和适应环境的能力,提高心理素质,预防学生中的各类精神疾病和变态心理,避免校园危机事件的发生。

3. 积极促进心理健康教育的宣传

班级心理委员促进了心理健康教育的宣传,通过团体心理辅导和丰富多彩的校园活动等,促进学生关注心理健康,提高学生心理素质,培养学生的健全人格,调动了学生参与心理健康教育工作的积极性,使心理健康教育工作由消极被动变为积极主动。

4. 完善学校心理健康教育体系的构建

心理委员作为学校基层心理健康教育与心理危机干预力量,不仅弥补了专业心理辅导力量的不足,减少了心理教师的压力,提高了学生的适应能力和解决日常遇到的实际情况和心理困惑的能力,促进了学生心理健康,也完善了学校心理健康教育体系。心理委员协助心理健康教师开展工作,逐渐建立了每个班级的学校心理健康监控体系。

由于专门教育的特殊性,设立班级心理委员是一项十分必要的工作,同时也存在与其他普通学校所不同的困难。必要性体现在我们的学生特别是初中生,成长的家庭环境复杂,父母的教养方式存在缺位问题,导致学生的人格形成偏离正常轨道,更需要心理矫正和疏导。

(三)班级心理委员的职责

1. 第一阶段的职责

大力宣传心理健康知识;协助心理健康教师开展以游戏和活动为主的心理健康教育;收集和传递信息,定期向心理健康教师汇报班级同学的心理状况;在心理健康教师的指导下制订完善班级心理工作计划;为有心理困惑的同学保守秘密。

2.第二阶段的职责

积极主动地参加心理辅导培训,及时扩充心理学知识;能自主开展以体验和调适为主的心理小团体活动;配合学校心理健康教育辅导站,从心理健康教育方面预防同伴心理危机事件的发生。

(四)班级心理委员的筛选标准

在选择班级心理委员之前,首先要和每个班主任老师沟通,向班主任老师传达心理辅导站的培训意向,并向他们澄清选择班级心理委员的标准,与班主任商议探讨选定班级心理委员。然后确定班级心理委员名单,公布培训时间与地点,发放培训日记,使培训内容和选拔标准更加系统和专业化。

心理委员筛选标准如下:

人格特质:有相对稳定的人格;能够及时处理自身问题;性格乐观、开朗,心理行为要与年龄特征相符合。

人际交往能力:善于与人沟通,人际关系良好;具有一定的语言表达能力;乐于助人。

心理成熟度:有良好的心理素质;善于倾听和表达。

学习与工作能力:热心班级心理健康工作;有服务意识和责任心;对心理学知识比较感兴趣;有较强的学习能力,能够及时对自身资源的不足进行补充。

心理感受性:领悟性好;能够遵循心理健康教育工作中的保密原则。

(五)班级心理委员的作用

心理委员在心理健康教育工作中起着传播者和信息源的作用。班级设置心理委员,是学生群体中建立学校心理健康监护系统的学生自助、互助体系,有利于发挥学生自我教育和互相教育的作用,对学生的心理问题得到及时发现和解决很有必要,对学生心理健康起到巨大的推动作用。心理委员产生在同龄的、同班级的学生之中,容易相互理解,为心灵的开放打开了大门。一些有轻微心理问题的学生不会轻易向教师诉说,更倾向于与同学沟通。同学之间的相互倾诉、倾听,为其宣泄心理压力,发现问题提供了方便,有助于形成自助与互助的平台。

二、班级心理委员的培训与督导

在对心理委员进行培训之前,需要进行系统的准备工作。首先,是了解学生的情况,入校之前的每一名新生都需进行心理测试,并建立心理档案,有助于心理老师了解每一位同学的基本情况,并可以对他们的心理健康状况进行评估;其次,确定每次培训的目标和内容,培训的内容有一个循序渐进的过程,每次的主题和活动方式都有所区别,有一些需要制作课件或视频材料,有一些需要相应的活动器材;再次,每次培训都需布置作业,要求心理委员去完成,到下一次培训时交流体会,有助于心理辅导老师了解每个心理委员的思维方式、情感表达习惯和心理感受性;最后,利用网上交流互动平台,心理委员可以在线下与辅导老师进行交流,也可以通过网络就一个问题进行讨论。

(一)心理委员培训

一般心理委员培训可分为六次,以沙龙的形式进行,有讲解、有活动、有讨论,每次设置不同的培训内容和目标。

第一次培训:

培训内容:

• 培训前的破冰活动(握手练习:相互握手介绍自己,老师也参与其中)。让参加培训的同学增进彼此了解,打破尴尬氛围,活动之后老师讲解思考,让学生注意握手过程中的细节所反映的信息,这些信息都传达了心理意义。

• 头脑风暴活动。让学生调动自己的思维来想想出现在自己周围的心理现象。

• 观看教学资料《探索心理学》。

培训资料:

PPT 演示文稿,《探索心理学》视频。

培训目的:

让心理委员产生对心理学的兴趣,并初步了解心理学相关知识,探讨心理学有什么用处,我们生活中的心理现象有哪些。

培训作业:

完成第一次心理培训的感受,并将自己和同学所遇到的心理状况写出来,以便下次培训时分享。

备注:

强调在心理委员中的保密性原则,澄清心理委员的责任和义务。

第二次培训:

培训分享:

通过上次培训,学生普遍反映对培训很感兴趣,想更多地了解心理学相关知识,觉得接触到了新的知识内容,很有新鲜感。

培训内容:

• 话题讨论:我是谁,我从哪里来,我存在的意义。

• 引出生命由来的内容,我们都来自母亲,了解自己与母亲的关系。母亲节临近,引出感恩母亲的主题,将生命教育主题融入培训内容之中。

培训目的:

让心理委员更多地了解和感受自身,引出话题"我是谁",对自身产生兴趣,探索自己,寻找自己的由来。

　　培训资料:

　　播放自制的《我的十年》视频课件(讲述我自己十年之中的发展变化和发生的故事)

　　培训作业:

　　制作一个以自己成长为主题的视频或 PPT,写一个详细的自我介绍"我是谁"。

第三次培训:

　　培训分享:

　　分享心理委员制作的与自己成长相关的视频和 PPT,其中黄同学、金同学和陈同学制作的很有特色。黄同学制作的《我的成长》展现了她的成长经历和她的个人爱好,也有自身心理感受的表达;陈同学的《我的游戏人生》讲述了他与游戏一同成长的快乐与烦恼,游戏就像一个好朋友一样陪伴着他;金同学的《这就是我》记录了她在我校学习这些年的点点滴滴。每个学生的作品都生动地展现了他们自己的个性特点。

　　培训内容:

　　•趣味抽签分组,团体合作心理游戏"吹纸团"和"智力解题"。

　　•活动器材:报纸纸团(大小各 30 个),脚踏开关垃圾桶,提卡数张(有趣味数学题目)。

　　•活动方式:抽签,抽到签的人中每三人会组合成一个名人的名字,这三人即为一组,余下的人为计时员或助理。

　　•活动规则:(活动一)三人分工,一人负责摆放纸团,一人负责将纸团吹入垃圾桶,一人负责脚踏开关垃圾桶让纸团进入,用时最少的一组为获胜组。(活动二)老师呈现题卡,上面有数字和答案,加减乘除符号只能使用一次,最快获得结果的为获胜组,每题有多种解法。

　　学生感受:

　　吹纸团完成最快的是由两个女生和一个男生组成的"本•拉登"组,最慢的是由三个男生组成的"奥巴马"组。为什么三个男生完成的最慢呢?原因是他们三个相互之间的沟通不畅,没有达成默契,三个人各顾各的没有很好合作,交流也十分有限。而拥有两个女生的"本•拉登"组分工明确,配合娴熟。通过第一个活动也让学生们感受到分工合作和团体凝聚力的重要性。在第二个活动中高一的丁同学和女生班的黄同学都谈到,起初他们看到数字时都十分头痛,但真正做起题目来却发现十分简单,没有想象中那么难,而且越做越顺手,思路也豁然开朗,能构思出多种解题的方法。这正反映了我们心理的一些特点,感觉和实际状况是有差距的,我们的很多学生正是因为低估了自己的能力,而不去行动,使得自己陷在想象的困难中无法自拔,一旦真正去面对这些困难,我们会发现他没有想象中那么可怕。

培训目的:

分享游戏感受,培养和意识到合作的力量,以及认识各人无限的潜能。

思考:

心理想象与实际的差距(有很多困难和麻烦都是自己构筑起来的)。

培训作业:

发现自我在某一方面的潜能,并写出自己的五项优点。

第四次培训:

培训分享:

汪同学提出班级里有同学遇到心理困扰该如何帮助? 李同学引荐本班同学到心理辅导站接受心理援助。

培训内容:

观看影片《入殓师》,分析影片中的人物心理变化,写自己的内心感受,构想影片情节的发展。对学生完成的作业"我是谁"进行点评。

培训目的:

锻炼学生的觉察力和感受力,让班级心理委员关注班级同学心理的变化情况,特别注意非言语行为所传达的信息。

培训作业:

在观看影片过程中你的心理感受是怎样的? 影片后面的情节会怎样发展?

第五次培训:

培训分享:

对心理委员所写的观影体会进行点评,很多同学的感受力都十分准确,能够共情影片中的人物,并对影片情节的发展有清晰的预测,有的同学甚至说出了主角最后应该是为其亲生父亲入殓的结尾。

培训内容:

继续观看影片《入殓师》的后半部分,观看猫头鹰在面对不同对手时所表现出的变化,以引发心理委员思考。

培训讨论:

如何帮助有心理援助需要的同学? 哪些同学需要心理援助? 我们能提供哪些援助? 思考心理游戏活动内容。

第六次培训:

培训分享:

班级里有同学也想来参加心理辅导站的活动怎么办? 心理辅导站后期会

有相应的专题沙龙活动面向普通班级学生报名。有很多同学给出了关于团体心理游戏活动的建议,徐同学通过 QQ 群分享游戏操作流程。

培训内容:

心理访谈中的面谈技巧。

培训方式:

找学生示范面谈技巧,同学观摩。现场找同学角色扮演来访者,老师充当咨询师与他面谈,在面谈过程中展示各种会谈技巧和应注意的事项。

培训目的:

让心理委员掌握基本的面谈技巧,在实际帮扶同学的过程中可以将话题进行下去,引导接受帮扶的学生表达自己的情绪情感。

培训作业:

咨询自己班级里需要心理援助的同学,记录访谈内容并交流。

综上,班级心理委员培训的重点应放在提高心理委员的自我觉察水平上,以促进他们心理辅导能力的发展。通过培训使心理委员在认识自我、价值观等方面都有比较清楚的认识,具有理解他人的能力,识别心理异常与心理危机的能力。

另外,团体辅导和朋辈辅导是一项特殊的心理咨询形式,积极开展团体辅导和朋辈辅导实践训练,可促使学生获得正确的观念与适当的态度。这有助于解除学生遇到挫折时产生的烦恼和忧愁感,在情绪稳定上更加成熟。

(二)班级心理委员培训的督导管理机制

(1)定期例会交流;

(2)与心理辅导老师取得沟通(班级学生动态、个人心理动态等);

(3)接受辅导老师的督导(团体督导与个别督导);

(4)QQ 群交流平台(作业指导、活动安排通知、个案交流)。

三、班级心理委员培训的感悟和不足

(一)班级心理委员培训的延续性不足

对班级心理委员进行培训,中间会出现空档期,比如一期结束后,会有很长一段时间才启动下一轮培训,工作的延续性不够,这方面有待于进一步科学规划和改进。

(二)获得的实质性锻炼机会不多

在培训过程中,注重对心理委员心理危机意识和咨询面谈技能的培养,但在班级学习和生活中的可操作性不强,班级心理委员的作用有限,学生的互助能力有待加强。

(三)角色容易被边缘化

班级心理委员具体要做什么？他们能做什么？很多学生、老师都对此十分迷惑不解,有的学生会认为心理委员就是老师的间谍,在学生中打听消息,通风报信。有不少老师也迷惑于心理委员职位设立的意义,觉得这个委员没什么实际作用,因此,心理委员的角色定位有待凸显出来。

(四)心理委员工作与现实之间的差距

首先,心理委员自身的素质与工作要求之间的差距。尽管心理委员的产生经过了自荐、班级推荐、班主任审核等多道程序,而且还接受了相关的培训,但在实践工作中,真正能够胜任的心理委员并不多。其次,工作的重要性和其对自身的认可程度的差距。心理委员是一个新生事物,不少心理委员对工作职责的认识不到位,有些心理委员工作开展得不是很积极。

四、班级心理委员培训的发展性建议

在学校层面,可以为班级心理委员提供锻炼的机会和平台,如大型心理活动的服务工作,感恩主题班会的策划与开展等。

定期开展不同主题的沙龙活动。让心理委员去班级宣传,学生报名参加,辅导老师组织,心理委员观摩,到一定时候可让心理委员来引领沙龙活动。

将班级心理委员培训作为学校心理辅导常规工作开展下去,有系统有步骤地培养心理委员,形成固定的培训机制,在心理层面促进学校的教学和管理工作。

通过系统的培训,让班级心理委员在学生群体中产生一定的影响力,促进朋辈咨询的开展,让学生得到来自同龄人的帮助,也让心理委员在心理援助的过程中获得成就感。

五、总结

在专门学校开展心理委员朋辈辅导是十分有必要的,在学生和教师群体中会产生良好的助力效果,对于学校的发展和稳定也会起到促进作用。同时,心理委员朋辈辅导中遇到的一些有待解决的问题和不足,也有待于进一步改善和提升。

(李福钧)

第七章　家庭心理管理

第一节　青少年家庭心理教育

一、家庭教育的重要性

家庭是建立在婚姻、血缘关系和一定经济基础上的亲密合作、共同生活的社会群体。养育新一代，并促使其以健康状态融入社会化，是家庭教育功能的核心。基于家庭在社会生活制度中的特殊地位，它在某些方面的教育作用几乎是其他教育主体永远不能替代的。

首先，家庭作为孩子接触到的"第一环境"，对他们的成长起着先入为主的定势作用，为个体接受其他教育奠定了基础。其次，家庭教育在孩子后期接受家庭以外的教育时，会发挥强有力的选择作用。当个体在学校、社会中接触其他知识时，家庭教育会成为其接受这些知识的过滤器，即孩子会根据自身家庭教育，选择性地学习一些知识，而忽视另外一些知识。因此，家庭是孩子接受教育的主要参照物。在中学阶段，虽然学生有了一定的独立性和自主性，但家庭仍是他们接受社会文化影响的调和剂，对个体的认知、生存方式和价值观产生着重要影响。

在家庭教育中，家长通过养而教，即在养育的过程中达到教育的目的，或者说养育本身具有教育的功能。因此，父母教养方式对孩子的心理成长发挥着至关重要的作用。同时，家庭结构作为孩子心理成长过程中的客观载体，对孩子的健康成长作用不言而喻。

二、父母教养方式对青少年心理的影响

(一)父母教养方式概述

父母教养方式是父母的教养观念、教养行为及其对孩子的情感表现的一种组合方式。这种组合方式是相对稳定的，不随情境的改变而变化，它反映了亲子交往的实质(张文新，1998)。父母的教养方式既包括父母履行其职责的

专门的目标定向的行为,又包括非目标定向的教养行为,诸如姿势、手势、语调的变化或是情绪的自然流露(彭文涛,2008)。父母通过教养行为,把社会的价值观念、行为方式、态度体系及社会道德规范等传授给子女,并指导和影响子女获得最初的生活经验、社会知识、行为规范和情感体验等。可以认为,父母教养方式是一种与教养有关的、稳定的态度和信念的综合体。

(二)父母教养方式分类

美国心理学家西蒙兹(Symonds)最早提出了教养方式的两个基本维度:一是接受与拒绝,二是支配与服从。后来,鲍姆林德(Baumrind)从控制、成熟的要求、父母与子女交往的清晰度以及父母的教养四个方面来评定父母的教养行为,据此将父母教养方式的类型分为权威型、宽容型和专制型三种。与专制型和宽容型家庭相比,权威型家庭的青少年学生较为成熟、独立,具有更多的成就倾向和社会责任感,是最为有效但最为费时费力的一种教养类型。此后,麦科比(Maccoby)和马丁(Martin)又在其基础上做了进一步扩展,他们根据父母对儿童的要求性(控制、监督和成熟要求)和反应性(温暖、接受和参与)水平,将父母教养方式划分为四种类型,即权威型、溺爱型、忽视型和专制型。这四种类型是科学研究中采用较多的父母教养方式分类。

1. 权威型教养方式

"权威型"父母对孩子既有较高的要求,也有较高的接受性。采取这种教养方式的父母会重视孩子的发展和自我管理,在对孩子的行为进行要求和监管的同时,能够听取孩子的意见,并给予孩子爱与温暖。这是一种最合理、最有利于孩童身心发展的教养模式。

2. 溺爱型教养方式

"溺爱型"父母害怕孩子在成长过程中受到挫折,对他们采取过分保护的态度,对孩子的要求一味满足,过分溺爱。在这种教养方式下长大的孩子,容易养成以自我为中心的价值观念,缺少独立性和创造性。同时,很大一部分"溺爱型"父母对孩子的"关爱"往往出于私心,当孩子之后的成长偏离自己预期时,可能会引发更大的家庭矛盾,需要引起警惕。

3. 忽视型教养方式

"忽视型"父母既不在意孩子收获时的喜悦,也不在意孩子遇到挫折时的无助。在这种教养方式下成长的孩子,与父母有着明显的疏离感,他们的安全感和归属感得不到满足,情感上得不到支持,极易发展成为冷漠性格,对社会抱有敌对心理。

4. 专制型教养方式

"专制型"父母一般对孩子有高要求,并采用专断、禁止、惩罚等高控制的策略对待孩子。他们会认为自己是孩子命运的决定者,高度重视孩子的遵从和顺服，不鼓励孩子的独立行为和自主发展，处处限制孩子的自由发展，不接纳孩子的意见，经常使用惩罚、专断、严厉的方式来教导孩子。处于这种教养方式下的孩子，容易形成抑郁情绪。

（三）青少年心理与父母教养方式的研究

1957 年，西尔斯（Sears）等人进行了一项涉及上百个家庭的研究。研究者向母亲提出诸多问题，问题包括子女在家中的行为表现、母亲对子女的排便训练、纪律管教等。通过与母亲的访谈，研究者认为教养方式可以被描述为限制的和允许的，这些教养方式影响着青少年的行为。帕特森（Patterson，1989）认为，不良的教养态度和行为与儿童的反社会行为有着因果关系，在家庭中没有受到父母严格管教或者缺乏父母温情的青少年，在学校和同伴团体中可能变得有攻击性。特别是青春期，如果父母管教不严厉，青少年很可能行为越轨，甚至加入犯罪组织。奥里文思（Olwens，1993）的研究表明，持续欺凌他人的青少年可能来自缺乏温暖的家庭，这些家庭往往有极严厉的家教，很有可能这些青少年在家庭中受到了压迫而把情绪转移到其他个体中发泄出来，造成欺凌行为。罗纳尔多等（Ronaldi，2012）分析研究了专制型、民主型和忽视型父母教养方式对子女行为的影响，发现忽视型父母教养方式对于子女不良行为习惯的养成呈现显著相关性，民主型和专制型父母教养方式对于子女正确的行为方式起着显著的促进作用。

我国学者蒋奖（2004）的研究表明，青少年行为问题与父母教养因子的情感温暖、理解呈负相关，而与惩罚严厉、过分干涉、偏爱、拒绝否认和过度保护呈正相关，即感受到父母的理解支持能够减少青少年的行为问题，而父母过于严厉或过于溺爱会增加青少年的行为问题。于志涛等（2006）的研究显示，犯罪青少年的父母教养方式存在极端化倾向和双亲教育严重分歧的缺陷。陈欣（2006）的研究显示，父母的惩罚严厉、过分干涉和母亲的惩罚严厉，与青少年的攻击性行为有显著正相关。

综合以往研究发现，青少年学生的问题行为与父母教养方式有着紧密联系，父母对于孩子过于宠爱或者严厉都会对孩子的成长造成负面影响。在教育孩子过程中，建议家长多关注孩子的内心活动，给予足够的支持和尊重，并能对孩子的行为起到监督作用。当他们做出违反社会道德的事情时需要严厉批评，当他们有进步或者表现出好习惯时给予及时的表扬。教养方式是可以通过后期的学习摸索不断改善的，父母必须正视在家庭教育中的偏差，不断调整自己的教养方式，方能发挥家庭教育在育人上应有的作用。

三、家庭结构对青少年心理的影响

(一)家庭结构概述

家庭结构是指家庭成员的构成及其相互配合、组织,相互作用、影响的状态,以及由这种状态形成的相对家庭规模、家庭类型和家庭模式,即家庭全体成员和各种角色所形成的综合关系。健全健康的家庭是最为理想的家庭结构,在这种家庭中,家庭氛围融洽,家庭成员互相关心,父母能够共同承担起抚养和教育子女的责任,使个体健康成长。而家庭结构不健全的家庭,一旦教育不当,则会对子女的成长产生副作用,影响子女的社会化及身心健康发展。

(二)家庭结构分类

家庭结构根据父亲、母亲和孩子的组成模式,通常可分为三类:核心家庭、单亲家庭和重组家庭。

1. 核心家庭

核心家庭由父母及其子女两代人所组成,这种家庭结构最常见,家庭成员间的关系比较简单,只有一个家庭决策中心。在传统社会关系中,家长通常是核心家庭中的中心,然而这种形式正在向以孩子为中心的趋势发展,孩子成为了全家关注的重点。这种趋势一方面体现了父母对孩子成长教育的重视,另一方面,也反映出父母的家庭教育观存在着一些偏颇。把孩子摆在不恰当的中心位置,一切围绕孩子转,在一定程度上影响了子女正确的自我认知,使其难以接受来自父母的理性教育和严格要求。

2. 单亲家庭

单亲家庭是只有父亲或母亲一方,与其未婚的、年龄在18周岁以下的、不具备独立生活能力的子女共同生活的家庭。主要包含三方面含义:①家庭成员关系只有一种,即只有单一父亲或母亲与子女关系。②子女有年龄界定,以成年为标准。我国年满18周岁的人在法律上已被赋予成年人的权利与义务,因而单亲家庭子女的年龄界定在18周岁以下。③子女的婚姻状况应是未婚且不具备独立生活能力。

总的来说,单亲家庭的存在可能有以下四种情况:①丧偶式单亲家庭。丧偶式单亲家庭是家庭内部配偶一方去世,另一方与未成年子女共同生活。②离婚式单亲家庭,即夫妻双方经法定程序解除婚约,父母一方与未成年子女共同生活的家庭。目前,离婚式单亲家庭的比例正在逐渐增大,成为单亲家庭的主要形式。③未婚式单亲家庭。未婚男女未办理法律手续同居后所生的子女与父母一方共同生活。④分居式单亲家庭,指仍保留夫妻名分,在一定程度上夫妻的权利、义务得以保留,但夫妻不共同居住在一起的家庭。

3.重组家庭

重组家庭是指子女的父母有一方并非是亲生父母,并且可能有其他子女在一起生活的一种家庭结构。按照家庭结构的划分,重组家庭又可以分为三类:①生母—继父家庭,由妻子、妻子的亲生子女、丈夫组成的家庭。这类家庭在重组家庭中最具有教育优势,因为在家庭教育中,母亲的教育任务和教育影响力往往大于父亲。②生父—继母家庭,是由妻子、丈夫、丈夫的亲生子女组成的家庭。③继父—继母家庭,是指妻子、妻子的亲生子女、丈夫、丈夫的亲生子女组成的家庭。继父—继母家庭是重组家庭中关系最复杂的一类,因为在家庭中至少有两个非一方父母亲生的继子女,在家庭教育过程中存在着诸多困难。近年来,随着离婚率的不断升高,重组家庭的比例不断增大,对重组家庭孩子的教育不容忽视。

(三)青少年心理与家庭结构的研究

家庭结构不是家庭人数或家庭代次简单的相加,而是他们的有机组合。家庭的变化、父母的离异、父母的再婚,都会让孩子的心理受到伤害。核心家庭的破坏使其赖以生存的美好家园遭到破坏,家庭给予孩子的安全感和归属感骤然减少。

陈会昌等(1990)指出,父母的婚姻状况发生变化,不完整或不和睦的家庭往往无法全心全意地照顾孩子,使得孩子长期处于家庭的纷争中,体验不到家庭的温暖和关爱,没有安全感,因而比较容易出现孤僻、自卑、抑郁等内隐性问题行为和打架、违纪等外向性问题行为。卢元奎等(2001)的研究也表明,与核心家庭和大家庭相比,以单亲家庭学生的心理问题居多。目前研究显示,特殊家庭学生在SCL-90测试中抑郁、焦虑、恐怖、人际关系诸因子上的得分显著高于核心家庭组。单亲学生在社会交往中有较高的焦虑感、较强的孤独感和明显的外部归因倾向,离异家庭不同的家庭结构会直接影响孩子能否得到完整的家庭关爱。长期的感情缺少,会使其心理产生创伤,导致问题行为的发生,严重妨碍孩子的健康成长。另有一系列研究表明,在单亲家庭和重组家庭中,发现有抑郁症状的儿童多于其他家庭,而且这种家庭结构不仅只影响到童年的生活,对成年以后生活中的幸福感还存在影响(Amato & Juliana,2000;Aquilino & Andrew,2001;Susan,2006)。

四、家庭心理指导

(一)家访

家访是学校教师深入学生家庭进行访问的一种教育方式,也是促进家校合作的一条重要途径。俗话说得好:来者便是客。通过家访活动,一方面能够建立起良好的家校合作关系,以赢得家长对学校教育工作的认同和支持;另一方面,也有利于教师采集学生家庭的相关信息,了解学生所处的成长环境,以便更有针对性地对学生及家长给予帮助和指导。

1. 强化家校联系

学校和家庭是两个独立的社会系统,而家访活动是架起学校与家庭之间沟通的桥梁。通过家访活动,教师向家长传递出认真、负责的教育工作者形象,有利于赢得家长的信任。家长对学校的信任对后续教育工作的开展是至关重要的。同时,教师和家长在面对面的交流中,能够综合分析学生在学校及在家庭两方面的表现,全面认识学生,制定出最有利于学生成长的教育对策。

通过家访,加强了学校与家庭之间的联系,学校和家庭在学生的教育问题上,不再是相互隔离的孤岛,而是能够互相沟通、互相探讨,以形成教育合力,为学生的发展创造一个和谐的环境。

2. 采集家庭信息

学校一般会通过问卷调查及电话访谈的方式采集学生的基本信息,但是通过问卷调查和电话访谈的方式收集的信息是片面的、表面的,甚至一部分家长会刻意隐瞒家庭的真实情况,这对学校全面、客观了解学生的家庭状况造成了阻碍。通过家访,教师能够观察到学生居住的周围环境,了解学生真实的家庭结构,感知学生和家长之间的互动模式,掌握学生父母的教养方式等一手信息。

心理学家和教育学家一直在强调原生家庭的重要性,原生家庭对一个人的影响可以说是持续终生的。在开展教育工作的过程中,了解学生原生家庭的状况,掌握学生真实的家庭信息,有利于对学生心理异常表现和问题行为进行准确识别与评估,以便制定相应策略对症下药。

(二)家长学校

家长学校是以学生的家庭成员为教育对象,以促进每一个家庭成员的素质发展与家庭和谐幸福为目的的一种教育组织形式(李季,2009),具体包括专题讲座、会谈讨论、亲子活动等。

1. 专题讲座

一直以来"望子成龙""望女成凤"都是中国家长的普遍心态。伴随着信息化和智能时代的到来,父母身上的社会压力和担子也变得越来越沉重,而有些时候,很多父母自己都无法处理好自己的情绪,甚至将自己身上的压力和情绪转移到孩子身上,无疑进一步加大了孩子的心理压力和对抗。此时的父母并非有意站在孩子的对立面,他们只是缺乏科学的教育方式。有关数据显示,目前父母与孩子存在问题比较多的就是亲子沟通。在一个家庭中,如果缺少正确的沟通,即使是一个充满"爱"的家庭,也无法让"爱"流动起来,由此导致孩子与父母之间情感出现隔阂。

因此,家长学校应开展相应的专题讲座活动,例如请专家分析各阶段学生的心理状况,传播正确的家庭教育观念和科学的教养方式,提倡家长要尊重孩子、理解孩子,为孩子营造一个民主、平等的家庭氛围;也可以请专家介绍一些有效的家庭沟通策略,鼓励家长积极、主动、有效地和孩子进行沟通,增进彼此了解。

2.会谈讨论

会谈讨论是由教师主持,家长和家长、家长和教师之间进行互动、分享的一种组织形式。在会谈讨论中,家长和教师可以聚焦某一教育问题进行深入的探讨,这些教育问题来源于日常教育教学管理过程,往往能够引起家长们的共鸣,通过学校和家长之间的探讨、交流来达成解决问题的共识。同时,部分家长具有一定的教育资源和家庭教育经验,在分享的过程中,家长之间可以学习彼此可取之处,反思自身教育方法的正确性,教师也能够从家长身上学习到不同的教育经验。总而言之,会谈讨论是一种教师与家长进行双向交流的形式,是学校进行家庭教育指导过程中的重要一环。

3.亲子活动

专题讲座和会谈讨论都是从理论层面对家庭教育进行指导,而亲子活动则为学生和家长搭建了实践互动的交流平台,是从生活层面对家庭教育进行指导。亲子活动包括第三章中提到的组织亲子户外素质拓展和共进午餐的"亲子研学"活动,也包括"家长开放日"和"家庭活动"等形式。学校在特定的日子可以向家长开放教育教学活动,让家长参与到教学活动中来,陪伴孩子一起学习;其次,学校可以布置"家庭作业",鼓励家长和孩子进行家庭活动,例如:亲子角色互换,孩子扮演父母的角色,父母扮演孩子的角色,双方互换角色操作对方的日常行为;户外活动,利用假期的时间,父母和孩子一起外出旅游、观看博物馆展览,以实践行动促进情感交流。另外,也可利用传统节日,邀请家长到学校或户外和孩子一起过节。

第二节　拒之"门外"的痛
——家庭情感体验与情感教育途径探析

摘　要:每个人的成长都离不开一定的环境,环境对人成长的后天影响比较大,不同家庭环境带给人的也是不同的情感体验。笔者作为一名女性班主任,平时对一些易发生问题的女生比较重视,特别是对这些学生的家庭教养情况尤为关注。经过近一年的深入调查分析,结合相关研究,笔者发现:易发生问题的女生的家庭成长环境分别表现为"缺氧家庭""濒危家庭""病态家庭"以及"癌变家庭",给学生所带来的情感体验也分别体现为"真情寻找""被遗弃""错爱""混淆是非"等。因此,笔者通过"四类家庭"的情感体验分析,提出了在对易发生问题的女生教育管理过程中实施家庭多元情感培育的途径。

关键词:问题女生;情感体验;情感教育

"问题女生"是一个比较特殊的群体。家庭成长环境、学校环境和社会环境等诸多因素都将影响孩子的成长,特别是孩子的第一成长环境——家庭环境,对孩子的影响最为关键。这里的家庭环境不仅仅是指父母等成员的文化素养、职业类别、经济状况这些看得见的因素,更重要的是健全的家庭结构和父母在孩子成长中给予的精神和心理的潜移默化的影响。"问题女生"多数处于不健全家庭中,比如单亲家庭、重组家庭、暴力家庭、隔代抚养家庭、溺爱家庭等。在这样的家庭中孩子未得到良好正确的情感引导和健康的心理引导,导致行为习惯、人生观和价值观发生了扭曲,她们厌弃学习,叛逆而为。为了一个个鲜活生命的健康成长,专门教育工作者需要深入、细致地了解造成她们不良情感体验和形成不良行为习惯的因素,探析积极、有效的培养途径。

一、问题家庭与情感体验

"问题女生"的不良人格和行为习惯的形成除了与自身的人格密切相关外,还受到一系列外界环境的影响,主要有三个方面:家庭环境、学校教育和社会环境。家庭情感体验、学校情感体验和社会情感体验的缺失,是造成问题学生行为偏差和人格扭曲的重要因素。

家庭是一个孩子人格和行为习惯形成的最初的、最重要的环境。孩子从呱呱坠地起就处在一个家庭中,家庭的生活条件、家庭成员结构、家庭成员关系、家庭成员素养、家庭教育管理方式及家庭和谐氛围等从一开始就影响着孩子的一点一滴。孩子在成长中耳濡目染家庭中的一切,在其幼小的心灵中烙下了深深的印迹,无形中孩子的言行、举止、行为、习惯、待人接物的方式便渐渐形成。家庭也是孩子接受教育的启蒙场所,良好的家庭环境中成长的孩子,一般来说,人格是比较健全的,而问题家庭中成长的孩子,则往往不能得到亲情的良好的慰藉,进而导致学生的日常行为习惯与同龄段学生表现出极大的反差。结合相关研究,我们把当前的问题家庭分为"缺氧家庭""濒危家庭""病态家庭"以及"癌变家庭",下面笔者将结合案例对这四种家庭进行分析。

(一)"缺氧家庭":家庭关系的冷漠引发学生的"真情寻找"体验

"缺氧家庭"一般是不完全家庭和单亲家庭,这在"问题女生"中比较普遍。在调查的 13 位女生中,其中单亲家庭就有 7 位,比较贫困的主要是外来务工家庭的子女。很多父母忙于奔波，疏于对女儿的教育引导，很难及时发现女儿的反常表现，即使有时候感觉到女儿的一点异样，也不去正确引导，致使孩子认为家长对她们不关心，于是会做出更叛逆的事情来引起家长的注意。在她们的意识里，只有她们做坏事，家长才会去理会她们，以此来寻找她们所要的"真情"，久而久之，行为偏差越来越严重。

案例一：婷，初二女生。在校园里，她是一位比较阳光和开朗的女孩。起初，笔者还以为她是一个生活在健全家庭的孩子，但是了解了实际情况后，着实让笔者感到很心痛。父母离异，三岁多的她直接被寄养在表姐家里，由表姐和表姐夫照顾，父母只给予经济上的供给。大约三四年后，她被送回台湾生父（商人，经济优越，用"金钱来抚养"孩子）那里。几年后，因为表现不好，又被送回了表姐家里。一次作文中她这样写道："年龄渐长的我对这样的生活感到不安和厌倦。"渐渐地，她开始旷课、逃学，甚至夜不归宿，以此想引起妈妈的注意。表姐夫来送她的时候如是说："毕竟不是自己的孩子，每次夜不归宿，无论多晚，他们都去寻找，直到找回。之后担心发生意外，承担不了责任，就把她送到了生母重组的家庭中。"生母和继父有一个孩子，两个人经常拿两个孩子比较，觉得婷很不听话、不懂事，就放任不管，夜不归宿也不寻找，孩子也就觉得父母一点都不关心她。作文中婷写道，她"想引起家长的注意，自己认为没有别的办法，只有做坏事"。因为在她的记忆里，她想回到妈妈身边，通过夜不归宿达到了目的。她认为只有这样做，大人们才关注她。回到妈妈身边后，漫天的指责和不满，让她觉得父母又一次抛弃了她。这种拒之门外的感觉又促使她做坏事，想再次赢得家长的关注，然而父母并没有意识到这些，只是一味地指责和埋怨。在多次与家长的沟通交流中，笔者深深地体会到：在这样的家庭中，孩子显得那么不起眼，那么可怜。

案例二：倩，初二女生，单亲家庭。一眼看去，她是一个温柔、美丽的女孩子，可是了解了她的经历后，笔者的心很痛。五岁之前，她有一个温馨的家，父亲是公务员，母亲美丽、温柔、贤惠。在我得到她的信任后，她开始在我值班时主动找我聊她的经历。五岁时，因为父亲的外遇，坚强的母亲带着她远离家乡来到这里。小时候的她很乖，随着年龄的增长，因为没有父亲的呵护，她的性格和心理逐渐发生变化。十一二岁的时候，第一次离家出走，身上的钱花光后，为了生计，她在网站上看到了"缺钱的进来"这样的信息，通过 QQ 联系到了人。

起初他们借她钱用，说得很好，但是一段时间后，他们开始讨账，还恐吓她。没有偿还能力的她，因为害怕、恐惧，不得不听从他们，被迫与人发生了性关系。之后就开始自暴自弃，逃学旷课，为了赚钱，甚至到酒吧去做营销等。与她妈妈的交流中，笔者了解到一个母亲的无奈和无助："我没有什么文化，又过早离异,让孩子受了委屈,只能物质上尽可能地满足她,对孩子的教育引导也不知道怎么表达和交流。每次跟她聊的时候,我很想跟她好好说,可是不经意地又引起孩子对我更大的矛盾。"听得出妈妈很疼爱这个女儿,离异后一个人带着她,很多事情顺着她,尤其是发生那件事情之后,生怕女儿会再发生什么,更加无从引导了。

案例分析:以上两则案例都来自离异家庭,这样的家庭在"问题女生"中较为普遍,父母与子女的关系淡漠,两代人之间有着看似不能逾越的代沟和不可调和的矛盾。父母忙于工作,疏于关心孩子,缺少与孩子的沟通和交流,仅仅限于满足孩子的物质需求,不能从情感上、精神上更好地关心子女。一方面,学生因为得不到父母的关注而变相地通过他们认为可行的行为来引起父母的注意,久而久之,父母的漠视反而让他们越陷越深;另一方面,离异家庭由于各方面的原因,无法在经济和时间上给予孩子足够的支持和关注,孩子"真情寻找"体验的欲望越来越强,这也加速了他们走入"逆时流"的步伐。

(二)"濒危家庭":家庭关系的破裂导致学生的"被遗弃"体验

在"濒危家庭"中父母关系已逐渐破裂或者完全破裂,父母间的感情纠葛对已懂事的女儿造成了严重的伤害。一个温馨的避风港突然消失,父母的"冷战"和唇枪舌剑使孩子的感情遭到沉重打击。抑郁、焦虑、恐惧与怨恨浮现在她们的脑海中,导致其性格和行为发生异常:孤僻、多疑、任性、暴躁、厌学、夜不归宿,开始在外面肆意挥霍自己的人生。在调查的13名学生中有两位属于这类情况。

案例:小薇,初二女生。一眼看去,小薇是一个很文静、纤弱、秀气的女孩子,谁都看不出她是一个旷课、夜不归宿、混迹社会的女孩。父母亲因为闹着离婚,每天争吵,不顾及女儿的感受,甚至有意无意间把愤怒发泄到女儿身上。这样的拉锯战已经一年多了,目前夫妻还没有正式离婚,但小薇已经很久没有感受到三口之家的温馨了。在她的日记里曾多次写道:"多么希望爸爸妈妈不要争吵,多么渴望有一个完整而温馨的家庭。"在与她聊天时,她也提到不想回到那个所谓的"家"。她美好的愿望彻底破灭了,她成了一个被"遗弃"的"孤儿"。心理上极其"孤独"的她为了表示抗议,开始逃学、旷课、不回家、混迹社会、出入歌舞厅等。看到女儿的这些变化,比较强势的母亲并没有好好地分析女儿变化的原因,不能与女儿进行有效的沟通,因此很难走进女儿的内心世界,母女间的隔阂也就越来越大。其结果就是,孩子觉得自己的存在是多余的,是被遗弃的一个"孤儿",其叛逆心理愈加严重,甚至摧残自己的肢体,嫩白的手腕上划出一道道鲜红的血痕。

案例分析:这类问题家庭的问题学生也较为典型。家庭情感的纠葛,一方面忽略了孩子的感受，另一方面也把孩子卷入了这场无休止的纷争。夫妻关系的破裂，受伤害最大的是孩子。他们是无辜的、可怜的，他们无从选择，也没有办法来愈合，只好躲避、远离家庭，封闭自己，与至亲的人之间没有了共同语言，没有了沟通的纽带，在这个"家"里，他们成了"弃儿"，成了名副其实的"心理孤儿"。在他们心里，一种"被遗弃"的情感体验让他们觉得自己是如此多余，这样一来，他们走入歧途的可能性很大。

（三）"病态家庭"：家庭关系的不当激发学生的"错爱"体验

"病态家庭"主要有两种情况：一是溺爱孩子的病态家庭；二是冷落孩子的病态家庭。这两类家庭都缺少正确的教育管理方法。前者家庭中生活的孩子自私、放纵、以自我为中心。被冷落的家庭中的孩子缺少亲人给予的真爱。孩子在这样的家庭中，行为习惯很容易走上极端。

案例一：Rose，初二女生，家中独女，父母非常宠爱，遇到事情，只要她说，"不答应我，我就离家出走"，父母就会妥协。一次周末晚上，她定好了凌晨两点多的闹钟（爸爸看欧洲杯到凌晨两点），等爸爸睡下后，带着早已整理好的包和储钱罐里的钱离家出走。笔者通过一天的努力，终于在下午五点左右把她"约"到了一酒店门口，随即让爸妈去蹲点，把她找到，送回学校。又到周末，她再次从家中逃跑，反复两次后，父母妥协了，只要她愿意，只要她会回家就随她了。学期末，跟家长已经沟通好参加期末考和学校的家长会，然而期末考前一天联系家长时，家长却说学生不参加期末考了，并且已经带女儿出去旅游了。听到这样的消息，笔者对家长对孩子的溺爱程度深感愕然。

案例二：云梦，初二女生。与 Rose 相比，她是一个可怜的孩子，虽说生活在一个完整的家庭里（父亲常常在外做工，妈妈照顾家里），但得不到正常家庭中应该得到的母爱。最初母亲对她的期望很高，做不到就会对她痛骂和打击，忍受不了后她开始叛逆，跟家长对着干。固执的母亲也放弃了对孩子的管教，让她自生自灭，死活跟她没关系（这是我电话那端经常传来的她母亲的言语）。父亲脾气暴躁，回家听说女儿犯了错误，上来就是拳打脚踢，结果造成云梦的逆反心理与日俱增，对立情绪日益严重，脱离家庭的束缚就成了她唯一的选择。她通常流落在外，从"朋友"那里得到心灵的慰藉。她逃学、旷课、混迹社会，做一些伤害自己甚至违法的事情，几次进出派出所。

案例分析：以上两类家庭的教育管理方式都是不当的。过度的疼爱会模糊父母的双眼，从而看不到孩子的缺点。而一味的打骂和否定，却让孩子感受不到做孩子的乐趣和来自家庭的温馨。这样的家庭教育，很难帮助孩子树立正确的人生观和价值观，无形中，他们会认为自己做的都是对的或者自己做什么都是错的，自以为是抑或自暴自弃的情绪便会蔓延，而所有这一切都是因为

"错爱"的情感体验导致的,溺爱不会让孩子得到正确的引导,冷落更会让幼小的心灵受到创伤。

(四)"癌变家庭":家庭关系的失态促成学生的"混淆是非"体验

这种类型的家庭在所有问题家庭中占少数,家庭中的主要成员道德品行比较恶劣、为人父母的基本道德规范缺失。当孩子犯了错误、出现劣迹时,不是正确地教育和引导,而是把责任推给他人,默认孩子的错误行为,甚至教唆孩子一起讲谎话、失诚信等。

案例:阿伊,初一女生。父亲是一个无业游民,经常酗酒,参与赌博,最后连家里的房子都卖掉还债,一家的生计落在母亲一人身上。母亲受够了父亲的"泼皮"与"无赖"(阿伊妈妈的原话),要离婚。阿伊周末从家中逃跑,父亲谎称生病在家。笔者经过不断努力,几次得知她所在的位置,父亲从来不去找。当得知阿伊在酒吧坐台,有时卖淫甚至吸毒赚钱时,及时联系其父,他竟然说,故意让女儿在那里做诱饵,收集证据。生活在这样的家庭里,孩子真是可怜至极。

案例分析:这一案例再次让我们意识到家庭环境对于一个孩子行为发展的重要影响,特别是父母的行为习惯更是直接影响着孩子的成长。他们甚至不知道什么是对的,什么是自己不应该做的,在他们眼里,他们的所作所为既符合了父母的行为规范,更未得到父母及时的纠正,孩子从小便"混淆了是非"。他们一旦依赖于一种错误的行为而生活,那么要想摆脱便变得异常困难,特别是当家庭无法给予及时的关注和理解时。

家庭环境的好坏直接影响着未成年人的行为与价值取向。以上四类"问题家庭"中成长的女生,她们与父母之间是存在隔阂的,没有共同语言,尽管是家中的一分子,但是这个家对她来说只是一个可以落脚的地方,她们成了一个个心理上的"孤儿"。因此,专门教育者有必要重视孩子家庭情感的培养,弥补情感体验的缺失,对于孩子良好行为习惯的养成、健全人格的形成具有重要的作用。通过以上案例不难发现,"问题女生"生活的家庭环境令人担忧,她们的今天与她们生活的家庭环境有着必然的联系。为了她们的健康成长,弥补家庭情感体验的缺失,找到一条持续、有效的培养途径就显得至关重要。

二、构建家庭多元情感教育途径

(一)走进女生的心里,进行心与心的对话,搭建师生沟通的桥梁

"问题女生"长期生活在问题家庭中,人生观和价值观已经发生了严重的扭曲,她们对家长和外界封闭了自己的内心世界。作为专门教育工作者,我们首先要搭建沟通的桥梁,走进她们的内心世界,从心理上对其进行辅导,让她

们能够悦纳自己、悦纳老师。把老师的诚心和尊重留给孩子,工作中放大孩子的优点,肯定每一次进步,生活上给予细致的关怀,只有这样,她们才会敞开心扉,把一个真实的自己呈现给我们。在此基础上,教育管理者才能根据学生的不同情况,施以不同的教育,做到有的放矢,教育才会取得更好的成效。

(二)加强"问题女生"的生命健康教育,培养"自珍、自尊和自爱"心理

"问题女生"较多的是因为在家庭中得不到应有的爱、应有的教育而转向社会寻找自认为"合情合理"的爱(这种所谓的爱甚至出卖了自己的肉体),以此来满足自己内心的孤独和恐惧。这种心理由于她们心智的不成熟而极容易在与人的交往过程中迷失自己,也迷失自己的人生。她们所谓的对某种生活或者行为的喜欢,往往是因为她们认为自己的内心深处终于找到了能够抚慰创伤的生活,她们不能"自珍、自尊、自爱"有时成了她们无奈的选择。生命、健康、廉耻在她们看来都已经不再重要,因为她们在最应该得到亲情、懂得道德底线的年龄段里,感触到的却是无尽的孤寂。因此,专门教育工作者应该付出更多的爱,更多的责任心去试图弥补她们的一些情感缺失,尽最大可能纠正她们的行为习惯和扭曲的道德观、人生观,通过各种方法让她们意识到她们的一些行为习惯的错误,从而学会珍惜自己的身体,懂得尊重自己、爱护自己。

(三)注重"问题女生"的情感培养,进行施恩教育

夏丏尊先生曾言:"教育没有了情爱,就成了无水的池,任你四方形也罢,圆形也罢,总逃不了一个空虚。"这种"空虚"的后果是无比可怕的,因此,关注孩子的身心健康成长,情感显得尤为重要。人的情感发展是教育中的一个本源性、根基性的问题。情感是人内在的、独特的一种体验,是人真实意义的表达。教育的对象是正在形成中的个性最细腻的精神生活领域,即智慧、感情、意志和信念。在"问题女生"的教育管理中,必须要重视她们的情感培养,让她们体会到真爱,并能从真爱中体会到来自父母、学校、亲友等对她们的关心和付出,激发她们的情感,懂得滴水之恩当涌泉相报的传统美德。借助课堂、集体活动和社会实践,由点到线到面地进行感恩、重恩、报恩等的教育。

(四)转变家长的教育管理方式,拉近亲子关系,搭建家校教育管理合作平台

"问题女生"基本来源于"问题家庭",转化"问题女生"的重要途径,便是在转变家长的教育管理方式的同时,搭建家校合作的教育管理平台,这其中,班主任和学校层面分别担当着不同的角色。

一是班主任层面。把学生对家庭、父母那种内心的渴望告知家长,让他们能够真正地了解自己女儿的所思所想,只有这样,家长方能从孩子角度考虑,寻求更好的教育管理方式,孩子才会在家庭中得到更多的情感体验,教育才会取得成效。比如,案例中提到的婷和小薇,笔者把一家三口约在一起,把婷写的作文交给他们看,并分析婷的想法。听完之后,笔者发现婷的妈妈流泪了。

小薇的爸妈在看了她的日记后也意识到了两人感情的纠葛带给孩子的伤害。笔者相信,他们已经意识到了自己在教育管理中的失误。婷从妈妈的眼泪中再次体会到了浓浓的母爱。倩的案例中,笔者经过一个月的坚持和努力,用真诚和负责任的态度打动了这个"无助"的母亲,现在的她非常信任笔者,每次都会及时反馈孩子在家里的表现和孩子存在的一些问题,甚至就如何与女儿沟通等问题也会主动跟我交流,倾听我的意见和建议。现在的倩,比以前进步了很多,同学间的一些摩擦,她会很好地处理,跟妈妈的关系也融洽了很多。作为"问题女生"的班主任,要懂得与家长搭建良好的交流、沟通平台,要懂得及时把学生对家长的一些看法和建议反馈给家长,要懂得指导家长在教育管理孩子过程中的不当行为和交流方式以化解亲子之间的矛盾。

二是学校层面。创设良好的家校合作平台。结合家长的要求,借助一些形式,给家长一些家庭教育管理上的指导。从目前的管理模式("五加二")来看,学校里管理严格、规范,学生的某些习惯会得到不同程度的修正,但是双休日回到家以后,由于父母的监管不到位,学生很快便又回到了以前的状态。这样便出现了"走一步,退三步"的情况,教育效果可想而知。教育本就是复杂的过程,学校和家庭只有共同承担起这一责任,才会让"问题女生"的教育转化成为可能。笔者坚信,只要持续努力,我们的工作终将会取得良好的效果。

(五)教育管理者要加强责任意识,奉献爱心,工作落到细处

教育者的人格在一定程度上会影响到学生人格的发展。作为一名教师,首先要为人师表,做学生的楷模。言行举止要合乎规范,尤其是专门教育工作者。教育的对象是敏感的"问题女生",对她们不能说带有污蔑性的语言,否则让她们本已受伤的心灵再受到打击。教育者要在日常的教育和管理中,懂得欣赏学生,毫不吝啬自己的鼓励和表扬。"问题学生"的教育和管理责任重大,需要教育管理者能够正视自己的责任,担当起自己的岗位职责,奉献出自己的爱心,把工作落实到细处。

三、总结

教无定法,贵在得法。"问题女生"的教育和转化工作是一项耐心、细致而又持久的工作,是每一位教育工作者义不容辞的责任,也是素质教育过程中面临的课题。我们只要思想上不歧视,感情上不厌恶,态度上不暴力,方法上不随意,把一颗真诚的心扎根于"问题女生"的心灵深处,就一定能把"问题女生"身上的问题解决好。

(朱玉莲)

第三节　听,蔷薇花开的声音

摘　要:随着职业教育规模的扩大,越来越多的学生进入中职院校学习。这部分学生素质良莠不齐,给教学和管理带来极大困难。面对当前中职教育的现实情况,广大教育工作者应当以更大的耐心、细心和爱心了解学生实际情况,分析原因,因材施教,力争帮扶教育好每一位学生。

关键词:中职生;了解情况;帮扶教育

一、个案基本情况

小薇,女,17岁,高一学生。在校期间,虽然不会严重违反校纪班规,但是生活、学习上疲沓,个性孤僻不合群,与周围同学没有友情,这是她给我们班主任老师留下的第一印象。

一个周一早晨,小薇在升旗仪式结束后才来学校,一副睡眠严重缺失的模样,并且身上带有一股怪味。一个相貌清秀的女孩子弄成这样,让人又怜又气。从开学初到现在,这已经是小薇第三次迟到了,我们觉得不能再像之前那样只是言语叮嘱,而是要找她好好谈谈,了解具体情况。首先,我们电话询问家长她周末在家的情况,家长说小薇回家拿了钱,就不见人影。课后,我们找来了小薇,得知她这几次的迟到全都是因为周末整宿未归,在网吧玩了两天,凌晨累了就睡会儿,睡过头就迟到了。听到这里我们既疑惑又担心:小薇的家庭条件不错,肯定有电脑,为什么要舍近求远跑到网吧上网呢?并且还玩了两天,小女生在外面要是遇到有不良企图的人怎么办?

在我们的追问下,小薇告诉我们,她是被领养的孩子。10岁那年,她无意中得知自己不是现在的爸妈亲生的,因此时常被哥哥和周围的小孩子嘲笑。她很无助,不知道自己做错了什么。养父母虽然对自己很好,但言语中有时也会表露出鄙视自己的意味。哥哥在母亲的宠溺下很任性,常常欺负她,她只能沉默。

初二时,小薇成绩尚可,由于搬家,养父母把她转到本省一所很有名气的寄读学校,还为此花了好几万元。哪知转学后,小薇不适应新环境,因为个性敏感孤僻,与同学相处得很困难,成绩也直线下降。班主任对她多是采取训斥的方式,从那时起,小薇学会了泡网吧,穿奇异的服装,化妆⋯⋯以这种无声的形式反抗老师和家人的批评,整个人处于逆反的高峰期。养父母恨铁不成钢,一味地呵斥她不听话,小薇觉得他们偏心,只对哥哥好。这两年,小薇基本不在家逗留,她不想看到养父母对她失望的脸色,不想听到他们对自己的谩骂,所以选择逃避……

二、问题成因分析

(一)安全感缺失,以沉沦逃避现实

小薇在初中时成绩尚可,为什么现在会变成这样呢?根据她的自述,我认为,小薇得知了自己的身世后,没有得到养父母及时有效的安慰与开导,于是她惶恐不安,对生活、亲情充满不安全感,所以她的青春期一直都是极不稳定和叛逆的。在转学后,因为不适应新环境,成绩下滑,心理压力较大,老师又未能及时给予安抚与帮助。种种状况终于压垮了小薇,她开始怪异地打扮自己,逃学旷课出去玩。这都源于她逐渐迷失了生活、学习的方向和目标,她看不清未来,只能得过且过。

(二)家庭教育方式失当

很明显,小薇养父母的家庭教育方式是失当的。据小薇说,养父母对她并不缺少"亲情与爱",比如花好几万元为她转学,她生病时养父母背着她跑上跑下去看病,等等。那么,养父母与小薇之间的问题出在哪里呢?主要是教育方式与沟通方式方面。小薇养母的性格很强势,她批评小薇时不是就事论事,而是发泄情绪,常常骂小薇"小贱人""笨 X";分析原因时,只会指责小薇学习笨、不懂事、不争气,而没有意识到她对女儿的教育及关爱的缺失。爱有时会变成伤害,伤害也往往包含着爱的成分。在家庭教育和亲子关系中,青少年由于年龄尚小,一下子还不能理解这些糅合在一起的感情;加上青少年时期的逆反心理,很多时候孩子也会片面地理解父母的爱。因此,父母在教育孩子的过程中要注意表达方式。

很多时候,孩子的问题都是父母的问题,都是家庭教育的问题。孩子希望从父母那里得到的不仅仅是亲情与爱,还有尊重与安全感。有这样一种观点:父母眼里的孩子是怎么样的,孩子将来就会成长为怎么样的。具体而言,养母总是简单粗暴地训斥小薇"蠢、笨、贱",认为女儿是个失败者,长期处于这样的心理暗示下,小薇心里就会认为自己是坏孩子,用实际行动验证了养母的暗示。

三、制定方案,对症下药

(一)与家长沟通交流,纠正家庭的错误教育观念和行为

为了更全面地了解这个孩子,更客观地认识这个家庭,我去家访了。正如我猜想的,父母对小薇是关心的,物质上也尽量满足她。她的养父母怕别人说

闲话,其实从生活上一点也没亏待过她。在与家长交流时,我首先肯定了他们是爱女儿的。她妈妈也有一肚子委屈:"我既然抱养了她,当然待她如亲生女儿一样。我文化程度不高,有时候说话不好听,但也是为了她好。我没有考虑到孩子在这个处境下,其实是很敏感的。她越叛逆,我就越急躁,越口不择言,这样恶性循环,所以才导致如今的样子,她连家也不要回了。"我建议她学会控制自己的情绪,避免用伤害性的言语批评孩子。要以一颗平常心对待孩子,在爱的时候不要溺爱,在教训的时候要手(嘴)下留情。

(二)耐心细致,说服教育

改善小薇目前的状况,我主要采取谈心的方式。首先,让她理解养父母的爱,怀有感恩之心,这是小薇现在必须建立起来的认知。虽然养父母在教育方式上出现了偏差,但他们对小薇仍是有亲情与养育之恩的,小薇要理解他们的用心良苦,不能延续青春期的叛逆思维去解读父母在生活中的一些批评、责骂,认为那是父母不爱自己或者偏心了。这种说服教育虽然力度不大,见效不快,但是只要得法,抓住合适的契机,坚持不懈,一定会有效果。班主任管理工作本身就是贵在坚持,不是吗?

(三)创建亲子沟通契机

托尔斯泰曾说:"全部教育,或者说千分之九百九十九的教育都归结到榜样上,归结到父母生活的端正和完善上。"现在,家庭教育被摆在了不容忽视的地位上,亲子关系更是从孩子婴幼儿时期就开始关注了。结合我校正在开展的感恩系列主题活动,我们在班里开展了以"感恩父母"为主题的班会,创造亲子沟通的机会,改善家长与孩子的关系。借此契机,我也想推进小薇与家人的关系。班会之前,我特意打电话联系小薇的妈妈,让她一定要来参加这个活动。我永远也不会忘记,当小薇在心语板上写下自己想对妈妈说的心里话,妈妈激动地流下了真情的泪水,母女俩也拥抱在一起。这次活动,无疑让她们俩的关系发生了质的改变。

(四)发挥同伴影响作用

老师虽然是孩子的主要教育者,但很多时候,孩子并不能完全理解老师的意思,反倒是同龄人之间情感更易沟通,便于交流。所以,同伴的影响力,对孩子的发展也起着重要的作用。虽然小薇是个孤僻独立的孩子,但内心其实是很期待与同学交流玩耍的,只是不知道如何与别人交往,害怕人家取笑、看不起她,再次受到伤害。于是,我找来班里的心理委员,让她主动接触小薇,平常多跟她聊聊天;并且让班干部也多多帮助她,鼓励她参加班级学校里的各种活动。在与同学的关系渐渐融洽后,我鼓励小薇主动寻找朋友,同时教她懂得关心同伴,坦诚对待同伴。生活中充满了矛盾,同伴之间难免有误解,只有坦诚交往,才能维持友谊。所有的一切都是为了让小薇重新树立生活的信心,寻找生活的乐趣,而不是通过逃避现实和沉迷于虚拟的网络世界去荒废自己的青春。

四、蔷薇花开的声音

通过一学年的教育帮扶,小薇同学再也没有去网吧,每周一都按时到校。她说父母会在早上叫醒她,并且送她到公交站。我依然很关注她和家人的关系,我给她妈妈发短消息,希望她给孩子时间,给自己时间,学会等待,陪孩子一起走过这段青春岁月。我和小薇聊起她的近况,她说:"有时候妈妈说我,我没有顶嘴,也没有一走了之,等她气消后我再跟她谈。哥哥现在对我也很好了,我们两人经常一起出去吃饭。"说到这里,小薇的嘴角都是上扬的,我能感觉到小薇对于现在的生活应该是满意的。人际交往方面也渐渐成熟起来了,各个方面都向好的方向发展,小薇能有这样的转变,我甚是欣慰。

六月,预示着一个学年即将过去,热情洋溢的夏至时节来临。学校道路两旁都开满了一串串的蔷薇花,一朵连着一朵,给校园增添了一抹夏意。蔷薇茎上多刺,这丝毫阻挡不了我对它的喜好。没有不摇摆就绽放的花朵!听,蔷薇花开了,一朵,两朵……

五、个案小结

青少年学生正处于青春萌动的高峰期,他们的身体快速发育,思想发生着巨大变化,同时开始步入叛逆期,如果再受到家庭的不利影响,极易对外界产生心理上的排斥与对抗,甚至引发一些不良行为。所以,班主任对处在青春期的学生要予以关爱和帮助,取得学生的信赖,陪伴他们度过人生的"狂风暴雨期"。

学生的有些行为、思维是长期塑造形成的,非教师"一日之功"就能改变。我们所要做的就是找到适当的切入口,慢慢教育,慢慢改变。教育也需要"慢热",放慢教育的节奏,就像面对一个受伤的小羊羔,我们必须耐心为它包扎,给它调养的时间,而不能强行鞭策它跟上整个羊群前进的步伐。"疾风暴雨"式的方法只会加剧伤口的疼痛,是注定要失败的。

通过对小薇的帮扶教育,我深深体会到:班主任工作真是一门艺术,是要讲究方法与策略的。一个问题孩子背后,大多有一个问题家庭。班主任在解决学生问题时,也要重视家长的问题。在和家长交流的过程中,要合情合理、适时适度地对家长的教育方法提出中肯的意见和建议,尽力争取家长支持,形成家校联动合力。所以,作为一名教育者,尤其是班主任,除了自身的专业技能,还必须掌握各种咨询的理论和技巧。

最后,重温魏书生先生的一段话,和大家共勉:"世界也许很小很小,心的领域却很大很大，班主任是在广阔的心灵世界中播种耕耘的职业，这一职业是神圣的。愿我们以神圣的态度，在这神圣的岗位上，把属于我们的那片园地，管理得天清日朗，以使我们无愧于自己的学生。"

（龙丽君）

第四节　用"爱与责任"架起"家校联系"的桥梁
——记一则"亲情危机"案例

摘　要：与学校教育、社会教育相比，家庭教育对孩子的成长发展更加重要，这是因为孩子性格的养成与家庭教育紧密相关。本案例中的主人公就是典型缺少良好家庭教育、缺少父母关爱的孩子，家长和孩子之间没有真诚、平等、有效的沟通，这对学生心理和生理上都产生了一些消极的影响。基于此，笔者合理利用"家校联系"，架起了家庭和学校沟通的桥梁，用"爱"与"责任"的理念感化家长，从而起到了良好的教育效果。

关键词：家庭教育；家校联系；沟通

常言道，孩子是家长的影子，家长是孩子的镜子。孩子的教育，除了需要学校老师的引导，更离不开家长的配合和支持。我发现，在我接手的新生班里，越是成绩、品行有问题的孩子，越是缺少适当的家庭教育。

有人说，没有教不好的学生，只有教不好的老师。我不以为然。的确，任何人一出生，都是一张白纸，谁也不会从娘肚子里带来一身恶习。但问题是，我们的学校教育所面对的不是一张白纸，而是已经被家长、被社会涂抹过许多印记的纸，要想在这张纸上重新画出美丽的画，不是绝对不可能，但无法保证百分百成功。家长是孩子的第一任老师，是教育这条链上的第一环，我们面对的学生已经是被加工过的半成品；同时，孩子还潜移默化地受着社会的影响，这都决定了我们的教育不是从零开始。

一、初识"奇葩"家长

开班不久的一天晚上，我接到副班主任孟老师的电话，吴同学发高烧，校医让家长把孩子接回去做进一步检查，但家长拒绝接孩子回家。我赶忙给吴同学爸爸打电话，一听说我是班主任，吴同学家长态度非常恶劣，说孩子在你们学校生病，你们就得给治，是不是孩子死了才通知我们？你们就是不负责任！而且强调了好几遍孩子"死"这个字。我当时就觉得，这不像是一个正常家长嘴里说出来的话，孩子只是发烧，怎么动不动就说到"死"，我甚至感觉到他有敲诈的嫌疑。我表示，如果你在出差，学校可以派人先带孩子看病，或是由亲戚朋友先来医院陪同孩子。没想到吴爸爸再次吼了起来："我要是有办法，才不会把孩子转到你们这个垃圾学校！我没有告诉我们任何亲戚孩子现在在城西中学读书，因为这是件很丢脸的事情！"可见孩子家长极其不认可我们学校，更不配合我们的工作。后来是政教处赵主任晚上送孩子去了医院。凌晨一点多，赵主任短信告知我，孩子得了细菌感染性感冒，需要输盐水，吃药。

第二天，我来到学校，给吴爸爸打电话，可是电话无人接听，短信发过去，也没有回复。吴爸爸也没有主动询问我们关于孩子的任何情况，好像自己女儿昨天夜里生病和他一点关系都没有。吴同学病快快的样子很让人心疼，我把孩子安顿在值班室。我知道，昨天晚上家长没有接她，有同学小声议论她的家庭情况，她心里也是不好受的。我安慰她，可能爸爸出差太忙了，身体没事了就好。我小心地问孩子："你的家人呢？"孩子不大愿意跟我聊，只是很小声地说家里只有爸爸。

事后，我从招生老师那里了解到，孩子是单亲家庭，从小父母离异，其父没有固定收入，对孩子也是毫不关心，对老师更是不理不睬，原来学校的老师从来没有见过孩子的家长，也不指望家长可以帮助到孩子什么。对于孩子出生在这样的家庭，我很痛心，一方面为无辜的孩子感到难过，另一方面也为自己班上出现这样不负责任的家长而不安：孩子万一在学校出意外，真就成了学校自己的事情了。这样的家长做出什么出格的事都很难说。

二、发现问题

清明假期后的周一，我接孩子们回学校。我发现吴同学身上很脏，头发油乎乎的，衣服也是湿的，人也很没有精神。有同学跟我说，吴同学这几天都没有回家。夜不归宿，对于青春期的女孩子来说是很严肃、很危险的事情。我把吴同学叫到办公室，询问这两天的情况，孩子只是说和爸爸吵架了，她不愿意回家住。我说，你爸爸知道你不回家，会很着急的，你今天来学校，你爸爸知道吗？孩子摇摇头。我问她这几天吃什么，住哪里。她回答我说，中间她会偷偷回家拿吃的，拿钱，晚上就在公交车站、24小时书店里睡觉。我再问，孩子就不愿意和我多说了。我看出孩子其实也很难受，不愿意和我分享她的故事。估计是有什么难言之隐，我也不便多问，现在孩子可以顺利平安返校，已经是万幸。和她爸爸联系，电话仍是没人接听，我短信告知孩子的情况，给他发了很多条信息，他最后只回复了一条：我要是有办法，也不会转学到你们学校了。

接下来的几天,我有意多关注吴同学。我发现她在学校比较沉默寡言,没有朋友,女孩子的个人卫生习惯也不好,同学们会嘲笑她不洗澡、不换衣服。作为班主任,除了多督促,多指导,我值班的时候也经常找她谈心。慢慢地,我对她有了更多的了解。孩子其实很珍惜来城西中学的机会,也想让自己有一个好的转变,想证明给爸爸看。相对其他孩子,她学习态度比较端正,虽然基础薄弱,但她还是比较努力。她有时会跟我说很想妈妈,想周末回妈妈家,但是不知道妈妈在哪儿。她说,她和爸爸关系不是一直糟糕的,其实有时候爸爸对她还是很好的。可是自己的性格和爸爸很像,有问题谁都不愿意去解决,就是一味彼此置气,也不愿意面对对方。

我相信,没有一个家长一开始就是放弃自己的孩子的。我告诉吴同学,如果愿意和爸爸和好,要和爸爸主动沟通,这周末一定要回家住。又到周末了,我在孩子家校联系手册上认真写下了孩子的日常表现,表扬了孩子的优点,以及孩子渴望和爸爸好好沟通的想法,我想让爸爸看到孩子的进步,配合我们双休日的管理。

三、沟通无果

本以为事情就结束了,没想到周一一大早,我就接到××派出所电话,说吴同学已经被警察送到杭州大厦等校车处,警察也联系不到家长,让我去接一下。我和吴同学爸爸自然也没有联系上。怀着忐忑的心情,我把孩子接到了学校。这周孩子的家校联系手册上家长签字栏是空的,她仍没有回家。

在办公室里,我告诉她女孩子夜不归宿的风险以及我们的担心。她以很难启齿的样子对我说,老师,我知道我这样不对。其实我周六看到爸爸了,但是我不知怎么对他开口,我就偷偷藏在屋里,等他出去的时候我才出房间,晚上看他一直在家就跑出去了。看样子,这个孩子比我想象中倔强。这一周我除了更加关心她的生活和学习,和她聊天的时间也更多了。她告诉我,爸爸和家人关系不好,也不让她和亲戚有任何联系。她爸爸是出租车司机,总是很晚才回家,她经常一个人出去吃、住。我问她钱哪里来的,在外面流浪两天靠什么生活,她说学校经常发面包等零食,她会周末带回去吃。我想起来,班上有同学说吴同学经常吃得很多,学校发的零食别人不要的她都要去,原来是在储备干粮。她偷偷拿了爸爸不用的一个手机,可以与外界联系。她跟爸爸闹矛盾,起因就是这个手机。我也问了其他同学,发现她周末经常更新 QQ 动态。原来她偷拿了爸爸的手机,这周上交给我的手机就是偷拿爸爸的。

第三周周末来临,我坐立不安,孩子再不回家,真是太危险了。周五下午,我亲自把吴同学送到杭州大厦,事先查好了吴同学回家要坐的公交车(我怕她骗我不回家,告诉我假的公交路线)。我给了她一些零钱,把她送上公交车,交代司机她哪一站下车,然后就给她手机发信息鼓励她,相信她是个好孩子,可以和爸爸解释清楚手机的事情,一定要按时回家。我也给她爸爸发了信息,告知他孩子已经上了公交车。晚上,家长群其他家长都汇报了孩子回家的时间,只有吴同学家长没有回复。我打电话给她爸爸,结果吴同学还是没有回家。可想而知,这个周末,孩子又在外面游荡了两天。

四、主动出击

第四个星期,我决定家访,亲自开车带孩子回家。我询问吴同学原校老师孩子的家庭住址,老师说:"你家访她爸爸也不一定在的,我们去过,都没用的,她爸爸这个人很难弄,你一个女老师还是不要去了。"我想,无论什么情况,我还是要深入了解下,这个家长应该也有柔软的一面,出于面子,总不能不让孩子进门吧。很感谢吴同学原校茅老师陪我一起去家访,给予我工作的支持和配合。

周五放学,我送走了其他学生,把吴同学留下来,表明家访的态度。可以看出吴同学是有些不乐意的,但是她也没有直接反对我的做法。我们商量好四点半出发,我先带她吃饭,再开车送她回城北的家。四点二十分,吴同学趁我上厕所偷偷溜走了,还拿走了本应该是我交给她爸爸的那部手机。当时我很着急,和学校值班的老师开车找了她半个小时,可是我们在明她在暗,未果。随后,我着急地联系她家长。她爸爸很平静地说,都快一个月没有回来了,这周她是不会回家的,老师,你不用费心了。我表明随后去家访,她爸爸说,他晚上不在家,不知道什么时候回去。我说:"没关系,那我去你家楼下等你。"也许是我的执着让她爸爸实在不好意思,就答应六点在家等我。六点钟,我和茅老师准时到了吴同学家楼下。没人,我发信息给她家长,好久她爸爸才回复我说要晚一会儿到家。那天,我和茅老师一直等到晚上八点多,终于等来了吴同学的家长。他见到我们竟然等了他两个多小时,有些意外,把我们请进了屋子。

吴同学家庭条件一般,这个房子是他们租来的,因为和自己父母断了联系,吴同学姑姑、爷爷奶奶都住在丁桥,他们自己搬到了拱北小区。吴爸爸告诉我,和家人朋友不往来的很大原因是吴同学,他已经拿女儿没有任何办法了。他说,女儿不好好学习,整天玩手机,就没收了孩子的手机,可是孩子经常偷亲戚朋友家的钱财、手机,弄得他只能承认东西是自己拿的。他还说,女儿经常不回家,总是买一些乱七八糟的书看,也不愿意和他交流,不知道外面有没有交往社会上的朋友。我对吴爸爸说:"我也是家长,我相信家长都是心疼自己的孩子的,你知道孩子周末都是怎么过的吗?"吴爸爸说:"其实,我知道她周末会偷偷回家,我会在房间里故意放些吃的,我看到东西有动过,就知道她回来了。"我说:"吴爸爸,别看你口口声声说你不要管她了,其实你是很爱她的，你也担心孩子的安全，你只是管不住她了，很伤心。我理解你这种感受，我相信你是愿意和孩子和好的。这样，我可以帮你，但你要配合我。"随后，我告诉吴爸爸孩子的真实想法，她想和爸爸沟通，只是不知怎么开口，怕你不原谅她，不敢回家。吴爸爸说其实我也想和她谈谈的……我告诉他，孩子很想妈妈，她好几年都没有见到她了。她知道她妈妈、外婆都在绍兴，只是没有联系方式。如果你周末真的没有时间管孩子，是不是可以考虑和她妈妈联系下，让孩子见见妈妈？我相信她妈妈也会教孩子一些女孩子生活上的事情。现在孩子大了，想法多了，我们和孩子较劲是没有作用的。父母总认为自己过的桥比孩子走的路还多，这种"高高在上"的管教难以让孩子心悦诚服，"口服心不服"，结果只能是事倍功半。

我表示，孩子的脾气虽然倔强，但估计和原生家庭的影响关系很大，大家都憋着一口气，对解决问题起不到任何作用。而且孩子毕竟是孩子，不懂事，如果家长可以适当让步，多关心下女儿，多和她聊一些她感兴趣的事情，也许孩子慢慢就可以懂事起来。茅老师也表示，吴爸爸应该积极和我配合，老师的信息是要回复的。没有事情，崔老师也不会轻易去打扰家长，如果和你联系，一定是有孩子的事情要商量的。我趁机和他讲述了城西中学的管理理念，也表明了我们老师都是抱着"爱"与"责任"的态度，真诚对待每一个孩子，请他一定要相信学校，相信老师，配合我们，共同参与孩子的成长。

吴爸爸从开始的排斥到现在的若有所思，我相信，尽管他没有当场表态，但他一定是感受到了我的真诚和执着。他说，崔老师，我试试吧。第二天，他主动加了我的微信。我看到了希望。

五、初见成果

第五个星期要放"五一"长假了，让我很欣慰的是，周五下午，吴爸爸亲自开车到杭州大厦接孩子回家。接下来的日子，我看到吴同学精神面貌明显好了，话也多了起来。她主动对我说，老师，谢谢你，谢谢你告诉爸爸我的心愿，我爸爸"五一"假期真的开车送我回外婆家了，我见到了妈妈、外婆，她们都好想我。很开心看到孩子的变化，我发微信跟吴爸爸分享，没想到他很及时地回复了我，说谢谢老师。我每周仍旧在家校联系手册上认真记录孩子在学校一点一滴的进步，孩子的爸爸从起初的从不签字到后来可以给我在家长栏里留言，也会主动说一些孩子在家的表现。有一次，我提议教吴同学做两个简单的小菜，周末给爸爸做顿饭，他一定很高兴。周五放学，孩子真的询问我如何选黄瓜、买小葱。那个周末，我发信息给吴爸爸，周五一定晚上回家吃饭，我说孩子会给你一个惊喜。吴爸爸很是感动。

六、良好家校联系

母亲节到了,学校组织同学们给妈妈写一封信。当我布置这个任务时,我看到吴同学的脸上有些沉重,我悄悄告诉吴同学,如果你觉得有话给爸爸说,也可以写信给爸爸,表达对爸爸的感恩,我会转发给他的。孩子马上露出了笑脸,还跟我说,老师,7月20日是我爸爸的生日,我会给我爸爸送一个大礼物;父亲节的时候,我希望爸爸能和我一起吃大餐。微信上,我分享了吴同学给爸爸的信和女儿的心愿,她爸爸很真诚地回复我:学校老师教育得好,感谢老师。

一个学期结束,孩子不仅学习上有了进步,获得了"学习积极分子""班级三好学生"的荣誉,性格上也开朗了很多,乐于参加集体活动,交了几个知心朋友,人也变得更加阳光起来。

七、案例反思

这场家庭"亲情危机"事件很圆满地解决了,我用执着的态度和真诚的沟通换取了家长的认可,也赢得了孩子的信任。我用爱心架起了孩子和家长之间沟通的桥梁,这是我收获最多,也是最让我欣慰、引以为豪的事。

通过这个案例,我有了以下几点反思:

第一,对于"缺爱"的孩子,要给予更多的关注。缺爱的孩子往往性格特别一点,思想也早熟一点,但是容易走极端,比较叛逆;一般能力较强,事业心强,但内心缺乏安全感,拥有再多,始终担忧有一天会失去;比较孤僻,喜欢一个人不声不响地做事,看上去心事重重。研究发现,单亲家庭的孩子或者孤儿,一般都会存在缺爱的现象。由于吴同学从小父母离异,性格比较孤僻,对人的戒备心很强,作为她的班主任,我们除了在学校生活上给予她更多的关心以外,更要走进孩子的心里,消除她的顾虑,慢慢打开她的心灵,这是一切帮教举措的基础。

第二,要寻找孩子的优点,增强孩子的自信。鲁道夫·德雷克斯说过:孩子需要鼓励,就像植物需要水。鼓励对于孩子们的健康成长和发展,是至关重要的。要形成对自我价值的信念,孩子们需要有人倾听他们,并认真对待他们,他们需要知道"我很重要,并且有价值"。由于吴同学个人卫生习惯不好,同学经常反映她身上有异味,不爱干净,再加上她自己不爱说话,所以人际关系比较紧张。为了提高孩子在班里的地位,我们班主任积极挖掘她身上的闪光点。我发现她学习态度认真,英语口语不错,就鼓励她做英语课代表,英语早自习由她负责带领同学们早读。建班100天之际,她获得"学习态度认真奖";期末,我们授予她"班级三好学生"奖项。拥有了这些荣誉,吴同学变得更加自信,学习积极性更高。她也非常享受学校生活,她体验到了归属感和自我价值感。

第三,班主任要用认真执着的工作态度,改变家长对学校的印象。起初,吴爸爸对我们学校存有误解和不满,甚至是充满敌意的。但我们学校不是"垃圾学校",我们学校的老师也不是"垃圾老师"。虽然他很少接听我的电话,但我在班级群里发的任何一条消息,我都会复制一份单独发给他。每一周,我都会在家校联系手册上很认真地写上孩子的表现,肯定孩子每一次进步,提醒孩子的每一点不足。家访时,我毫无怨言地在门口等他两个多小时……我的认真执着换来了家长对我们的信任,我和吴爸爸的有效沟通也打开了他作为父亲的心结。当他看到孩子的变化,也改变了对我、对学校的看法。

第四,用爱与责任赢得良好家校联系,改变父女关系。孩子的教育不是一个人的事情,也不是一个人能够承担的责任。孩子的成长,不是只靠学校的制度约束、老师的教学管理来完成的,还得靠家庭的环境和家长的教育。在人格塑造中,家庭以其血缘的联系产生着潜移默化而又根深蒂固的影响。健全的人格不能缺少家庭文化情感的内化及熏陶。家长应该不断自我学习,更新教育思想观念,提高教育水平和能力。同时,家庭教育应该与学校教育更加紧密地结合起来,使孩子养成良好的行为和习惯,提高孩子各方面的素质。只有这样,我们的孩子才能得到真正健康的成长和发展。

学校重视"感恩教育",我们也抓住这个契机,经常给孩子进行爱的指导。我们用实际行动,让孩子"懂爱""学爱""去爱"。每次孩子有好的表现,我会主动发照片给家长。我会鼓励孩子做一些有益于缓解家庭矛盾的事情,比如教孩子做菜,帮他们沟通确定晚餐时间,让孩子给家长写信等。孩子家长也逐渐配合我们的工作,主动接听我的电话,回复我的信息,在家校联系本上反馈孩子在家的表现。最后,家校合作管理孩子的周末生活,共同参与孩子的成长。

八、尾声

一直以来,我都很喜欢这句话:教育是一门温暖的功课,温暖自己,温暖孩子。凡称得上教育的东西,绝对不能缺少温度,不能缺少人性需要的精神温度,不能缺少让孩子心灵富足的精神温度。我也时刻用这个理念指引着我工作的方向。从带班之初到现在,我无时无刻不在思考,我应该怎样才能做一个有温度的老师,带一群有温度的孩子,构建一个有温度的班级。探索的路上,我们渐行渐远,请相信,我们一直在努力。

（崔　萌）

第五节　爱本应该"疼"而不"溺"
——溺爱型家庭教育指导案例

摘　要：良好的家庭教育终身受益，不良的家庭教育贻误终生。近年来，溺爱式家庭教育愈演愈烈。众多家庭存在溺爱子女的现象，这不仅不利于孩子的身心健康，而且不利于社会的发展进步。笔者就从教过程中遇到的一个案例，探究家庭教育中的溺爱问题，继而提出有效的解决方案，让家庭教育系统化、科学化，让孩子拥有美好的未来。

关键词：溺爱；父辈；适度；祖辈；配合

一、情景再现

【画面一】

周五，还未到接送时间，小清便开始频繁地到办公室探询。接送时间一到，小清还未见到爸爸的身影，便拿起班主任的电话拨通爸爸的手机，大声地斥问道："喂，老爸，你到哪里了呀？……你狗爬啊，怎么要这么久？……是接我重要还是你的破生意重要啊？……爷爷？爷爷这个老不死的不用理他！……我警告你，你再这么慢吞吞，你可以去死了。"而电话那头的爸爸，自始至终和声细语。

【画面二】

在学校和同学闹矛盾后，小清把自己的书本扔在了地上。而后打电话给妈妈，破口大骂，放声大哭，边哭边叫嚷，一定要让妈妈马上赶到学校把她接回去，她一分钟也不想在这里待了。然而三分钟后，还我电话时，笑嘻嘻地对我说："老师，我心情好了，我不回去了。因为我妈妈答应周末带我去吃肯德基，并且买一条漂亮的裙子给我。"而后就像什么事情也没有发生过一样，到教室去收拾残局了。

【画面三】

某星期一的早上，小清拉着一大箱零食到学校。我们问这些零食是谁买的，她说："是奶奶给我钱我自己去买的呀，奶奶怕我在学校吃不好，所以让我自己多买点喜欢吃的东西。"而后边唠叨边把零食放到办公室的储物柜里。然后，她拿出一个新买的拍立得，跟班里的同学说："这个拍立得，我原本是叫爸爸给我买的，可是我爸爸说没钱，过段时间再买。我就哭闹着去告诉爷爷，结果我爸爸挨了我爷爷的一顿训，然后爷爷自己拿钱给我买了。"

【画面四】

为参加学校的趣味运动会,班主任组织全班学生到操场训练跳长绳。小清表现得很积极,然而开始后没有几分钟,她的积极性就明显消退了,拖拖拉拉。在跳的过程中,甩绳的同学不小心把绳子甩到了她的脸上,她就以此为借口,边骂咧边捂着脸坐到一旁休息去了。叫她加入,她都以腿痛脸痛为借口搪塞。

二、个案背景

学生方面。小清,初三女生,性格开朗活泼、耿直坦率,然而脾气暴躁、霸道专横,常常表现出一种散漫的情绪,无组织,无纪律,想干什么就干什么,我行我素,自控能力差,经常口吐脏话,缺乏上进心,又以自我为中心,学习成绩较差。对老师也有一股强烈的抵触情绪,因此对老师的批评教育不理不睬。

家庭方面。三代同堂,两代单传,集爸爸妈妈、爷爷奶奶、外公外婆等长辈宠爱于一身。爷爷奶奶是退休老干部,经济比较宽裕。爸爸妈妈为初中同学,初中文凭,早恋早婚后早育,婚后在自己家经营一间麻将馆。

三、成因分析

小清暴躁言行的成因,有主观因素,也有客观因素,主要有以下几点:

(1)小清本人脾气暴躁,自控能力差,习惯以自我为中心,鲜有顾及他人感受。一方面导致自私的行为,另一方面还容易冲动,做事不顾后果。

(2)父母不正确的教育思想对小清产生不良影响。父母文化层次不高,缺乏科学合理的管教方法。当小清犯错误时,采用的方式更多是治标不治本,没有从根本上对她进行正确的引导。

(3)家里经济比较宽裕,生活条件相对优越,但是却没有理想的家庭教育环境。因为父母以麻将馆营生,家里缺少文化氛围,更多地充斥着金钱的味道,导致小清形成了错误的金钱观。

(4)小清与祖辈共同生活,祖辈常常会寄托更加强烈的情感和期望,满腔慈爱,任劳任怨,事事包办有余,因此过于宠爱、包庇,致使小清的自我中心意识膨胀,形成骄横、任性、目空一切、娇气等不良品性。

(5)小清家三代同堂,对孩子的要求、教育态度存在不一致。当她有缺点错误时,爸妈主张批评教育,爷爷奶奶却包庇护短。她必然喜欢祖护自己的一方,而气恼批评自己的一方,致使她是非不分,听不进正确批评,常常无理取闹。

四、对策指导

(一)明确溺爱的危害,正视小清的状况

1.引导家长的价值观

我整理了一些研究溺爱的文章和视频,利用家访的契机和父母一起学习,帮助他们明白不正确的疼爱方式(溺爱)所产生的严重危害。父母宠溺孩子,最致命的是会使孩子价值观混乱。如果一个孩子在溺爱中长大,她接收不到正确的价值观的熏陶,在走向社会之后,会出现很多问题。她会变得自私自利、性格骄横乖张、做事懒散无纪律、不懂礼节、目无长辈、懦弱、不能经受困难等,有些孩子甚至会滑向犯罪的边缘。

2.分析小清的行为表现

小清虽然还没有走上社会,但是在家和在学校的表现就几乎与被溺爱所害的孩子的表现相吻合。所以,我和小清家长一起探讨了小清的行为表现,让家长明白小清的现状会对她的发展造成很大的影响;家长必须和老师、学校达成一致,携手帮助小清改变这一现状,让她尽快回归正轨,而且这已是迫在眉睫的事情。

(二)给父辈的处方

1.树立家长的威信,营造文明的氛围

家长应该清楚地认识到,父母是儿女的第一任教师,更是终身的教师。家庭是人的第一课堂,也是终身的学堂。家长正儿女易行善,家长邪儿女易行恶。作为家长,对教育子女负有不可推卸的并且是至关重要的责任。

小清的父母要重新认定自己在小清成长过程中扮演的角色,转变家教观念;在孩子的教育问题上,要宽严相济,赏罚分明。在小清无理取闹时,家长应该置之不理;在涉及有些原则性的问题时,要一改以往无可奈何、百依百顺的教育方式,而应该坚持自己的原则。长此以往,才能更好地树立家长在孩子心目中的威信,也才能让小清逐渐明白遇事无理取闹毫无用处,而应该选择更文明、合理的方式来解决。

同时,要营造一个更文明的家庭氛围,比如多一些谈话声、欢笑声,少一些麻将声;多一些身教,少一些言传。麻将馆营生无可厚非,但是不应该开在家里,最起码不应该是周末孩子在家的时候照常开馆。

2.给予适度的疼爱,鼓励挫折教育

凡事都有"度",一旦超过"度",事物就会变质。爱也是如此。对孩子的爱过了度就会变成溺爱,成为妨碍孩子成长的负面力量。因此,父母应该学会控制自己的爱,不能无原则地迁就,而应该给予适合孩子健康成长的爱。

小清在成长过程中没有树立正确的金钱观,对物质有过高的追求,贪图享

乐,朋友聚会时花钱总是大手大脚。在学校喜欢炫耀新买的衣服鞋子,喜欢跟同学攀比。因此,我建议小清的家长控制好小清的经济来源,要想得到零花钱,必须付出自己的努力。当小清在物质上提出不合理的要求时,要果断地拒绝。平时更不能像"画面二"中一样,以满足她的物质要求作为她妥协的条件,相反,应该让小清认识到,过多无理要求会失去父母对她的疼爱,进而让她有改正的想法。

小清从小娇生惯养,把父母给予的一切看作理所当然。不懂得生活的艰辛,因此也就不懂得感恩。生活在家长包办一切的环境中的孩子,无异于被剥夺了独立性,这样的孩子就不会变得勤劳、善良,也缺少同情心和上进心。因此,我建议小清的家长一定要舍得让孩子吃苦,实行"挫折教育""生存教育"。比如,可以让她知道家里生活中的一些困难;平时在家可以以精神奖励为主,鼓励她适当地承担一些家务,提高她的自理能力;周末、暑假可以利用爸爸的人脉关系,安排她去打工,体验生活,锻炼意志。

(三)给祖辈的处方:配合父母的管教,形成教育的合力

在家庭中,要注意分清祖辈与父辈的教育主次,形成教育的合力,提高教育的效果。当小清提出不合理要求时,祖辈与父辈应该保持一致的拒绝态度。如果意见不一致,两代人相互沟通,统一认识。总之,尽量少在小清面前暴露教育方面的分歧,维护小清父母在小清心中的威信。同时,特别提醒爷爷奶奶要分清爱和溺爱的界限,要爱得适度。

(四)对小清进行指导,引导她明辨是非、坦诚沟通

任何现状的改变,都需要外因和内因的协同。所以,要想帮助小清彻底解决现有的问题,小清自己的参与是必不可少的。因此,在给父辈、祖辈指导的同时,也要让小清明白"严是爱、松是害"的道理,让她学会正确认识和处理爷爷奶奶对她的溺爱,领会爸爸妈妈对她的严厉管教。

首先,我让小清清楚地知道,脾气每个人都有,但是成长的标志就是学会控制好自己的脾气。当小清发脾气的时候,我们控制,同时不给予过多的理会。等她情绪平定后,我们一定会苦口婆心地跟她讲道理,直到她真正意识到自己的错误,让她的每一次脾气都发得有所值、有所得,以此慢慢减少发脾气的频率。其次,联合心理辅导老师教她一些调节情绪的方法,同时鼓动学生一起来帮她克制、疏解她的情绪。再次,平时会尽量给她提供或创造施展才能的机会,帮助她树立信心和培养荣誉感。此外,我会把小清在学校的行为表现做一个记录,以便随时随地能和家长更好地沟通交流,争取在家校的共同努力下,更好地感化她。

五、指导成果

学期末,小清被评为"美丽学生",她在代表"美丽学生"发言时,做了如下总结(节选):"我初二来到城西中学,我承认我曾经是一个被宠坏的孩子,骄纵自私、霸道无理。但是现在不一样了,在家的时候我不会再那么无理取闹、不可理喻了。不会再让爸爸妈妈、爷爷奶奶无原则地疼爱我了,相反,我会很理智地对待他们对我的疼爱。如果家人说我的不是,我也不会甩门而去,而是能安静地坐着耐心听他们的教育了。我爸爸说,原来因为我的不听话,一个星期要来学校三四趟,俞主任也说过允许我每周发疯那么一两次。但是初三这一年明显好多了,如果没有记错的话,总共发了两次脾气,而且我发脾气的时候知道先关上教室的大门了。现在的我会在不高兴的时候选择一个人沉默,也会在爆发小脾气后主动向老师们道歉。我可以这么说,没有城西中学就没有今天的我。现在回想起来,初三这一年,我的改变真的很大。"

6月份,小清毕业了。现在,小清在富阳宾馆餐饮部打暑期工,下学期将会入读富阳的一所职校。

六、案例反思

通过这个案例,我意识到家庭教育手段的失当必然造成孩子情感的偏颇。小清的家庭教育是从溺爱到纵容,小清产生问题也就不足为奇了。"疼爱而不溺爱",这才是对待孩子的正确方式,是我们给孩子的最好的爱。

任何一个学生的心理偏差以至于最终的行为偏差,都可以从家庭的教养方式找到某些直接或间接的根源。如果这一问题得不到重视和解决,不仅会对学生的学业产生负面的影响,严重的还会制约学生人格的健康发展。因此,每一个教育工作者都应该把家庭教育指导作为一种责任,让学校教育和家庭教育有机融合,共同塑造具有完美人格的一代新人。

(潘慧娥)

第六节　指导家庭教育,助力学生成长

摘　要:在学校心理工作中,笔者经常接触到不同的个案,而让我感叹的是,绝大部分个案都涉及家庭问题。本文通过剖析实例,探索其家庭教育问题,并提出思路,为遇到家庭教育问题的家长,在教育方法上提供一些参考。希望通过家庭、学校、社会三方共同努力,营造一片教育的蓝天,让我们的孩子充满爱和创造力地成长。

关键词：家庭教育；物质观念；情感沟通

美国首席家庭治疗师维吉尼・亚萨提亚提出了一个"基本三角关系"理念。她认为，从来到世界的那一刻起，我们就成了某个基本三角关系的一部分：父亲、母亲和孩子。我们日后感知世界的方式，最初都来源于这个基本三角关系，它对我们也是最具影响力的。孩子会成为什么样的人，很大程度上取决于他在一个怎样的家庭中长大。萨提亚对个体的原生家庭给予了高度的重视。家长与子女毕竟有着割舍不开的血缘关系，这种亲情是家庭教育最基本的情感基础。无论是从时间还是从教育力度上来看，家庭教育都是学校教育不可替代的。因此，指导家长进行有效的家庭教育，是帮助孩子成长的重要途径。

一、案例由来

"哇，小鲸你真幸福啊！你妈妈多关心你，竟然连你注射疫苗的时间都记得这么清楚。"这是在我值班的一次晚自习课上，全班同学不约而同发出的感慨。当时我应学校要求统计学生注射疫苗的时间，小鲸的妈妈是唯一一个当场报出女儿注射时间的家长，引起了全班同学的惊讶和羡慕。令人意外的是，小鲸却给我们回以不屑的否定："她才不关心我呢！"通过她的表情，我观察到这是她当下内心真实的感受。在这个公开的场合，我淡化了她的反馈，一方面是希望同学们的羡慕能够对她感受妈妈的关爱起到一定作用，另一方面想先了解她家庭教育的具体情况，再探讨教育策略。

二、案例概况

小鲸（化名），独生女，15周岁，初三学生，家族无精神病史，本人身体健康，无重大疾病史。在校期间经常旷课、逃学、抽烟、异性关系混乱。

小鲸生活在一个富裕的家庭，衣食无忧。因父母工作忙，小鲸从小就被放在乡下跟外婆一起生活。上小学开始，父母把她接回身边一起生活。但从那时起，父母感情就一直不好，她经常看到父母在家吵架，还多次碰到父母打架。小学三年级，父母离异，小鲸跟母亲一起生活。父亲公司事务忙，就很少再跟小鲸交流，用小鲸的话说，爸爸对她来说就像是个取款机。母亲跟同单位的一个男同事走得很近，经常一起吃饭、唱歌，小鲸不能接受，因此经常不想回家。在这样环境下生活的小鲸变得越来越叛逆，成绩一落千丈。上初中的小鲸自我约束力差，无纪律意识，不断结交问题学生甚至社会不良青年，每天和他们一起逃课上网，出入酒吧、KTV等场所，多次发生迟到、旷课、抽烟、不服从管理、与老师发生冲突等行为。

小鲸个性偏强,看待周围的人和事都持非常悲观的态度,认为周围的很多人都很虚伪,界定除了自己之外的所有人都是别人,包括其父母在内。小鲸说,由于自己家庭经济条件优越,父母会给很多零花钱,大多时候都是她请朋友们上网、吃饭,但她觉得朋友不可信,不知道什么时候就会背叛自己,有什么事情都藏在心里,不会对任何人说,因此也感到很孤独,生活得很不开心。在学习方面,小鲸说,现在很想提高自己的成绩,但有些力不从心,每次上课前都立志要好好听课,但总忍不住会开小差,上课积极性不高。老师课上讲的内容也听不懂,很有挫败感,觉得再怎么努力也考不上高中,产生了习得性无助。

小鲸父亲是某公司创业老板,工作繁忙,与小鲸很少相见,但每次见面总会给她很多零花钱,却很少与她沟通交流,总是在物质上满足要求,很少关心她的情感、精神状况。母亲在某公司做文职,对女儿很是宝贝,但是不知道该如何管教,总苦于力不从心,每次送来学校的时候都说:"老师,这个女儿我实在没办法了,麻烦你们替我管一管,最好是周末也不要放假,每个月放一次最好。"

三、案例分析

(一)家庭早期教育的影响

苏霍姆林斯基说过,一个人的童年是如何度过的,童年时期由谁带路,周围世界中哪些东西进入了他的头脑和心灵,这些都决定着他将成为一个什么样的人。家庭早期教育在个体成长发展中,起到了至关重要的作用。小鲸父母在小鲸童年生活中,对她重物质、缺关怀的教育方式,使她感觉不受重视、被忽略,甚至产生父母不爱自己的想法,让她觉得自己可有可无,没有安全感和归属感,使她处于"感情饥渴"状态。既然在家找不到认同感,她就到外面寻找"知音"。

(二)父母自身特质的影响

习近平总书记在全国教育大会上说:家庭是人生的第一所学校,家长是孩子的第一任老师。家长自身的价值观、人生观会潜移默化地影响着孩子,家长日常生活中的言行举止对孩子的习惯养成和为人处事的方式都起到了榜样作用。因此,家长自身的特质、行为方式直接影响教育的效果。小鲸父母的某些行为给她的心理造成了挥之不去的阴影,例如,她对异性关系的处理。根据小鲸自述,她交往最久的男朋友也不超过一个月,而且她认为交男朋友或选老公的标准是只要有钱就可以,这可能也是来自她对父母感情态度的观察理解,以及爸爸在她心目中的"取款机"形象的影响。

(三)父母离异的影响

美国儿童心理学家李·索尔克先生认为,离婚的创伤对于孩子来讲仅次于家庭成员的死亡。我国国家统计局和民政部的数据显示,从 2010 年至 2017 年,中国的离婚率不断上升。2018 年虽然有所下降,但也有 380.1 万对夫妇离婚。有研究结果显示,54％离异家庭的孩子存在情绪、情感方面的问题,主要表现为情绪低落、自卑感强、易爆易怒且喜怒无常,难以与同龄孩子相处,容易产生心理和行为的偏差。从小鲸身上,也能看出因为父母离异造成的偏执性格。小鲸父母感情一直不好,离婚以后也是在小鲸面前互相指责埋怨对方,由于父母的互相指责,小鲸逐渐怨恨父母,自暴自弃。

(四)关键期教育缺失的影响

初中阶段的孩子正处于身心发展突变的关键时期,独立意识增强,情感冲动,意志薄弱,逆反心理急剧膨胀。如果不能获得及时正确的引导,将会诱发孩子朝着"问题孩子"方向发展。而小鲸的父母没有意识到孩子的问题需要他们的教育,觉得小鲸难以管教,将教育责任推给了学校。

因此,做好小鲸父母的家庭教育指导,让他们真正懂得孩子的成长中更需要什么,是帮助小鲸成长的最重要途径。

四、案例指导

(一)重拾教育信心,承担孩子的教育责任

"老师,你替我管一管"的心声,表明家长已经失去教育孩子的信心。因此,首先要帮助家长分析孩子青春期心理变化,客观地看待孩子的行为表现,从而树立教育孩子的信心。不仅仅是小鲸的家庭,现在很多家庭教育都存在这样的问题,父母在教育孩子时,不得其法,往往把教育的责任全部推到教师的身上。

苏霍姆林斯基曾说:"如果孩子不愿意把自己的欢乐与痛苦告诉父母,不愿意与父母坦诚相见,那么谈论任何教育都总是可笑的,任何教育都是不可能的。"可见家庭教育是孩子成长教育中不可或缺的重要部分,同时家庭教育中,更需要父母和孩子的真诚相待、平等对话。我带小鲸的家长去看了我上过的一期主题为"爱沟通成长"的亲子团辅课留下来的记录,这期团辅课的学生都和小鲸一样存在着这样那样的问题,并且亲子沟通不佳。我想,这些孩子和父母的分享记录,是最能说服小鲸父母树立对小鲸成长的信心,以及自己教育小鲸的信心的东西了。

(二)正确处理离异,健全孩子的支持系统

离异家庭的孩子最直接、最真实的感觉就是要失去父爱或母爱,爱的需要得不到应有的满足。故而离异后的父母更不能忽视对孩子的关爱,在孩子面前应努力控制自身不良情绪,不要对孩子表达对离异配偶的不满、愤怒或怨恨,不要向孩子灌输一些不良思想。要努力为孩子创设和谐宽松的家庭氛围,

家庭成员彼此间应做到互相尊重、以礼相待,从而健全孩子的支持系统。

小鲸的父母长期在小鲸面前互相攻击,无意煽起了小鲸讨厌父母的情绪,这样做不但不能使孩子与自己亲近,反而会觉得爸爸妈妈都不爱自己了,从而增加教育的难度。因此,我取得小鲸父母的配合,让他们调整好自己的心态,看问题、想问题、说话和做事尽量保证不偏激,最重要的就是要平静、简单地跟小鲸说明父母离异的原因和事实。小鲸爸爸需要对小鲸明确表示,即使爸爸不和你住在一起,但仍然爱你,并以实际行动让孩子感受到父亲的爱。

(三)改变爱的方式,引导孩子的物质观念

由于生活压力大,很多家长每天忙于工作,以期给孩子更富裕舒适的生活,从而少有精力关注家庭教育,与孩子的交流越来越少,更多的是用金钱来弥补,通过满足孩子的物质需要来表达对孩子的爱,久而久之,孩子耳濡目染,形成不当的物质观念。

小鲸已经形成了钱是可以从男性那里拿来的观念,因此有了找人生伴侣的唯一标准就是有钱的想法,也不担心学习和能力的落后会带来今后生活的困难。日本人教育孩子有一句名言:"除了阳光和空气是大自然赐予的,其他一切都要通过劳动获得。"针对这点,我跟小鲸父母分享了一个真实的教育案例,得到小鲸父母的理解和认可。小鲸父母也决定今后给小鲸正确的物质生活引导,从自己对孩子表达爱的方式开始,让小鲸感受到世界上还有比金钱更重要的东西,并通过自己的言行做好示范教育,指引小鲸学会用正确的方式获得钱财,进而形成正确的人生观、价值观。

(四)加强沟通意识,弥补孩子的情感缺陷

离异后的父母经常和孩子沟通交流,可以让孩子感受到父亲和母亲并没有因为离异而疏远自己、抛弃自己或遗忘自己。这种对父爱和母爱的直接感受,是孩子心理正常发育的重要条件。虽然父母离异了,但仍能继续得到父亲和母亲的关怀和疼爱,心灵的创痛就会减轻许多。否则,孩子的人格就会出现畸形,严重者会走上犯罪道路。

小鲸好几次逃学,她的父亲都是没日没夜地在外面找,想尽一切办法联系她的朋友。小鲸的母亲也经常与我们班主任联系,关心小鲸在校情况,可见小鲸的父母对她还是非常重视的。小鲸在跟我沟通的时候,多次提到对父母不关心自己的不满,并且深刻牢记着那些很久以前的生活画面。例如,她说小的时候,父亲答应带她去吃肯德基,结果她在去的车上睡着了,一觉醒来已经被送到乡下的外婆家,那顿肯德基到现在也没陪她吃。当我们谈到她对父母的感情时,她说:"在我小的时候,需要他们的时候,他们不在身边。现在我不需要他们了,只需要钱了,他们只要给我钱就好了。"可见,她内心是很渴望父母的情感关怀的。小鲸的家庭中亲子沟通太少,父母过多地注重孩子学习和物

质需求,而缺少情感交流,没有意识到亲人间沟通交流的价值;加上中国人的性格内向倾向性更多,快乐品格相对较少,在家中言语不多,比较冷漠,这对情感沟通交流非常不利,久而久之,家庭成员间的亲情会在无形中形成一堵隔墙,内心牵挂着对方,却又不愿表达出来,更可能在无形中伤害了彼此。故而需要加强沟通意识,弥补孩子的情感缺陷。我也为小鲸的父母提供了一些亲子沟通的技巧,推荐了一些亲子教育书籍,并希望他们能慢慢应用于与小鲸的生活中,逐步改善家庭的沟通状况。

五、指导效果

(一)家庭关系的改善

通过一个学期的努力,小鲸的家庭关系有了明显的变化。第一学期期末,学校举办了一期大型的亲子团辅活动,小鲸的父母都来参加了。他们在活动中很真挚地互相表达情感,透过他们为对方系上丝带时的眼神,我感受到这个家庭的教育氛围已经足以做好小鲸的家庭教育工作了。

(二)学生成长的变化

通过家庭教育的不断完善,小鲸也有了很大的改变。第二学期期中,学校举办了心理情景剧大赛,我们班的参赛剧目是小鲸自己编写的剧本。她为自己写的主角角色正是一个叛逆的富家女孩,经过家庭经济变故,看清了身边的所谓朋友,最终重拾亲情。创作源于生活,这应该也是小鲸内心所领悟到的关于亲情的真谛。

六、案例反思

这个案例并不是个例,很多学生家庭都存在着不同程度的家庭教育问题。教育是一项系统工程,而家庭教育是工程的基础。

我国著名心理学家李子勋说过:"很难说有一个家庭是完全健康和谐的,这种家庭只存在于概念中或治疗师的浪漫幻想中。每个家庭既存在欢乐、幸福,又存在愤怒、争吵,存在情感背离,存在分裂,存在不平衡……"尽管无法达到完全健康和谐,但是家长作为家庭的塑造者,有责任、有义务努力成为合格的塑造者,从而帮助孩子健康成长。

在教育孩子的过程中,家长首先要提升自己的素质,严于律己,更新教育观念,讲究教育方法;其次要有爱心、平常心、耐心和信心;最重要的是,必须要明确孩子的成长中更需要什么。只有这样,才能把孩子培养成健康幸福、自由乐观的人。

(朱玉玲)

211

第七节　触碰人性中最柔软的部分
——基于亲子关系的个案辅导

摘　要:本节介绍了个案的基本情况,并从心理测试的角度对个案的性格、心理健康水平、家庭环境、父母养育方式进行了分析,然后选取教育管理过程中的两个事件,再现笔者利用亲子关系为基点与学生展开的对话,以及指导个案家庭教育的过程,对一线教师处理学生问题有一定的借鉴意义。

关键词:亲子关系;个案辅导;家庭教育指导

"我心中的家充满父爱、母爱,但是因为爸爸妈妈工作的原因,我们有很多重要的节日都没有一起过,就连昨天的元宵节也是我自己一个人过的;而且我现在开学了,一个星期五天全在学校,只有两天在家。当然,我回家还是可以和爸爸妈妈一个桌子吃饭的,但这还是不完整,我就是想我们全家,包括哥哥,能在一些重要的节日里吃一顿饭,然后一起出去散步或者出去玩。我想,家不仅包括爱,还包括团圆。"

——摘自娜娜《我心中的家》

一、个案基本情况

娜娜,从初一下学期就来到我们班,跟着初二的学生一起,进行小班化的学习生活。根据她自己与家人的说法,她转入专门学校的主要原因是不会处理人际关系,班里同学都排挤她;经常在学校摔东西,发脾气。

娜娜小学三年级时,才由在杭打工的父母带到身边来抚养。此前,一直与爷爷奶奶生活在重庆。她的爸爸是个保安,一天兼了两份工作,妈妈在杭州某小吃店上班。娜娜有一个比自己大八岁的哥哥,在河坊街当收银员。娜娜家租住在一间老旧农民房里。

她学业成绩一般,没有太多主见,容易跟风,有点浮躁,有点闹腾,爱占小便宜,有些趋炎附势;但冷静下来时,也能讲得明白道理,愿意展示自己,渴求父亲的关爱。

二、个案测量与分析

(一)性格

新生(初一下)入学测试结果显示,学生在艾森克人格问卷(EPQ)中的得分,精神质 40 分,内外向 50 分,神经质 60 分,掩饰程度 55 分。高一入学普查结果显示,精神质 50 分,内外向 70 分,神经质 60 分,掩饰程度 40 分。对比前后两次测验结果发现,经过两年半的学习生活,在内外向维度上,学生从刚入我校时的中间型性格特征,往外向特征发展。该特征表现为喜欢与人谈话,话多,喜欢人多的场合,回答问题迅速,乐观,喜动而不愿静;有时表现为冒险性,喜欢户外活动,情绪较难控制,不爱一个人阅读或学习。在情绪稳定性维度上,仍然属于情绪不稳定,表现为容易紧张、焦虑、发脾气,遇事不冷静,急躁,情绪反应明显,容易感情用事,以感情作为衡量是非的标准,容易与人发生冲突,容易受外界刺激因素的影响。这与老师的观察与经验基本一致。

(二)心理健康水平

在校期间,运用症状自评量表三次动态测试均未提示有阳性症状。

(三)家庭环境

用家庭环境量表测量学生对家庭环境的感知,结果见表 7-1。

由表 7-1 可见,亲密度、情感表达和组织性这三个因子得分较低,说明学生的家庭成员之间不能兑现相互的承诺,或相互之间不会有承诺,不能帮助和支持,亲密程度不够;家庭成员之间很难相互讲出自己的内心感受,表达情感的方式不直接;家庭成员在安排家庭活动时没有明确的组织性和结构性。娱乐性和知识性两个因子得分表明,学生的家庭成员喜欢并积极参与社会交往活动和各种娱乐活动,且对社会活动、文化活动等有浓厚的兴趣。道德宗教观和控制性两个因子的得分表明,学生的家庭成员重视伦理道德、宗教信仰和价值观,在安排家庭生活时有固定的家规和程序。矛盾性和独立性两个因子的得分表明,学生的家庭成员之间会公开表露自己的愤怒情绪和攻击倾向;家庭

表 7-1　家庭环境量表测试结果

	因子得分	均分与标准差
亲密度	2	7.7±1.9
情感表达	2	5.8±1.7
矛盾性	4	2.2±1.9
独立性	5	5.8±1.4
成功性	4	6.8±1.7
知识性	4	5.6±2.1
娱乐性	3	4.9±2.0
道德宗教观	4	5.3±1.4
组织性	1	6.7±1.8
控制性	3	3.6±1.8

成员之间能独立行事,没有过多的相互依赖性。成功性这一因子得分表明,学生的家庭成员不能将学习、工作等活动视为自己追求的目标,上进心不足,缺乏成功的体验。可见,对于该学生来说,她对自身所处的家庭环境评价是不高的。

(四)父母养育方式

用父母养育方式评定量表让学生对父亲和母亲的养育方式分别回答,结果见表7-2。

表7-2　父母养育方式评定量表测试结果

	父亲	均分与标准差
情感温暖、理解	34	51.54±8.89
惩罚、严厉	26	15.84±3.98
过分干涉	19	20.92±3.66
偏爱被试	7	9.82±3.83
拒绝、否认	17	8.27±2.40
过度保护	11	12.43±3.12
情感温暖、理解	33	55.71±9.31
过度干涉	35	36.42±6.02
拒绝、否认	25	11.47±3.26
惩罚、严厉	15	11.13±2.84
偏爱被试	7	9.99±3.81

由表7-2可见,该学生的父亲在养育子女的过程中,不能以理解的态度、温暖的情怀对待孩子;总是使用过分严厉和惩罚的教育方式;可能会干涉学生自己的事情;偏爱学生,但不溺爱;极易采取拒绝态度和否定态度;多数情况下对学生采取过度保护的态度。学生的母亲在养育子女的过程中,不能以理解的态度、温暖的情怀对待孩子;多数情况下会过分干涉学生的事情,有时也会对学生过分保护;总是采取拒绝、否定的态度,以及过分严厉和惩罚的教育方式;多数情况下会偏爱学生,但不溺爱。可见,学生父母的养育方式以消极为主。

三、应对策略

该个案中,虽然学生拥有一个完整的家庭,父母也非常爱自己的孩子,但作为外来务工人员,为了生存,父母把时间都花在了赚钱养家上,忽略了对子女的关心。又因为文化水平有限,他们缺乏正确的教养方式和爱的表达。当从小在农村长大的孩子突然来到城市,她会出现生活和人际关系的各种不适应,但此时的父母又因为想要给孩子一个更好的学习生活环境而努力工作,没能及时给孩子更多的关心和帮助。当孩子表现出各种各样的不良行为时,家长无奈采取惩罚手段来进行管教。因此,亲子之间虽心中渴求爱,但矛盾重重。作为专门学校的老师,除了提醒学生父母对他们的爱,也要创造亲子间表达爱的机会,为他们搭建沟通的桥梁。笔者曾经在班级举办各种亲子活动、感恩班会时,收集家人对孩子想说的话,家长会前让孩子给父母写信等,对亲子关系的重建和加深巩固都产生了较深远的影响。

　　以下选取两个事件,再现笔者利用亲子关系为基点与学生展开的对话,以期对一线教师在处理学生问题时有所启发。

【事件一】

　　娜娜转入新初三班两周后,周末去酒吧,彻夜未归,被父亲打了一顿,娜娜扬言要断绝父女关系,要自杀。

　　以下是节选的谈话片段。

　　生:我爸他总是打我,一有什么事就知道打我,我很羡慕我朋友和她爸妈的关系。(哽咽地)

　　师:那是怎样一种关系?(澄清技术)

　　生:什么事都可以坐下来好好讲。

　　师:有没有哪一次爸爸是跟你好好讲的?(寻找例外)

　　生:(沉默)

　　师:爸爸跟我说,他尝试着好好跟你讲过,可是他发现没用,好好跟你讲,你不听。如果每次他尝试好好沟通了,而你并不吃这套,你觉得他还会认为好好讲话是一种有效方式吗?

　　生:(沉默)

　　师:在我们原来的班里,最关心女儿的妈妈是 TYF 妈妈,最关心女儿的爸爸就是你爸爸。上学期期末时,我本想让你爸爸作为家长代表来发言,但他推辞了,他说,对小孩的爱对老师的感激是在的,但是自己文化有限不会表达。在你来找我之前,你爸爸就联系我了,他一个晚上没睡觉,就在想怎么把你带好,但他说能力有限,真不知道该怎么办。打了你以后,他一直很担心,上班过程中还溜回家来看你。(传达爸爸对学生的感情和担心)

　　生:(开始流泪)

　　师:在家长他们的传统观念里,棍棒之下出孝子,他们所读的书有限,交际圈有限,没有人告诉他们现在的孩子不能打。(替爸爸示弱,让学生理解爸爸的处境。)你觉得爸爸40多岁了,没读过什么书,而你已经是受过教育的初中生了,谁接受新知识更容易,谁改变会更快?爸爸能不能以沟通的方式与你谈话,靠你自己。当他跟你沟通时,你确实有改变,他才知道这样的方式是有效

的。这些,都需要你来教爸爸。(引导学生自己改变,而不是期待父亲改变)

……

谈到最后,学生问自己要怎么去跟爸爸道歉,怎么让爸爸重新认识自己。我就给她举了一个人际关系中常见的案例:如果两人闹矛盾了,其中一个人想和好,她就故意碰一下对方,多看几眼对方,她的目的是希望引起对方注意,但对方不知道,以为又在找茬,反而更不友好;想和好的人也觉得自己很委屈,已经示好了对方还不领情,那我干脆不理你,从此恶性循环。如果换个方式,先给她写张道歉的小纸条,然后再表现出这些示好的行为,那么对方就会知道你是在示好靠近。学生一下子就明白了,表示回去后就给爸爸妈妈写一封信,说明自己要开始改变,希望得到他们的肯定和支持。

【事件二】

初三毕业离校前一个半月。午休时,娜娜和小 A 窜到小 B 寝室,大声喧哗,影响别人休息,被值班老师叫到办公室,娜娜顶撞值班老师。

下午第二节课,我把学生从美术教室找出来。她跟着我进了办公室,两层楼梯,我们一句话没说。我给了她纸和笔,让她去教室写下反思。大约五分钟后,她把纸给我说,"老师你跟我说说吧,写的话我写不出来"。

她是我带了已经一年半的学生,我知道,她期待跟我沟通很久了,她期待并相信我可以点醒她。所以我觉得自己可以说一些语气比较重的话。我表达了我的愤怒和失望,表达了她可能会承担的后果。学生哭着说,自己也不知道自己怎么会变成这样,但她的哭里带有一丝勉强。关于学生认为的老师不喜欢自己,我做了澄清:老师不喜欢的是学生的很多行为——跟风,没有自己的主见,装疯卖傻的样子,并不会不喜欢一个人……也探讨了为什么学生会觉得老师不喜欢自己:一方面是因为学生在反思自己,自己确实做了一些不好的事情,另一方面是因为学生的自卑心理。

虽然说到自卑时学生已经被戳中了痛点,但真正引发改变动机的,是以下这段谈话:

师:要不是因为我觉得你爸爸很辛苦,我早就想放弃你了。因为我该说的都已经跟你说了好几遍了,你不听。我真的想过随便你怎样,我都不管你了。但真的是因为你爸爸,我还不想放弃你。我觉得你很幸福,有这么实实在在勤勤恳恳的爸爸妈妈。有一句话叫,坐在宝马车上哭和坐在自行车上笑。我觉得你是后者。虽然你的家庭条件相比其他孩子来说不怎么样,但你有这么好的父母。你知道有些家长,朋友圈里是各种酒吧的场景,还有些家长发些乱七八糟的东西,我都无法想象他们这样的表现怎么教育自己的子女。所以我觉得你很幸福。另外,我觉得你父母很能干。2016 年召开 G20 峰会的时候,很多外来务工人员都回老家了。因为那时候拆了很多破旧的农民房,很多务工人员租不起商品房,只能离开。那时候路边摊不让摆了,很多工厂也不让办了,太多人在杭州待不下去了,但是你的爸爸妈妈还是留了下来。你爸爸还做两份工作呢!

生:(点点头)

师:这么辛苦的工作,就是为了保证你基本的生活需要。我跟你是一样的,我的爸爸妈妈也很辛苦。虽然我现在有车有房,工资也不低,但每次我在花钱的时候,我都会想到我的爸爸妈妈。我会想我这一顿饭100块钱,我爸妈能吃好几顿呢。小时候,我也经常想,等我长大了,我一定不让爸爸妈妈这么辛苦。你呢?我一直在关注你,你每次买零食都买很多。你似乎从来没有想过父母赚钱有多不容易。你想过吗?

生:小时候想过。

师:那是为什么变了呢?你的初心呢?

生:自从我来到杭州以后,就变了吧。

......

生:老师,我要跟你说两句话,一句是老师对不起,还有就是老师谢谢你。我保证,这是我这学期最后一次进办公室,当然除了被表扬进办公室以外。

师:态度决定一切。态度好,老师会想要教你。态度不好,老师就会想着算了,何必呢?就这么点时间了。所以我不会再去找小A和小B,她们犯的错是可以原谅的,她们最多就是扣分。但是你中午这样的表现,除了扣分,惩罚还是逃不掉。你说说要怎么惩罚自己?

生:打扫一周的厕所。这周本来就是我,下周我会继续打扫。

以上两件事情的处理过程中,笔者都尚试利用个案与父母之间的感情,去激发个案的责任感和向上的动力,触碰人性中最柔软的部分。

(杨晓慧)

第八章　校园危机管理

第一节　校园危机概述

一、校园危机的特点和成因分析

(一)校园危机事件

青少年学生正经历着生理和心理的剧烈变化,随着身体的成熟和心理能力的发展,渴望摆脱来自家庭、学校教育管理,追求独立生活。但是由于青少年学生群体的心智发育尚未成熟,并且对自己的发展、成长不具有完善的规划,在面对亲子关系冲突和人际关系的矛盾,面对情绪的失控,面对学业上的挑战与挫折时,不能很好地调节自己,由此引发了一系列心理问题。如果这些问题在校期间得不到及时缓解或帮助,导致学生认知、情感和行为等方面的功能出现失调,就可能会出现校园危机事件。校园危机事件不仅会打破安全的校园氛围,而且对学生的人身安全具有极强的破坏性,需要重点关注,及时干预。

(二)校园危机的特点

1. 突发性

校园危机最明显的特征是突发性,在没有任何预知的情况下爆发出来。例如学生在交往过程中发生摩擦而引起的突发性暴力事件,个体由于某一时刻情绪失控而选择自残、轻生等,往往是在老师和同伴还未反应过来之前就已经发生了,令人猝不及防。

2. 破坏性

学生是全社会关注的对象,校园危机一旦发生,势必会引起学校、家庭和社会的关注,从而扩大危机事件的影响力。同时青少年学生的情绪管理还不够稳定,他们对危机事件感到恐慌、无所适从,容易聚集在一起,为危机事件的负面传播起到推波助澜的作用,以致对学校的财产、声誉和正常的教育教学秩序带来破坏。一些破坏性、影响力极大的危机事件,甚至会对学生正常发展造成不可挽回的负面影响。

3.传播性

校园危机涉及的人员较多,一起校园危机事件波及的是学校、多个家庭乃至整个社会。随着新媒体的发展,校园内一旦发生危机事件,都可能通过媒介被大肆渲染,传播到其他领域。

4.双刃性

危机事件是危险和机遇并存的,即"危"中有"机"。基于危机事件的突发性、破坏性和传播性,会造成对校园、家庭和社会的消极影响。因此,在处理校园危机时,更应看到危机事件背后的契机。校园危机事件如果能够得到妥善处理,学校能够从此次事件中汲取教训,加强此类危机事件的预防和处置工作,危机事件就具有了积极改进的意义。

(三)校园危机的成因分析

1.生理方面的因素

青少年学生身心处于迅速发育期,一方面他们开始探索自我的身体,对异性的身体也有了好奇心,有了异性交往的愿望;另一方面,身体发育的差异性导致体格力量的悬殊,特别是男生之间,有力量的一方倾向于运用暴力压制另一方,可能会导致欺凌行为,造成校园危机事件。

2.学业方面的因素

中学阶段面临中考和高考,是学业压力最大的一个阶段,对于学生本人来说,学习成了他们的主要任务和生活方式。日复一日的枯燥学习生活方式,给青少年学生带来了一定的压力和负担。而这种负担一旦超过临界点,就容易造成心理扭曲,导致校园危机发生。此外,学生之间的攀比,家长对学生学业的强制管理,都会给学生带来心理压力,导致学生产生自卑、抑郁、叛逆等情绪,进而引发校园危机事件。专门学校对于学生学习成绩的重视程度低于普通学校,但这并不意味着学业不会给专门学校的学生带来压力,一些学生由于学习成绩差,自暴自弃,外化为行为问题,反而增加了发生校园危机事件的概率,给专门学校的危机管理带来了挑战。

小贴士

应对压力的方法

放松疗法:当心理压力大时,可抽出五分钟时间做深呼吸。若时间充裕,还可以出去旅行,开阔心胸,放松心情。

音乐疗法:音乐助人驱散消极情绪,缓解压力。

自我倾诉法:在心情焦躁、紧张而无法保持冷静时,将这种心情和感受写下来,用文字宣泄,使心情重新愉快。

　　向朋友或家人倾诉：遇到问题主动找朋友、家人倾诉，及时化解不愉快的情绪，获得情感支持。

　　及时寻求心理老师的帮助：如果心理压力过大，产生扭曲心理，应当及时向心理老师寻求帮助，进行心理咨询。

3. 人际关系方面的因素

在影响青少年学生心理健康的因素中，人际关系占据着重要的地位。处于中学阶段的学生，由于价值观、人生观、认知水平、兴趣、经验等因素的影响，他们倾向于和同伴沟通交往，寻求认同，一旦人际关系失衡，会给学生带来毁灭性的体验。震惊全国的马加爵案、复旦投毒案，都是由于和室友发生摩擦导致心理失衡而酿成的悲剧。在校园危机管理中，因人际关系矛盾引起的校园危机事件，尤其需要得到教育工作者的关注。班主任在班级管理中要加强同伴互助和班级凝聚力的建设，以预防校园危机事件的发生。

4. 家庭方面的因素

大量资料显示，不良的亲子关系和父母教养方式会造成学生情感、人格的失调，诱发学生心理危机。吴念阳等（2004）研究发现，亲子关系的好坏会影响青少年心理健康，消极拒绝型亲子关系会诱发青少年抑郁敌对情绪，严格型亲子关系会诱发青少年的强迫、焦虑情绪，而期待型亲子关系可能会诱发青少年群体抑郁倾向。徐锦华等（2005）的研究提示，消极的父母教养方式（惩罚严厉、过分干涉、拒绝与否认、过度保护）与青少年学生心理健康呈现显著正相关，父母的拒绝、否认往往会伤害子女的自尊，使其胆小、退缩，甚至产生抑郁情绪；父母严厉、惩罚的教养方式易使子女产生抵触、不满和敌对情绪，进而导致青少年群体产生心理疾病。家庭因素影响学生的心理健康，会直接导致校园危机事件的发生，家庭因素永远是预防危机事件发生和处理危机事件时需要优先考虑的。

二、校园危机干预

(一)校园危机干预的定义

危机干预（crisis intervention）又称危机管理、危机调节或危机介入。校园危机干预是针对处于危机中的学生提供有效帮助和支持的一种技术，通过调动学生自身的潜能来重新建立和恢复危机前的心理平衡状态。其主要目标是缓解危机学生自身的不良症状和情绪，使其心理功能恢复到危机发生前的水平，避免对自身及他人造成危害。

(二)校园危机的干预原则

1. 预防性原则

任何危机事件的发生或多或少都会对学生产生影响，因此，危机事件的预防工作是学校危机干预的首要任务。学生危机事件虽然有突发性,但并非完全不可预防。学校在开展工作过程中需重视学生的心理健康教育,并做好危机学生的筛查工作,适时掌握学校的焦点、热点、敏感问题,及时发现学生中可能引发事端的各种矛盾,提早做好预防措施,保障学校正常教育教学秩序,保护师生生命安全。

2. 系统性原则

校园是学生接触到的直接外部系统,校园危机事件的处理,需要从学校整体的组织性出发。这要求学校配备系统的、完整的危机干预小组和应急预案,小组成员应包括学校领导、校医护人员、心理老师、班主任和各任课老师。当危机事件发生时,危机干预小组能够立即启动,各司其职,以最快的速度处理危机事件,以减轻该危机事件的危害,防控次生危害。

3. 规范化原则

校园危机干预针对的是学生群体,需要遵循国家、政府和教育主管部门出台的相关法律法规政策。在制订相应计划之前,应考虑是否符合相关制度规范,做到依法依规化解危机,切实保障学生利益,减轻危机影响。当危机事件的严重性超出校园管理时,应及时向上级部门报告或报警,请求帮助,不可为了学校自身的利益而瞒报以隐瞒危机事件。

(三)校园危机干预的具体措施

1. 开展心理健康教育

校园危机干预的第一步是预防性干预,只有做到早预防,将危机事件扼杀在萌芽阶段,才能最大限度地减少伤害。在预防工作中,尤其需要重视学生的心理健康教育。学校应开设系列心理健康教育课程,主题包括认识自我、情绪调节、同伴交往、亲子沟通、生命教育、青春期教育等,通过系列课程帮助学生养成积极向上的精神风貌,发展健全的人格,提升面对挫折的适应能力,促进学生身心健康发展。此外,学校心理辅导中心应有团辅室、个辅室、沙盘室、音乐治疗室、行为治疗室等,针对小团体学生和个别学生进行心理辅导,为学生的健康发展保驾护航。同时,学校每年可组织开展"心理健康月""心理活动周"等主题活动,以丰富多彩的形式塑造学生的健康心理,例如主题讲座、心理电影赏析、心理微电影拍摄、心理知识宣传、素质拓展训练等。

2. 建立学生心理健康档案

通过心理普查和危机筛查,建立学生心理档案,也是预防校园危机事件的重要手段。科学、准确、有效的记录,可以反映个体在一段时间和一定空间内的行为表现,是了解、评价个体行为的重要参考依据。针对每学年新入学的学生,都要开展心理普测,包括艾森克人格问卷(EPQ)及症状自评量表(SCL-90)等,根据问卷数据,建立新生心理健康档案。建立学生心理健康档案,一方面可以筛选出高危学生,另一方面,心理档案能够跟随学生整个中学阶段,这对于分析学生纵向心理发展具有重要意义。

针对检测出来的高危学生,学校应重点关注预警。分析高危预警学生的量表情况,采集重要他人的生活信息,评估学生的危机问题所在,并针对这部分学生制定相应的"一案一对策",确定干预责任人和团队,进行"1+X"介入干预。针对检测出来的具有严重器质性问题的学生,例如抑郁症、焦虑症、强迫症、精神分裂症、情感双向症等,一般与家长进行沟通,送至医院进行进一步的检查,如果确认有严重心理应激障碍的,建议转介到专业机构,及时进行专业的心理治疗。

小贴士

抑郁症(depression)是一种以抑郁情绪为主的心境障碍或情感障碍。在美国的《精神障碍诊断与统计手册》第五版(DSM-5)中,抑郁症的诊断标准包括心境低落,对身边的事物和活动失去兴趣和愉悦感,活动明显减少,几乎每天都感到疲劳或精力不足,失眠或睡眠过多,很难集中注意力,不断自责、内疚,觉得自己毫无价值,可能会有自杀倾向等。具备其中一定数量的症状,就可以被诊断为抑郁症。

3.建立支持系统

建立支持系统是校园危机干预过程中必不可少的一个环节。当学生心情低落、情绪不佳时,他们一般会寻找自己身边亲近的人进行交流,寻求支持。因此,在学生周围建立支持系统,能及时提供帮助,有利于校园危机事件的预防。在校园危机介入干预阶段,有效的支持系统能为学生提供情感支持,并提供系统、全面的帮助。

那么,应该如何建立支持系统呢?首先,学校应该联合家长建立规范有效的家校联系平台。在学校时,老师关注学生状况,如有情况及时与家长进行沟通,寻找原因所在,在必要时提供切实有效的帮助;在家中,家长应主动关注孩子的情绪,细心观察子女的日常表现,如有异常,及时与学校联系;同时,学校和家庭可以联合开展心理健康教育指导活动,促进师生交流、亲子交流、家校交流,打开交流通道。其次,学校要重视学生之间的交往。同伴是青少年学生社会支持的主要来源之一,一些研究者发现,同伴间友谊具有亲社会行为、自尊支持、亲密和忠诚的积极特点,良好的同伴关系能够有效缓解学生的消极情绪,支持个体自尊发展,避免校园危机事件。最后,学校针对校园危机事件需要建立一套完善的危机应急预案和成立一支专业危机干预应急队伍。队伍应包含学校行政人员、班主任、学校心理老师、医护人员、相关教师及其他能够提供支持的人员,危机小组在每一季度开展一次会议,总结工作进展,分析可改善的地方,推动支持系统的健全。

4.危机后干预

危机结束后,危机事件的后续处理也是一项重要的工作。首先,需要考虑危机事件中有关人员的心理状况。对于个体而言,并不会经常遇见危机事件,一旦碰上或是目睹危机事件的发生,可能产生过激反应、过度恐慌甚至行为偏差。如果不能及时进行心理辅导,可能会造成不可挽回的负面影响。因此,学校要组织危机事件相关人员进行针对性心理辅导,尽一切可能减轻不良影响,帮助师生渡过难关。其次,为了避免再一次发生类似的危机事件,学校要对整个危机事件进行评估,从中吸取经验教训,这有利于危机预防工作的开展。最后,学校要做好危机事件的善后工作,主动与家长和教育相关部门沟通,降低危机事件的负面影响。

(四)高危学生干预流程

1.识别

学校心理危机评估小组要根据高危学生个体心理健康档案和危机筛查结果,结合中小学生的心理危机类别的分类标准,判断个体表现是否已超出学校危机干预能力与范畴,是否需进一步专业诊断。(具体操作参考本书第三章第二节"评估体系建设")

2.会谈

学校心理危机评估小组要成立会谈小组与家长进行会谈,主要内容包括告知家长孩子心理危机筛查情况及可能发生的危机,并建议家长将孩子转介至专业心理治疗机构或专科医院进行诊断。参与人员一般包括学校危机评估小组领导、相关处室负责人、班主任、心理老师和家长。会谈结束后需整理会谈纪要或录音资料,以及有家长签名的学生心理健康状况告知书。

3.转介

经上述会谈提出高危学生转介是学校心理危机干预工作的一个很重要环节。学校可向家长提供域内具备资质的专业心理咨询或医疗机构。同时,学校也可对接市级以上定点专业医疗机构开辟绿色通道,实施快速转介和信息共享。

4.跟进

经专业医疗机构诊断有严重心理疾病、精神疾病或有自杀倾向危机的学生,应实施休学或请假一段时间接受专业治疗。在学生休学治疗期间,学校应定期联系学生和家长,了解治疗进展和康复情况,并做好相应的动态管理记录。

5.返学与复学

学校应根据专业医疗机构的诊断或治疗结果,分别对以下两类高危学生实施辅助性干预:一类是经专业医疗机构诊断有心理疾病但无严重心理危机,在药物治疗下可控的返学学生;还有一类是经过专业医疗机构治疗进入稳定或康复阶段,经医生建议和本人及家长同意复学的学生。这两类学生返学或复学后,学校危机干预小组应专门组建由班主任、心理老师、心理委员和相关重要他人等组成的干预团队,确定责任人负责干预方案(一人一案)制定,以及做好个体在校期间的辅助性辅导和动态管理,并做好相应记录,以保证个体在校期间的安全。原则上不建议这两类学生住校,同时建议与学生签署不自我伤害契约书,与家长签署安全责任书。如果学校条件允许,建议第二类学生复学后,在学校心理辅导站的"安全屋"适应一周,为高危复学学生提供一个介于社会和学校之间的安全缓冲地带(图 8-1)。

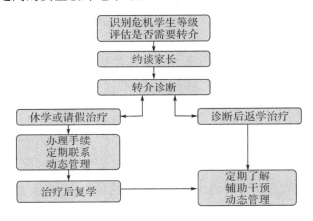

图 8-1　高危学生干预流程

第二节　寻找更好的自己
——对内在自我价值感缺失学生的心理干预

摘　要:青少年时期的一个核心问题是自我同一性的发展。自我同一性混乱,就会对自身的生活感到无所适从,没有目标、没有动力,自我评价混乱,导致内在自我价值感缺失,进而引起抑郁等症状,影响其认知、情感、动机和社会行为等。笔者针对内在自我价值感缺失的个案,采用共情建立良好关系,引导其释放负面情绪;用箱庭疗法引导其寻找内在需求;再运用内在疗法、认知行为疗法提升其内在自我价值感;最后巧用自我防御机制,逐步完善其社会支持系统,以维持并不断提高其自我价值感,引导其寻找到更好的自己。经过一年的辅导,其内在自我价值感提升,抑郁症状有明显好转,辅导效果良好。

关键词:自我价值感;箱庭疗法;内在疗法;认知行为疗法;自我防御机制

自我价值感(self-esteem,self-worth)是个体对自身价值的判断,是对自身的感受,认为自己重要、有价值,从而对自己接纳和喜欢的程度。从心理学角度看,良好的自我价值感是人格健全的基础。青少年时期是个体个性发展的重要时期,也是自我价值感发展极不稳定的时期,自我价值感作为自我系统的核心成分,不仅对人格的发展有着重要的影响,对青少年学生的认知、情感、动机和社会行为等都有着重要而广泛的影响。

一、个案资料

(一)基本情况介绍

H,男,16岁,职高一年级学生。家中还有一个比自己小10岁的弟弟;父母均为自由职业者,父亲从不过问他的生活,母亲脾气急躁,习惯性使用暴力教育。

H在校表现不合群,经常单独一个人,与同寝室同学矛盾较深,经常发现独自往无人的地方去。同学反映其心胸较狭隘,与人交往吃不得半点亏,也不信任同伴,不愿与人交流。

(二)咨询师观察

H衣着整洁,言行很注意礼节。典型的内向性格特征,待人冷漠,不愿参加集体活动,喜欢独自处理问题。怀疑性明显,不轻易相信他人,常感到别人想占自己的便宜,对自己的成绩不能做出正确的评价。情绪不稳定,对各种刺激的反应都过于强烈,情绪激发后很难在短时间内平静下来。自述心情会莫名其妙地失落,感觉活着没有意思,多次有过自杀念头,但没有勇气结束生命。

(三)心理测验

症状自评量表(SCL-90):总分233分,抑郁3.15分,人际关系3.11分,强迫症状3.20分,偏执2.67分,恐怖2.29分,敌对2.00分,躯体化2.00分,焦虑2.40分,精神病症2.40分,其他(睡眠及饮食)2.29分。

卡特尔16项人格因素问卷(16PF):乐群性0,聪慧性10,稳定性9,恃强性3,兴奋性3,有恒性8,敢为性2,敏感性12,怀疑性10,幻想性11,世故性8,忧虑性16,实验性14,独立性16,自律性10,紧张性14;适应与焦虑型7.53,内向与外向型0.18,感情用事与安详机警型4.76,怯懦与果断型6.59,心理健康因素 13.19,专业有成就者的个性因素 42.03,创造力个性因素 96.22,在新环境中有成长能力的个性因素 23.59。

艾森克人格问卷(EPQ)(16~18):精神质 55,内外向 35,神经质 65。

SDS 标准分:69。

SAS 标准分:53。

二、鉴别诊断

个案的主要症状:情绪低落、兴趣下降、焦虑、人际关系紧张、自我评价低、有自杀倾向等。抑郁症的主要症状有:心境低落或悲伤,兴趣减退甚至丧失,感到生活本身没有意义,自罪或丧失自信,自杀观念或行为,对前途悲观,病情持续两周以上。个案符合以上特征,结合心理测验的结果,可诊断为轻度抑郁症。与精神分裂症的鉴别诊断:根据郭念锋病与非病的三原则,该个案的知情意是统一的,对自己的心理问题有自知力,有主动求医的行为,逻辑思维清晰,无感知觉异常,无幻觉、妄想等精神病症状,因此可以排除精神分裂症。

三、问题分析

(一)生物因素

家族无精神病史,本人身体健康,无重大疾病史,未见明显的生物原因。

(二)社会因素

家庭环境的影响。父母对其表达的关心较少,家庭氛围不好,严重缺乏亲人关爱。

缺乏社会支持系统。个人交往圈狭窄,很少与人交流,独来独往。家庭成员不理解他,同学、老师关系紧张,没有交心的朋友,得不到父母、老师、同学、朋友的理解和关注。这些对于严重缺爱的 H 可以说是致命的打击。

(三)心理行为因素

1. 自我同一性混乱

青少年时期的一个核心问题是自我同一性的发展,它将为成人期奠定坚实的基础。埃里克森(Erikson,1946)将同一性概念引入心理学,而被称为自我同一性研究的集大成者玛西亚(James Marcia)认为:同一性是指个体将自身动力、能力、信仰和历史进行组织,纳入一个连贯一致的自我形象中。它包括对各种选择和最后决定的深思熟虑,特别是关于工作、价值观、意识形态和承诺等方面的内容。如果青少年无法将这些方面和各种选择整合起来,或者说他们感到根本没有能力选择,那么角色混乱就发生了。个案就是这样一位角色混乱的青少年,他对自身的生活感到无所适从,没有目标、没有动力,自我评价混乱,自我价值的形成主要来自外人对自己的评价,而不是来自自己,没有学会自己对自己负责,没有能力负责,打算用自杀来逃避这一切。

2. 存在错误的认知,不会正确归因

如对父母极少关爱自己这类本该外归因的事情,不恰当地进行了内归因,认为自己是多余的、无用的。对同伴关系问题虽然进行了内归因,但同时否定了自己存在的价值,把问题泛化,认为自己是自私的,没有人会喜欢自己,形成"我不好,你好"的生命脚本,自己始终处在自卑、自责、自我否定的世界里,无力改变自己。

四、辅导策略与过程

(一)运用共情建立良好关系,引导释放负面情绪

H经常一个人出现在心灵港湾,也没有主动过来找我,和他的第一次咨询是我主动找他,但他并没有表现出排斥、阻抗,似乎一直等着我找他一样,自然地诉说他的感受。

先讲述了刚发生的事件:"昨天感冒了,我给爸爸打电话,爸爸推三阻四,死活不来,而我又不敢让我妈来,因为她无论如何都会骂我一顿,然后不停唠叨。今天我又给我爸打电话,他又说有事来不了了,让你妈来吧,然后就说你也可以自己坐公交来。他从来只想自己省事,不考虑可不可能,还十分虚假地说那这怎么办呢? 反正他就不过来,他总是认为我没有什么事,总觉得我是装的,现在我都想杀了他。我也很讨厌我妈,她从小就用暴力来教我,长大以后怎么可能听她话。这是心理问题吗?"

没等我回应,他又接着说:"开学有一段时间了,和我聊得来的朋友只有两个。其实我也并不怎么想和他们聊天,因为实在没什么好聊的。到了课外活动时间,我希望可以沉醉在自己的游戏世界里,不怎么想和别人交流。我很自私,我觉得他们和我非常不和。其实我是一个内向的人,不会有太多的愉快心情。其实我也不想读书了,没有意思,一天过得实在太快,心情会莫名其妙地失落。感觉活着没有意思,当然我没有勇气去死,我想活,但我觉得好辛苦,我觉得长大会好一点,会改变吧。我实在是懒惰不希望做事,又喜欢幻想,不切实际……"

面对H的诉说,我首先以亲切、接纳、关注的态度倾听,并表示感同身受,理解他的内心感受,帮助他释放积压已久的不良情绪。同时注意搜集相关资料,了解他对问题的应对方式、人格主要特征、成长经历、社会支持系统等情况,待其情绪稳定时完成心理测验。

(二)运用箱庭疗法寻找内在需求

自述经常莫名失落,不知道为什么,自己想要什么,想改变什么。运用焦点解决短期心理咨询中的奇迹询问技术没有找到其内在需求,便邀请他摆了

一个沙盘,结果如图 8-2 所示。

图 8-2　H 摆的沙盘

他先摆了沙盘中的 B 位置,两个宝塔,两条龙,一个沙弥和一把藤椅,很安静宁和的境地,说这是自己的世界。接着在沙盘的对角 A 位置摆了一个浓浓海岛风情的热闹场所,说是别人的世界。停了好一会后,在两点之间加了一条铁轨和火车,陆续完成图中沙盘。

虽然他认为自己的世界和别人相隔甚远,也大不相同,但他的世界里所有物品的朝向都是 A 点,而后又在两点间铺路,这说明内在的他并不像他所说的不想和别人建立关系。但在路的两边摆满了有危险性的物品,自己也没有悠然乘车,而是站在火车顶上,面朝自己的世界。内在自我价值感的缺失,导致他对自己以外的世界产生既渴望又害怕的趋避冲突。

(三)运用回归内在疗法,提升自我价值感

美国约翰·布雷萧(John Bradshaw)发展了一种源于心理动力学的心理治疗技术——回归内在疗法(home-coming therapy),以提升个案自尊与自我价值感、减少自怨自艾、增强自爱与自我抚慰的能力为工作目标,强调自我关爱是心理成长与康复的重要机制。该疗法针对以下个案情况,效果较好:没有具体原因,总觉得生活无聊、不愉快、缺乏活力;只是有一种模糊的难受感觉,却找不到任何与此感受有关的记忆;隐约觉得和人有距离,无法亲密,难以体会被爱或感动;觉得心理倦怠,对现在的生活及未来感到缺乏意义;因为个人忌讳,不便或不愿说出以往事件的经过,但仍然因为感到痛苦而需要被帮助等。在个案做完放松以后,运用回归内在疗法引导其找到内在小孩。个案在小的时候喜欢过很多人,并付出行动,但是没有一个喜欢自己。引导其运用写

信的方式与内在小孩对话,想象着内在小孩的样子,然后以成人自己的感受写一封信给内在小孩。信写好之后,让其把它慢慢地大声朗读出来,引导其注意自己的感觉。然后再用另一只手,以内在小孩的口吻回信给自己,在此过程中提升内在自我价值感,重新发现自我、认识自我、塑造自我。

(四)运用认知行为疗法,指导正确归因

归因是对导致自己行为结果的原因的归结。不同的个体有不同的归因方式,同时,归因方式的不同影响个体自我价值感的高低。韦纳(Weiner)认为,归因方式可以从内外源、稳定与不稳定、可控与不可控三个维度来划分。倾向于从内部、稳定和可控维度归因的个体认为,自己成功的原因是自己的能力、努力的结果,所以这种归因方式的青少年学生常常自信和乐观,具有较高的自我价值感水平;相反,倾向于从外部、不稳定和不可控的维度归因的个体则认为,自己成功的原因是运气、命运和机会带来的,所以这种归因方式的青少年学生常无法把握自己,听天由命,因而其自我价值感水平较低。根据前面的分析,个案的失败归因是稳定的不可控的内归因,导致其自我价值感缺失。引导其利用实例进行信念辩论,消除其不合理的信念;将父母对自己的忽视外归因为父母工作状态、照顾年幼弟弟等,有助于缓和个案家庭氛围,也降低自我的无用感;从可控性维度认识到,家庭氛围是可以通过自己的变化而改变的;为其布置家庭作业:回家主动表达对彼此尊重的家庭氛围的需要。

(五)巧用自我防御机制,逐步完善社会支持系统

所谓自我防御机制,是指一些为保护自我免受冲突、内疚或焦虑之类的潜意识反应。当人们在心理受到矛盾、挫折或内心冲突的威胁时,通常会以某种心理方式或手段,把自己与现实的关系做出某些改变,使自己较容易接受,不至于引起心理上太大的紧张和痛苦,以保护心情安宁。建立适宜的自我防御机制,有助于自我价值感的维持和提高,可以有效防止自我价值感的降低和崩溃。H与同伴的关系很难在短时间内得以完善,初期根据"物以类聚,人以群分"的原则,在选择朋友时,可以有意识地选择与自己相似或能力略高的人来交往,而不要去选择一个个性出入很大,看不惯自己,总是提醒自己无能和低劣的"高不可及"的对象,让自己的社会支持系统从无到有,再逐步扩大。

五、效果与反思

(一)根据个案的自我报告进行评估

个案打消了自杀的念头,不再感觉自己一无是处,感觉自己变成熟了。

(二)个案家人、老师的反映

个案现在能主动帮助家人和同学,上课积极性明显提高,也能有选择地参与集体活动。

（三）根据心理咨询师对个案各方面的观察进行评估

个案基本上摆脱了抑郁症状，有了自己的近期目标，也逐渐懂得了怎样以被他人、社会认可的方式来达到自己想要的目标。

（四）心理测验结果

SCL-90：总分 182 分，抑郁 2.27 分，人际关系 2.18 分，强迫症状 2.20 分，偏执 2.14 分，恐怖 1.60 分，敌对 1.81 分，躯体化 1.67 分，焦虑 1.31 分，精神病症 1.60 分，其他（睡眠及饮食）2.25 分。

SDS 标准分为 52 分，SAS 标准分为 48 分。各项指标均有所缓解，SDS、SAS 测验结果也都降到正常标准分以下。

自我价值感的核心是自我价值的判断与体验。持久的自我价值感是一种比较稳定的人格倾向，它对个体行为、认知、情感具有重大的弥散作用。大多数职高学生内在自我价值感不高，生活没有目标和动力，空虚、茫然，无能感体验明显，极易导致抑郁、人际关系紧张等状态，需引起学校心理工作者的重视，及时进行有效的咨询或治疗，充分发挥家庭、学校和社会的教育功能，共同促进学生内在自我价值感的增强，帮助其健康成长。

（朱玉玲）

第三节　巧手化"窃"
——学生偷窃事件处理案例

摘　要：本文从笔者了解偷窃事件的过程展开，呈现出班主任处理类似偷窃事件的艺术和成效，从班主任管理与学校管理的角度进行反思，促进班主任的专业发展。

关键词：偷窃；班级管理

从教 20 多年来，大部分时间都在班主任的岗位上，始终认为处理学生的偷窃事件是最难的。由于工作的需要，我到了教导处，我依然认为协助班主任处理班级偷窃事件是最难的，这是因为这类事件一旦处理不好，会产生很大的后遗症，如果查到了，对于偷窃者的处理和保护无疑也是伤脑筋的；如果查不到，对于班主任后续的管理也会带来很大的障碍，对班主任的威信无疑打了很大的折扣。

一、个案描述

新学年开学之初是各班偷窃事件的高发阶段。九月中旬的一天中午，接到一个陌生的电话。

"你好,请问是方老师吗?"

"是的,你哪位?"

"你好,我是××班亭亭(化名)的妈妈。是这样的,有一个事情我想了好几天,我觉得应该和学校反映一下。"

我的心里有些烦躁,想着肯定不会是什么好事情,刚开学就打电话来。

"亭亭上星期回来和我说,她在班级里掉了一百块钱,班主任知道后,在班级里做了检讨,说是因为自己工作的失误,还从自己身上拿出一百块钱给我女儿。女儿说,老师很好,以后一定要好好表现。其实她在初中里也丢过钱的,但是这一次不一样,我让她把钱还给老师,她说老师肯定不会要的……"

我听着听着,为自己之前的"小肚鸡肠"而觉得不好意思。

"亭亭妈妈,这个事情呢,我还不知道,还要去了解一下。这个老师呢,是真的很负责任的,所以你可以放心把孩子放在她班里。至于钱,我想班主任总是有她自己的想法的,所以就不用还了……也谢谢你把情况告诉我!"挂了电话,我第一时间去找这个班的班主任了解情况。

班主任很细致地讲了事情的经过,还一再叮咛我不要把事情讲出去,怕对班级和学生带来一些不好的影响,因为她还不知道效果会怎么样。她说这是她当时实在没有办法的情况下才使用的笨办法。而我听了之后,却不得不在心里佩服她的机智和大气。

二、个案处理(以第一人称叙述)

开学第一周的周四,学生亭亭在第三节课下课时跑来告诉我,上课的时候发现自己的一百元钱丢了。

"丢钱的事情同学知道吗?"

"不知道,因为刚刚发现的时候,老师在上课,所以我就没有作声。"

"你放钱的事情同学知道吗?"

"有几个同学知道的,小 A、小 B、小 C 知道。而且我是放在书包的夹层里的。"

"你最后一次看到钱是在什么时候呢?"

"就开学报到那一天。这两天,我也没注意看过,今天上课找东西时才发现。"

"哦。好的,我知道了。现在要上课了,这个事情老师会处理的。你回到教室去,但是你要做到和往常一样,不要和任何同学讲这个事情。"其实,本来这样讲是出于保护偷窃者的心态,当时的我并不知道监控是坏的。就这样,她回教室去上第四节课了。

第四节课,我想去查监控,才知道监控原来是坏的。这真的是难为我了。但是我知道,明天就是周五了,如果我处理不了,以后的班风就会变得很差。

一直到带学生去吃饭时,我还在苦苦地思考这个问题,可是却想不出好方法。吃饭过程中,同事无意说了一句玩笑话:"你这个笨蛋,见过笨的,也没见过你这么笨的啊。"忽然让我灵光一现:"对啊,在没办法的情况下,我为什么不用最笨的方法呢?"

吃完饭回教室以后,我让亭亭到办公室重新复述了一次事情经过后,和副班主任一起来到了教室。"同学们,咱们班发生了一件很不愉快的事情。亭亭同学这几天丢了一百元钱,钱虽然不多,可是在开学第一周就发生这样的事情真令我觉得难过……"

"首先,我要道歉,为什么呢?可能是因为我没有陈述清楚,所以有些同学就没有把钱存放在我这里;第二,我虽然提醒了大家要保管好自己的财物,却没有多次提醒,毕竟你们还是孩子,所以会有疏忽的地方;第三,我忘记提醒一些有不良习惯的同学,新的环境新的开始,记得要改掉不好的习惯;第四,我真的忘记告诉大家,教室里是有监控的,包括走廊楼道,所有的监控在大家报到之前刚维护过,绝对不会有问题。所以,这个事件最应该承担责任的是我,我必须向所有的同学道歉,对不起!"同学们全都特别真诚地望着我,因为他们也不知道我会如何处理。

"既然我是这次事件的主要责任人,所以这一次事件我来承担责任。亭亭,这是一百元钱,请你拿去。请你别把它当成是赔偿,你就当是自己的钱根本没有丢掉。回家也别告诉家长,好吗?因为我不希望家长在一开学就对我们班产生不好的印象。在座所有的同学都一样,我们有责任要保护自己的班集体。"同学们见到我的行为后,眼中充满了惊奇,也许没有人试过这样的方法。

"当然,我拿出的这一百块钱,不单是为了班集体,更是为了我们在座的某一位同学。因为你的一次冲动或是蓄意的一次行为,带给同学的是难过和猜疑。但是同学们,既然我们有缘来到这个教室,从此以后,我们就是姐妹了。试想一下,如果是你的亲姐妹不小心犯了错,你会原谅她吗?你愿意帮助她吗?我想,你一定会的。而现在,我们这里就有姐妹需要我们的原谅和帮助,甚至是保护,你愿意吗?"

"现在,我在这里告诉那位同学,老师愿意承担物质上的损失,只为你是我手下的孩子,只为保护你。你们之前的所有和我无关,可是从四天前你来到这里,你就成了我的妹妹,保护你是我义不容辞的责任。"有几个女生的眼眶红红的,也许是感动了。

"这一次,我不会选择去看监控,也就是说,我们的监控从这一刻开始启用，仅仅只为保护一个我们愿意保护的人。有人说，孩子犯错上帝都会原谅的，所以我们都会原谅你。但是，孩子犯罪，法律是不会原谅的。下一次，如果班里再有这样的事情发生，老师绝对会追查到底，因为我需要保护大多数同学的利益。所以，请每一个同学保管好自己的财物，别让同学有机可乘，这就是在保护你的姐妹不犯错。也请有些同学自重，因为现在的你是全新的你。好了，就讲到这里，出了这个教室，谁都不许再议论这事，日记中也不准提这事，好吗？因为我不希望大家生活在一个相互猜疑的集体，好了，回寝室休息吧。"

事情就这么结束了，我不知道这样的方法管不管用，但是我知道，没有监控，这么小的数额，我未必能查出来是谁拿了钱。

三、个案反思

对于班级管理者来说，方法也许没有灵与笨、好与坏之分，只有适用和不适用之分。而能找对适用的方法，是需要老师们不断学习和摸索的。我们的目的是发现、帮助学生改正缺点，实施有效教育；尊重、理解、宽容对待学生已发生的任何错误，是处理好此类事件的根本前提。我们无法杜绝校园偷窃事件的发生，但让当事人在过失中明事理，对当事人和整个社会都有着深远的意义。

这样的成功案例，放在别的同学或者班级身上未必是有效的，因为一个不良习惯的纠正，需要时间，也需要正义、正气和宽容的环境作支撑。在这个案例中，班主任的"笨"办法，在学生面前一定程度地挽回了学校层面的工作失误，也给学生上了一堂非常好的德育课，不仅是对偷窃者的一种保护和感化，更是对全班同学一种正义、宽容、勇于承担责任的精神教育。在开学之初，这么有智慧的处理，很好地展现了两位班主任的人格魅力，更树立了班主任的威信，真正做到了教育无痕。

学校管理层面，如果能进一步加强对一些硬件的维护和检查，无疑是对班主任工作很好的支持。在教导处这个岗位上，我也应该把工作做得更细致。正像这位班主任所担心的，这样的方法对于偷窃者未必真的有实效，所以在没有看到成果以前，她并不想与大家分享。更多时候，我们班主任管理中遇到的问题，如果有监控就会好处理很多。

每个问题都有一个解决的方法，只要我们教育者做个有心人，认真负责，三思而行，办法总会比问题多。在这样的事件中，无论是班主任还是德育管理者，都要引导学生对目前已经造成的后果做一个自我评判，特别要强调学生须对目前的行为性质做价值上的判断。价值判断是权衡相对于个人的利益的轻重而决定弃取的判断，既不随某些人的个人意志而改变，也不接受他们随心所欲的强加。

四、小结

新学期又开始了,去年一个学期下来,这个班级再也没有发生过失窃事件。整个班级风清气正,学生之间也很和谐。同时也有几个班主任,在处理失窃事件中花费了不少精力,同学之间因为相互猜疑而矛盾重重。

看来,开学第一周,班主任老师艺术性地处理了如此棘手的事件后,不仅很好地警告了学生,也有效地保护了学生,树立了威信,为开展班级管理工作打下了很好的基础。

(方卫东)

第四节 让"机"不可失变"机不可失"
——基于一起手机引发冲突事件的思考

摘 要:手机时代的来临,给我们带来了生活的便利;但有一部分青少年学生在使用手机的过程中,反被手机"控制",引发了一系列行为问题。本文分享了有关手机成瘾学生的案例,并对学生手机成瘾的原因进行探析,为家长、老师有效管理手机成瘾的孩子提供参考。

关键词:手机成瘾;青少年学生;问题行为;教养方式

如果百度一下两个关键词"智能手机"和"青少年学生",你会看到相关链接中出现最多的是"危害""毁掉""禁止"等字眼。诚然,智能手机似乎已经变成伤害未成年人的"武器"。

不可否认的是,因为网络,因为智能,新时代的我们正享受着更高效和更便捷的生活。可伴随而来的是,有那么一小部分青少年学生沉迷于手机上网,进而对手机有了情感依赖而变得另类。他们常常会因手机使用问题跟家长和老师发生冲突,甚至还出现了鲜活的生命因"手机大战"而凋谢的个案。"机"不可失的阴霾笼罩着许多家庭,着实让人担忧。

青少年学生正处于成长的旺盛时期,该如何抵挡手机上网这把"双刃剑"对他们的伤害?该如何有效改善孩子对手机的依赖?本文将通过一则因手机成瘾导致的师生冲突个案干预,分析阐述"机"不可失的原因及应对策略,帮助家长和老师正确处理冲突,促进青少年学生"手机依赖症"的改善。

一、案例背景

小沈,男,15岁,某校初三年级学生,文静,内向,学业能力偏差。家住城郊接合部,家庭比较富裕(拆迁户)。父亲小学文化,再婚后老来得子,父母非常溺爱孩子。

二、案例主题

本案例主要涉及学生手机成瘾问题,即"手机依赖症",因为使用手机行为失控,导致其生理、心理和社会功能明显受损的一种状态。一般来说,患有"手机依赖症"的个体,必须将手机带在身边,需要感受到手机的存在,否则就会心烦意乱、焦虑不安,甚至极易与老师、同学产生冲突。可以说,"手机依赖症"是一种常见的学生问题行为,正逐渐对青少年学生产生不利的影响,需要引起家庭、学校、社会的高度重视。

三、事件描述

一天晚自修结束后,小沈偷偷跑到教学楼的角落里玩手机,被班主任发现,老师当即要求其上交手机(学校要求学生周一到校后,手机统一由班级保管,周五放假时领回)。瞬间,小沈情绪失控,歇斯底里地骂骂咧咧,并不停地用手击打或用头撞击墙壁,死活不肯交出手机,一再要求其父亲来校接他回去,说不要读书了。班主任跟家长取得联系后,也没有得到妥善解决问题的办法(家长也害怕把孩子接回家)。顿时,家校关系、师生关系陷入僵持状态。当时,班主任稍作冷处理之后,求助了笔者。通过电话简单了解事情经过之后,笔者前往小沈所在班级,并以巡视过程中听到小沈叫骂声为由,将其带往办公室辅导。

笔者:××(小沈的小名),怎么了?

小沈:……

笔者:是不是有同学欺负你了?

小沈:叫我爸来。

笔者:是不是跟老师吵架了?

小沈:叫我爸来,不要读书了。(接着继续哭泣着保持沉默……)

笔者:××,如果在这里不便说,那就到我那里去坐坐吧?

于是,笔者用手搭着他的肩膀,边走边安慰其情绪,来到了笔者的办公室。我让他坐下后,给他倒了一杯温水,自己也顺势坐了下来。简单的肢体接触,既可以安抚学生情绪,也带去温暖。

笔者:××,你知道在学校里没有 XZ 处理不了的事,假如你有什么委屈的话尽管跟我说,我能帮你解决的肯定会尽力帮你,再说咱们俩平时关系也不错吧?(拉近与学生之间的距离,给予安全支持,使其放下防备,并打开心扉)

小沈:手机。

笔者：什么？手机？手机丢了？

小沈：摇摇头。

笔者：是不是手机带来没上交，被老师查到了？

小沈：(点点头)我不要读书了，让我爸来接我回去。

笔者：你的手让我看看，还痛不痛？

小沈：(摇摇头)不痛。

接着，我在跟小沈的聊天中得知诸多信息。小沈在家基本不出房门，因为父亲年龄较大，辈分也高，出去遇见比小沈大很多的亲戚，都要叫他叔叔、舅舅之类，心里觉得很不舒服，总感觉别人在嘲笑自己。因此，很少跟家人出去或下楼，怕见熟人，把自己关在房间里与网友聊天或玩游戏。父母也非常宠他，一日三餐基本是送到房间。在学校，只要每天看看网上几个朋友在干什么就可以了，也不一定要玩游戏，手机在身边，心里就会舒服些，没手机就感觉整个人都昏昏沉沉的，有时会很烦躁不安，手会很痒。此时，笔者也收到班主任转发过来的家长发给老师的信息，大致意思是：希望老师能网开一面，能玩的话让孩子玩一会儿，或者给孩子安排一个独立的房间睡，以便让他玩，不影响其他同学；孩子在家不给玩电脑、手机就不读书，甚至站到楼顶以跳楼相威胁，他们自己实在也是没办法了；只要孩子周一到周五在学校就行了，对读书没有任何要求。

看了家长的信息后，笔者基本知道该怎么处理小沈的问题了。

笔者：小沈，我知道你手机被查后，现在心里挺难受的，我也知道你确实很需要手机。不过，你没有把手机上交肯定是你的不对，老师也是按照规章制度在管理。如果你真的有需要，可以和老师协商啊，总不至于违反校纪班规吧。

小沈：他们不肯的。

笔者：小沈，我给你个建议，你看这样行不行？你周一来校的时候，把手机交给你最信任的老师，然后周二和周四中午可以去心理辅导中心玩一个小时。

小沈：那我周一来就放你这里好了。(此时，发现其脸上的乌云已散去……)

笔者：没问题，你再确定一个老师，万一我有一天不在学校，可以委托那个老师。

小沈：(略带微笑)那就我们班的心理老师朱老师好了。

笔者：没问题，你先喝点水，坐一会儿，我跟你班主任沟通一下。

随后，笔者跟班主任进行了沟通，得到了班主任的支持。同时提醒班主任需关注该生的人际交往问题，小沈最大的现实生活障碍就是缺乏与同伴交往的能力，在现实生活中找不到支持，他才会将注意力转移到手机上，以此逃避内心的孤独感。回到办公室后,跟小沈进行了再次交流,并告知已和班主任达成共识,希望以后遇事不要冲动,有什么想法,事先可以跟班主任进行沟通,也可以随时来找我,切勿做出伤害自己的行为。随后,小沈就主动把手机交给了我,回班级去就寝了。

等小沈走后,笔者打电话联系了家长,告知孩子目前的情况需要尽快改变,并指导家长不要过分溺爱顺从孩子,尽量鼓励孩子做一些比较擅长的事,适时给予肯定,假期多抽点时间陪孩子去外地玩玩。

几周后的一个周一早上,小沈交手机的时候开心地问我:能不能一星期中就周三中午来一次?我笑着说:可以啊。过了一段时间,班主任告诉我,小沈现在开始把手机交给他了。

四、案例问题

小沈的家庭背景十分复杂。尽管小沈家庭条件优越,父母也宠爱有加,但父母的教养方式出现偏差,过于溺爱,亲子关系泛化,使得小沈在家庭中并不感觉很幸福,甚至怀疑周围的一切。

小沈是一个缺少安全感的孩子。

小沈在现实生活中缺少存在感和成就感。

五、案例反思

智能手机的更新换代,网速的加快,推动了社交 APP 和游戏软件的应用,手机成为简便快捷的社交工具,这本是好事,但有一部分青少年学生不能正确使用手机,反被手机"控制"。针对这部分学生,我们该怎么办呢?

(一)关系是最重要的教育因素

教师与学生之间的关系,直接影响着学生问题行为的解决。再顽皮的学生也拥有基本的常识,他们的出格行为往往并非出于恶意,更多的是一种无知,本案例中小沈的行为更多是属于自我防御。在处理这类问题行为时,良好的师生关系能让问题的解决事半功倍。笔者在辅导过程中,首先通过"肢体语言"——用手搭着他的肩膀,边走边安慰其情绪,以提供支持与温暖,奠定了一种和谐的沟通氛围;再次,通过以之前和学生的相处为锚,取得学生的信任,使其放下防备,打开心扉。笔者始终认为,孩子的问题始于关系,也终于关系。

(二)改变教养方式,根治陋习

特殊学生性格、心理及行为的形成,家长往往在其中扮演着重要的角色。案例中小沈的"手机依赖症"可以认为首先源于其家庭结构的特殊性。小沈小小年纪就当起了长辈的角色,亲戚的称呼常常让他感到尴尬,甚至害怕,这让小沈选择逃避现实,在虚拟世界群落里寻找另一个自己,使自己有一个心灵归属地。其次,小沈的不良行为来源于父母教养方式的偏差。小沈父母对其行为过于纵容,可以设想,在小沈一开始沉迷手机时,其父母就没有正确地进行引导,才会让事情愈演愈烈。

不少家长认为,孩子玩手机是因为贪玩;等发现孩子玩手机上瘾之后,就简单粗暴地制止。可是家长们想过吗,在孩子玩手机成瘾之前,自己是否真正关心过孩子?有些家长对孩子在物质上有求必应,然而忽视了和孩子在感情、精神上的良好沟通。缺少家庭情感关爱的孩子,自然容易捧起手机,去网络虚拟世界寻求快乐。所以笔者认为,家长首先应该自觉放下手机。现在很多家长对孩子学习要求很高,而父母自己一个刷手机,一个追剧,没有节制地放任自己。如今的孩子是看着大人玩手机长大的,如果父母在手机使用方面有所节制,让孩子觉得手机只是一个通信和信息采集工具,而不是游戏机和娱乐工具,我想孩子对手机也不会那么痴迷。

(三)理解是通向心灵之门的钥匙

家长过分宠爱、自私、替代太多,养成了小沈任性、自私、情绪易激怒的个性特质,致使其独立行事能力不足。"拆迁家庭"缺乏通过努力取得成功的体验,父母没有明确的目标,导致小沈上进心不足,学业能力偏低,自信心缺失,因而得不到同伴的认同,所以通过在游戏世界里不断厮杀和升级来证明自己的存在和价值感。其实,小沈也知道自己的行为是错误的,但又抵不住诱惑,家长和老师也没对小沈的心理诉求和行为变化引起足够重视,没有了解小沈内心深处的真实想法,导致危机事件发生时识别模糊,无从下手处理和介入辅导。好在笔者在辅导过程中,充分掌握了小沈家庭的教养方式,依据个体的内在诉求,协同班主任迅速制定了近期介入干预的目标和策略,并和小沈达成共识,成功将一起"机"不可失危机事件反转为辅导过程中"机不可失"的教育支点。

(四)因材施教,缓解学习压力

随着学业竞争的加剧,一部分青少年学生在学业成绩和自制力方面已经呈现出明显的弱势,但家长还是站在成人的立场来看孩子的世界,总把自己的想法强加给孩子;当孩子有正当的合理诉求时,也常常被家长以学习成绩差为由予以否定或拒绝,或者与别人家的孩子做比较,忽视了个体差异;还有部分家长总想为孩子安排好一切,替代了太多;在全民精英教育的疯狂氛围下,家长给孩子设定了"5+2学习模式",缩减了孩子的自由活动空间和快乐,从而忽略了亲子关系的建设,读不懂孩子的内在诉求。重压之下,孩子们也需要有个渠道宣泄减压,而手机上网就成了不少孩子的首选。一方面已不适合激烈的学业竞争,另一方面却被迫长期背负超负荷的学业压力,这只会让一部分学生越来越封锁内心,以手机、网络为寄托,逃离现实。针对这部分学生,帮助其分析自身的优劣势,并提供积极向上的学习氛围,实施因材施教才是最好的出路。

(五)青春期注重观察和引导

青春期的孩子,接受能力强,好奇心强,精力旺盛,加上处于喜欢争强好胜的心理叛逆期,易发生家庭支持系统冲突,师生关系、同伴关系的社会系统僵化。此时,网络就会成为其不可或缺的另一个支持系统,从而导致"手机依赖症"。因此,处于心理转折期的孩子,家长、老师更需要注意观察其言行举止是否异常,多耐心跟孩子交流,倾听孩子的诉求,多陪伴孩子出去看看外面的世界,放松心情,以建立良好的亲子关系。切勿采用简单粗暴的方式进行压制,如果压制过头反而会让孩子想摆脱家长,寻找其他生活方式,手机上网就有可能乘虚而入。老师发现苗头也需要及时跟孩子沟通,多关心,多鼓励孩子参加文体活动培养学生兴趣,以建立良好的师生关系,创设良好的同伴关系。

(六)转移注意,改善生理需求

"手机依恋症"者就是无节制地想上网,时间越长越满足。青少年学生一旦在学业和生活中遇到挫折,如果周围的支持系统没有及时回应和帮助,就会"义无反顾"地寻找域外的支持系统。虚拟的游戏世界或者网友,给予他们心理上的愉悦、快乐、满足和安慰,会使他们在生理上渐渐依赖手机。因此,我们要善于观察孩子的情绪反应和行为变化,正确引导孩子在遇到挫折时选择合理宣泄的通道;接纳孩子的失败,理解孩子所犯的错误,尊重孩子的合理诉求,一起和孩子商讨解决问题的办法。家长切勿拿孩子与周围的人去攀比,不强加意愿给孩子;在平时相处中要勤于沟通,只有充分尊重孩子,才会让孩子变得自信起来;不断创设环境和条件,发现孩子真正擅长的方向,培养一项共同的文体活动,以达到转移孩子注意力的目的。

六、结束语

2018年市直属高中调查数据显示:上报高危预警学生近300人,平均每个学校上报10人。有5所学校上报学生数达20人以上,有6所学校上报学生数达10人以上,其余学校10人以下。这比2016年增长了100%,比2017年增长了64%。18所普高平均上报11人,11所职高平均上报7.6人。全市总共上报高危预警学生1000多人,其中直属高中比例最高。数据逐年递增,普高比职高增长快。到底是如今的孩子承受能力太差,还是压力超出负荷?我想以上数据已经说明了一切。

有专家提出,真正的生命教育应有三方面内涵:培养孩子对生命的态度;提高孩子经营生命的能力;教会孩子开发生命的潜能。实施生命教育,不仅是要让学生学到生命存在、发展所需要的知识技能,更重要的是要让个体有丰富的生命涵养,成为对社会有用的人,成为感到幸福的人。在实施生命教育的过程中,不论是老师还是家长,首先需要把孩子当成拥有自己思想的独立个体,聆听、尊重他们的想法。其次,要教育孩子勇敢对事、真诚对人,以善良之心对自己负责,对他人负责,对生命负责。在此基础上,引导孩子培养坚定忍耐的精神,以足够自信的姿态做一个对社会有用之才。

每个人的成长过程难免磕磕碰碰,遭遇种种挫折,面临种种歧路,让我们静听他们真实的心声,陪伴着,支持着,静待花开……

(顾凌峰)

第五节　关于校园学生伤害事故沟通策略的思考

摘　要:近几年来,我国中小学学生伤害事故不断发生,学生或其家长状告学校的官司也不断见诸媒体。校园学生伤害事故的发生,对学校领导和教师的精力都有很大的牵制,对学校的教育教学秩序也会产生严重的干扰。学生在校发生安全事故后,学校必然要与家长就双方各自需要承担的责任问题进行相关交涉。本文试从学校如何与家长进行沟通交流这一方面,来寻求解决学生意外伤害事故处理的对策。

关键词:校园;学生;伤害事故;学校;家长;沟通交流

一、案例呈现

一个周四的早上,郑同学向高同学讨要零食吃,高同学拒绝了郑同学的要求。当时,郑同学觉得很没面子,心里气不过,挥手就给了高同学一拳。而这一拳刚好打在高同学的眼镜上,右眼镜片顿时碎为两片。当时高同学是捂着右眼哭着跑到我们班主任办公室的。听高同学哭着说他感觉右眼睁不开、眼泪止不住时,我当时心里不禁一震,这下要闯大祸了。我们来不及多想,就马上带学生到浙二医院眼科去做了检查,并及时通知了双方的家长。医生检查之后,只是简单地配了些药。此时,我们悬着的心终于放下了。

但是,到了周日的晚上,高同学的家长心急如焚地打电话说她儿子看东西感觉很模糊,而且总感觉东西缺少一个角。我那颗刚放下的心,又开始悬在了半空中。我只能不住地安慰焦急的家长,要她明天一早就带孩子去医院检查。

第二天,我和肇事方家长一起来到医院,陪高同学再次进行了检查。这次检查,医生发现眼睛里有异物,而且有一条清晰的划痕。医生建议手术治疗,但要承担一定的风险。面对手术的风险,高同学家长一直很纠结,很难下定决心。最后,高同学家长在其他亲戚朋友的劝说下,在手术单上签了字。我发现高同学家长的手,一直在颤抖。

半年后,高同学的眼睛康复。在学校领导和班主任的协调下,经过双方家长多次沟通交流,这件校园意外事故最后得到圆满解决。

二、沟通策略

我认为,此次校园意外事故最后能得到圆满解决,最关键的原因是老师和家长有着良好的沟通。在与家长沟通中,要注意以下几点。

(一)发生意外,要及时通知家长

当意外发生,应及时通知双方家长,向家长详细地介绍意外事故发生的情形,以及事故发生之后学校采取的措施。让家长知道我们学校对这件事是非常重视的,采取的措施也是非常及时到位的,让家长紧张的心理也稍微放宽些。

周日的晚上,高同学家长打来电话说他孩子眼睛还是有问题的时候,我又把情况及时通知肇事方家长,让肇事方家长知道这件事情的严重性,并建议他第二天和我一同去医院陪对方去检查,让受害方家长知道肇事方家长也是有诚意来解决此事的。

(二)把握首次相识机会,打好沟通基础

"第一印象"非常重要。这个时候,受害方家长的心情肯定是非常激动的。第一次见面,作为教师要力求达到两个目的:一、让家长信服我,让家长愿意接近我。这样,就能让家长觉得我是个可信任、又很随和的细心的老师,即便家长情绪激动,他也会变得心平气和,为沟通奠定良好的基础。二、由于双方家长彼此都不熟悉,那么班主任就要做好协调工作,班主任就是双方家长之间的润滑剂。如果双方家长第一次见面就相互指责,相互谩骂,甚至大动干戈,把学生之间的矛盾冲突转变成家长之间的矛盾冲突,那么就会对以后事情的处理带来很大的麻烦。

第二次去医院检查时,是双方家长第一次见面。见面之前,我和双方的家长都进行过沟通,希望双方不要相互指责,要把治疗孩子的眼睛放在首要位置,其他的事情等以后再来协商。当时,肇事方家长是带着礼物来医院看望孩子的,最关键的是肇事方家长还带着歉意和诚意来的,所以双方家长第一次见面,气氛比较平和,没有出现争吵指责的场面。

(三)在交流中讲究艺术

同样一件事情,表达的方式不一样,其效果截然不同。当教师和家长交流

时,应讲究"进退"策略。当家长的意见与学校要求产生较大分歧而又难以协调时,采取"退一步"的策略,通过不断地沟通使家长逐步转变态度,以真挚的爱和宽容的心消除家长的疑虑,也进一步融洽了家校关系。对某些自我感觉高人一等的家长,以爱为本,采取"进一步"的策略,不卑不亢,首先在心理上震慑家长,让他们觉得你是一个有骨气、有办事魄力的教师。然后心平气和地与家长交流应怎样正确对待孩子之间发生的矛盾,让家长感受到老师是爱每一个孩子的,包括他家的孩子。关键时刻的"进一步"既避免了矛盾的激化,又使人际关系变得更融洽。

当学生的眼睛治疗康复以后,就面临着如何协商解决这件伤害事故的问题。我把双方家长约在了环境相对安静的茶楼进行协商。受害方家长还叫了一些亲戚朋友前来助阵,并提出了各项费用要求。当时协商的气氛比较激烈,肇事方家长对受害方家长提出的费用要求觉得偏高,不能接受。在这种僵持不下的局面下,我建议,既然大家都不能达成一致意见,那就下周到学校协商解决,由学校领导出面负责协商此事。最后在学校领导的协助下,双方家长签订了伤害事故处理意见协议书,双方家长对处理结果都比较满意,此事得到圆满解决。

(四)和家长沟通,要以诚相待,尊重家长

遵循"对症下药"规律,我们老师要巧妙接待不同类型家长。不能用自己的人生观、价值观评价家长,更不能污辱家长。对于知识型家长,在虚心听取他们建议的同时,要冷静地分析,不能让他们牵着鼻子走;对于溺爱型家长,在充分肯定学生长处的同时,要用诚恳的语言指出学生存在的问题;对于脾气暴躁型家长,以柔克刚,以情服人;对于后进生的家长,要尽量挖掘其闪光点,让家长看到孩子的长处,看到孩子的希望,对孩子的缺点不能不说,但不要一次说得太多;对于气势汹汹的家长,我们一定要沉得住气,千万别热血冲头正面交锋,碰到此类家长,最有效的做法就是面带微笑,积极倾听,然后以情动人,以理服人。有的家长知识文化水平高,对人对物就会宽容大度,这样的家长往往能配合老师的工作;而有的家长知识文化水平偏低,对事对物的理解可能比较狭隘,因此沟通的工作就会难一些。尊重家长,用心去交谈,让每一位家长都能感受到你在爱着他们的孩子。

这次事件中,受害方家长属于脾气暴躁型家长,为了避免他们矛盾冲突的恶化,我一直劝说家长把治疗学生的眼睛放在首要位置,把事故处理放在学生眼睛治疗康复之后,让家长觉得我们是关心孩子健康的,是为他们孩子着想的。学生动完手术之后,我们就各自离开医院。在半路上我突然想起,他们可能还没向医生询问过术后注意事项。我又去医院向医生详细询问了术后注意事项,并及时告知了家长。学生在家请假休息期间,我经常打电话给学生及家长询问学生眼睛恢复情况。我们做到了用心和学生家长沟通交流,得到了学生家长的支持和理解,为后面伤害事故的处理协商打下了很好的沟通基础。

(五)学会换位思考

如今,我们学校里的好多老师都已有为人父母的角色体验,但在与家长沟通时,常常会遇到难以达成共识的局面。这就要求教师了解父母的角色,并从父母的角色去体会家长的心情和需求。孩子在学校受到意外伤害,家长肯定是十分惊讶、十分心痛的,如果班主任表现出若无其事的态度,认为家长大惊小怪,那么,一件小事立即会使家长觉得老师对自己孩子不够关心,对工作不够负责,进而影响家长与老师的关系,给沟通设置了障碍。如果老师从孩子父母的角色去心疼孩子,或是换个角度想想,如果受伤的孩子是自己的孩子,那就会很自然地理解家长的心情,处事态度也会大不相同。

当学生第二次去医院做检查时,我们是陪着受害方的家长一起去的,感受到了家长的那份焦急,尤其是在医生说需要手术治疗时,体会到了家长的那份紧张和无助。家长在手术单上签字的时候,我的心也在颤抖。我心存内疚,自己朝夕相处的学生现在却进了冰冷的手术室。后来几次学生去医院检查,我都抽空陪着学生和家长一同前往。家长也感受到了我们老师对学生那份真诚的关心和爱护。

(六)要做到先情后理

和带着情绪到学校来的家长交谈,应注意先情后理。若家长的情绪比较激动,我们不妨坐下来静静地听听家长的心声。学会倾听也是处理一些事件的最好办法。耐心听完家长讲述,家长会认为自己得到了尊重,情绪一定会有所缓和。然后再讲一些道理向家长解释,达到我们的教育目的。

双方家长第一次在茶楼协商的时候,受害方家长的情绪比较激动,提出了一些肇事方家长不能接受的要求,导致第一次协商不欢而散。后来到学校,学校领导出面协调解决。学校领导认真听取了双方家长的意见,提出了让双方家长都乐于接受的处理意见,最终双方家长在协议书上签了字,这次意外事故得到圆满解决。

三、案例反思

回顾这次长达半年时间的学生意外伤害事故的处理,良好的家校沟通是成功的关键,而沟通的达成则源于教师与家长间建立了相互信任、相互尊重、相互支持的伙伴关系与亲密感情。而且,这种关系与感情的建立首先取决于教师的态度与行为:对孩子的关爱、对工作的责任感、对家长的尊重和理解。当家长感受到教师喜爱并关心自己的孩子时、工作尽心尽责时,自然就产生了信任感,并由衷地尊重教师,心理上的距离随之自然而然消除,也乐于与教师接近,愿意与老师沟通了,这样,家长才会把消极的情绪抛于校园之外。

(徐建成)

第六节 基于班级区域拒止"校园欺凌"的实践与研究

摘 要:近年来,随着学生恶性欺凌事件的频频曝光,学生欺凌事件已成为人们关注校园安全的重要内容。而随着研究的拓展和深入,关于学生欺凌事件的探究正从社会问题现象深入更具体的"校园欺凌"研究。笔者已从事专门教育三十年,经常会碰到班级学生欺凌事件的发生。我校学生相对课业负担较轻,部分学生自身素养也相对欠缺,属欺凌事件易高发人群。而班级作为影响学生品格和心理发展的"重要阵地",班主任必须牢牢把控这块区域。通过长期的实践与探索,笔者在解决学生欺凌事件方面取得了一定的经验,因此整理了一些处理过程中的所思所想,行以成文。本文将从班级区域拒止"校园欺凌"的定义,发生"校园欺凌"的归因分析,欺凌易高发人群的早期表现识别,如何构建班级区域拒止的第一道有效防线,以及实施后的意义,来阐述中学班主任在区域拒止"校园欺凌"中的核心问题——关系建立,以供广大同行探讨和指导。

关键词:关系建立;区域拒止;校园欺凌

一、班级区域拒止与"校园欺凌"的定义

(一)何谓"校园欺凌"

"校园欺凌"是指发生在学生间的,个人或集体持续以语言、文字、图像、符号、肢体动作或其他方式,对他人实施的直接或间接的贬损、排挤、欺负、骚扰或戏弄等,使该学生处于敌意或不友善的校园学习环境中,产生精神上、生理上或财产上的损害。

(二)班级区域拒止的定义

区域拒止是指在一定范围内,通过采取一些有效途径和措施的干预,能够阻止某些不良事件发生或得到有效控制的能力。而班级是学校教育教学管理的最常见团队,具有特定的区域性,如果在班级层面提早建立积极防控策略进行"渗透式"预警,可以有效降低欺凌事件的发生率。因此,基于青少年学生处于恶性"校园欺凌"事件频发的浮躁时期,笔者作为专门学校的老师,经过30年的实践探索,在此提出班级区域拒止"校园欺凌"就显得非常有意义。

（三）"校园欺凌"与"区域拒止"两者之间的关系

班集体作为学校最基本的教育教学组合群体，是由直接的人际关系联系起来的心理共同体，是在学校教育力量的共同作用下，在活动和交往中形成的具有集体精神、有共同价值与追求，具有凝聚力和自我教育能力的特殊主体。而"校园欺凌"事件往往发生于同伴之间出现情绪困扰、沟通有障碍的情况，进而导致后续一系列事件的产生。因此，将班级设为拒止"校园欺凌"的第一道防线是比较合理的，通过加强和谐班集体的打造、亲善同伴关系的构建，可以有效管控或降低"校园欺凌"事件的发生。

青少年学生在校不仅要学好技能、增长才干，更要注重职业道德和素质培养，要学会学习、学会做人、学会做事，才能适应未来社会人才竞争的形势。然而我校学生课业负担相对较轻，部分学生自身素养也相对欠缺，何况正处于思想和人格形成的关键时期，不可避免地存在一些思想、性格、心理上的弱点，如心理承受能力较差、缺乏集体观念、组织纪律性淡薄、以自我为中心、容易受到不良思想和行为的诱惑等。

因此，在当前"走班制"课改背景下，加上原有的综合实践课，更加需要我校班主任深入了解每一个学生，对具有一定欺凌倾向的学生进行早期识别，特别重点关注特殊学生和特殊家庭。在同伴关系处理上对学生加以正确的引导，注重班集体的情感培育，以情、以理、以自身人格的魅力来建立起班级区域拒止"校园欺凌"的有效阵地，从而陪伴学生健康走过人生中最关键的一段旅程。

二、发生"校园欺凌"的归因分析

著名心理学家萨提亚（Satir）提出的"冰山模型"理论，隐喻一个人的"自我"就像一座漂浮在水面上的巨大冰山，能够被外界看到的行为表现或应对方式，只是露在水面上很小的一部分，而暗藏在水面之下的更大山体，则是长期压抑并被我们忽略的"内在"。揭开冰山的秘密，我们会看到生命中的需要、期待、观点和感受，看到真正的自我。因此，理清易高发"校园欺凌"人群的目的和原因，对预警和拒止欺凌事件的发生具有极其重要的参考价值。

笔者曾对一位具有攻击性品行障碍的学生进行了行为矫正，其个案分析如下：

小城，男，家住临安龙岗某村的半山腰上。十岁时父亲病故，由母亲一手带大。母亲小学文化，以务农和打工为生，为人忠厚，没有固定职业。小城曾就读于某镇初级中学，结识了一帮社会不良青年，经常旷课、打架、敲诈勒索收"保护费"，以敢和校长打架为荣，班里同学的安全无法得到保障，以致其他同学家长联名告到教育局……这就是小城，一个英俊、有灵气，但却使班级人心惶惶、亲人和老师都头疼无奈的"小魔王"。

就读我校后,作为班主任的我多次与小城推心置腹地交流,但效果并不怎么明显,小城隔三岔五总会制造出欺凌性很强的"事件"。无奈之下,我查阅了大量的个案进行研究,并在网络博客中寻求干预秘方⋯⋯

小城十岁时父亲病故,家庭陷入贫困。这一家庭"特殊事件"使这个正处于青少年期的男孩失去了"安全感",加上离开大山到镇上就读后的文化差异,导致小城以"旷课、与社会青年混在一起胡作非为"来满足自己的"归属需要";以"打架、敲诈勒索"来掩盖自己对经济、文化差异和安全感缺失的自卑;以"无端猜忌、不断报复"来表达对周围世界的防范和对学校、社会的不满与愤怒。

从案例中不难看出,小城对学业的厌倦、经济文化差异、安全和归属感的缺失是欺凌弱小的初始原因。大多数研究者也都认为厌学是欺凌的先兆,与家庭的教养方式息息相关。而《中国新闻周刊》的调查结果告诉我们,青少年学生欺凌现象是一种成人帮派社会的映射,是受街角文化的影响,是低下阶层的男性青少年亚文化现象。当今多数"校园欺凌"现象也是通过街头帮派文化传递到校园里的,主要是遇见社会矛盾和冲突时,没有正确处理好人际关系,也没有经过合理解决冲突的社会学习过程,很容易借助于街头暴力来解决冲突,这是家庭教养方式扭曲的反映。家庭教育的缺位还造就了部分特立独行的学生,放任孩子在社会晃荡,对孩子的交往缺乏监管和引导,任其发展成"班级一霸、社区一王、家里是爷"的格局,实际上是家庭和社会的问题。

根据埃里克森的自我心理学理论,每一个个体成长过程中,都经历着从对父母的依附性关系,到对朋辈群体的认同归属,再到相对独立的个体身份认同,所以青少年时期群体行为冲突具有一定的必然性。甚至按照马斯洛的人本主义心理学的说法,即使是成年人也都难以避免对朋辈群体的归属和认同的需要。当然,"校园欺凌"事件的发生还和学生个体的自主性有关,自主性比较强的学生,相对容易判断和选择合适的同伴关系,能够处理好个体和团队的关系问题;而自主能力较弱的学生,较容易受群体氛围的控制和接受他人的诱导来宣泄和表达自己的情绪。

所以,我们面对班级管理时,需要有一个相对成熟的帮扶体系,通过合理解决问题的学习、亲善同伴关系的培育,来帮助他们度过青春期的躁动和冲突期。

三、欺凌易高发人群的早期表现识别

在班级管理过程中,为有效管控班级学生欺凌事件的发生,笔者首先厘清了哪些现象属于"校园欺凌",以及欺凌者的早期表现是怎样的。通过早期了解和识别,可以正确判断学生问题的性质,以便尽早有针对性地介入帮扶,对欺凌事件有效管控在发生初期具有重要意义。

(一)"校园欺凌"的种类

依据已有研究文献和近期社会的舆论认同,结合自己在日常管理中的摸索,"校园欺凌"可归纳为以下几种情形:最常见的是看不到"伤口"的谩骂、侮辱、挑衅性语言,这是心理伤害很大的"言语欺凌",具有一定的潜伏性;第二是让学生最恐惧的、常见于男生之间的"身体欺凌",即"打架斗殴";第三是传播速度快、渠道多、杀伤力强的"网络言语欺凌";第四是界限模糊、但伤害比较大且久远的"性欺凌";第五是加害者与受害者仅一线之隔的"反击性欺凌";第六是"同性关系欺凌",易被忽视,常见于女生或男生中的"挑是非小人",具有一定的隐蔽性。

(二)欺凌易高发人群的表现

1.欺凌者个体表现

经常会神出鬼没,旷课逃学,夜不归宿,在班级称王称霸,在校园或校外经常纠集几个狐朋狗友在一起,有来源不明之钱物。

2.欺凌者家庭状况

冷漠拒斥的家长,缺乏有效的教养方式,总是挫伤孩子的情感需要,给孩子提供了一个欺凌行为的模仿原型。

高活动性、容易冲动的孩子,常常会激怒家长,使家长无法容忍而采用体罚的方式来警告孩子。

对孩子缺少监控或留守孩子的家庭。家长对孩子的行踪、与什么人交往、从事怎样的活动等存在不知晓或无所谓的态度,处于放任状态。

高压式的家庭。家庭成员之间很少表达感情,常常争吵不休,处理问题简单粗暴,亲子关系僵硬。

溺爱型家庭。隔代管教或家庭成员对孩子百依百顺,孩子以自我为中心,无视长辈,遇事脾气暴躁。

离异或重组家庭。孩子感受不到家庭的温暖,原生家庭破裂后给孩子带来自卑,离异后父母为弥补自己的愧疚一味顺从孩子。

3.被欺凌者个体表现

平时看起来比较沮丧或焦虑,当老师或家长询问时,孩子会选择沉默或者不耐烦地拒绝说明发生了什么事。

身上有不明的伤口或瘀青,在老师和家长面前掩饰伤口或瘀青的来历。

学习用品或衣物经常莫名损毁或缺失。

经常头痛、失眠与做噩梦,借口不去上学,学业明显退步。

经常要求额外的零用钱,甚至说谎、偷窃等。

四、构建班级区域拒止的有效防线

所谓"亲其师,信其道",笔者认为,区域拒止"校园欺凌"的核心是与学生建立和谐关系。经过几年的摸索和实践,发现通过班级和谐师生关系的构建、班级"家"文化的创建以及小组互助模式的管理,可以减少引起欺凌事件发生的诱因,从而有效地筑起班级拒止"校园欺凌"的第一道防线。

(一)注重人格魅力渗透,构建良好的师生关系

班集体建设是一项复杂而细致的工程,而班主任就像一个雕刻家在精心雕刻一件件工艺品,像一个园艺师在全力培育优良的品种。作为班级的组织者、引领者、指导者,与学生接触的面广,陪伴的时间长,联系的机会多。因此,有效的班主任工作、良好的师生关系是培养学生健全人格、良好个性、优秀品格、进取精神、创新意识的重要保证。

1.教育是一种唤醒

首先,班主任对学生始终具有示范性。班主任只有为人正直、处处以身作则,才能培养学生美好的心灵。笔者在学生中总是以两种身份出现,一是老师,二是模范学生。论师生关系,是老师;讲表现,又是学生,凡是要求学生做到的,首先自己要先做到。学生只有看到优秀的品质在班主任身上活生生地体现出来,才会信服、仿效,才会激发他们发自内心的对真善美的追求。

其次,爱与责任是教师职业的核心,也是班主任工作取得成功的奥秘。我们常说:教育是需要情怀的,需要老师带着"温度"走进教室。虽然班主任与学生之间没有血缘关系,但是,这种爱是一种比母爱更高尚、更理智、更无私的情感。只有爱自己的学生,才谈得上教育好学生。专门学校的学生更加需要班主任给予特别的爱护和关心,因为原校老师的忽视、考试的屡屡失败已使他们受到了太多的否定,心理承受着不堪的重负,此时班主任的爱对于他们来说就像是久旱的甘霖,滋润心田。学生只有得到班主任无微不至的关爱才能重整理想的信念,才能抬起头、直起腰迈步向前。

再次,班主任还应具有民主、公正、平等、合作的道德风范。这可以唤起学生的主人翁意识,更好地发挥学生在教育中的主体作用,有利于调动学生的积极性。实践证明,在不讲民主的班主任的班级里,学生参与意识差,团体精神不佳,学生逆反心理强;若班主任能够公正、平等地对待学生,则促进学生对班主任产生感情,进而尊敬班主任,并乐意接受班主任的教育,努力把班主任的要求转化为自己的行为。班主任在教育教学过程中,与学生保持互动合作,与其他教师发生密切联系,与家长进行沟通与配合,都有利于班主任更好地利用社会的教育资源,创造良好的社会教育环境,使各方面教育力量形成合力,发挥各方面教育力量的最大作用。

2.良好的师生关系从"读心"开始

萨提亚"冰山模型"理论让笔者醍醐灌顶。原先和学生的日常沟通,一直花费大量的精力在"行为"和"应对方式"两个层面上与学生"较量",缺乏对学生行为背后隐藏的焦虑与需求的理解,恰如搏击中的双方,敌对、敏感、僵硬、紧张、用力,最后双方都疲惫不堪,导致"劳命伤身"。而心理学提出,对来访者应倾听、同理、接纳、信任和尊重,因此,"一致性沟通"技巧很好地解决了困扰笔者多年的师生间"信任沟通障碍症"。"一致性沟通"就是承认自己所有的情感,能很好地表达自己的想法,同时顾及学生的感受,且考虑到情境。在表里一致的行为和关系中,可以不带任何评判地接纳并拥有他人的感受,"动之以情、晓之以理",并且以一种积极、开放的态度来处理和学生的关系,此时,学生也感到安全和开放。最终,让学生感觉到班主任是可以信任的,愿意敞开心扉,久而久之,教师的自身人格魅力逐渐渗透到班级每一个孩子心里,从而建立起良好的师生关系。

(二)创建班级"家文化",培育亲善的伙伴关系

鉴于我校大部分学生相对缺少完整的家庭教育,社会责任意识淡漠,公民意识欠缺,同伴关系不和谐,自我意识个性色彩较浓,给班集体良性发展造成了一定的阻力,我们的班级更加需要和谐。"家"文化的营造,能让我们的学生亲如一家,诚信做人,尊重同伴,增强责任心。通过班级"家"文化的布置,为学生创设美化、洁净、安全的"家庭"环境;通过"家训""家规"公约的共同制定,为学生营造民主、平等、和谐的"家庭"氛围,让学生以主人翁的角色参与到"家庭"事务的决策与管理中;通过丰富的活动,完善"家"文化的行为载体,比如以传统文化《弟子规》中孝悌为主题的讲座、邀请家长一起参与的烧烤野炊活动、大家齐心协力一起动手的包饺子活动、给每一个学生举办生日仪式等"我们是幸福的一家人"的班级活动,无不体现"班级一家亲"的氛围,让学生体悟到"家"一样的温暖。理论认识方面,通过开展"反校园欺凌,我们是一家人"的专题班会、心理剧、微电影,以角色扮演、讲座等形式让学生理解"什么是校园欺凌""发生校园欺凌的危害""遇到校园欺凌怎么办"等内容,并组织学生进行交流探讨。让学生充分认识到"校园欺凌"的危害性,懂得每个人都应从自身做起,学会克己和宽容,保持同父母、老师、同学的及时沟通,积极投身于阳光、健康的班集体活动中,才能化解心中的困惑,远离"校园欺凌"。同时,要求学生每天两问自己,一问"什么事情该做,什么事情不该做",二问"什么时间该做什么事",做到警钟长鸣。

(三)开展小组互助管理,培育友善的同伴关系

开展形式多样的班级同伴互助活动,有利于生生之间和谐相处。独生子女造就同伴关系缺失显然已成为当前的社会问题,学生个性特立独行,同伴关系冷漠。因此,建立"同质异构"小组学习共同体,开展携手合作、监督共成长、培育同伴互助势在必行。当然,小组学习共同体并不是一剂特效良药,笔者在尝试过程中也发现了一些问题,比如个别事件发生,就需要以问题为导向的小型组会或微型班会来研讨解决;甚至对个别学生的"关键事件",需积极处理,有效防控,进行点对点的干预,及时将危机转化为教育时机,以防事件进一步升级。同时,定期开展团辅活动(如找优点、同舟共济、信任之旅等),寓趣味性于小组建设之中,可增加团队活力与凝聚力,从而增进同伴之间的友谊和信任关系;开展丰富多彩的班级体艺类活动,鼓励更多的同学积极参加学校各项活动,让更多的学生登上自己的舞台,展照片、挂作品、传播活动过程和荣誉信息,不断刷新学生在班级中的存在感和荣誉感,不断激发学生的正能量,以积极、阳光、自信来培育和谐的同伴关系。

总之,无论是欺凌者还是被欺凌者,受伤的总是学生,心灵创伤久远,危害极大。因此,防控"校园欺凌"事件的发生,从有效构筑班级拒止"校园欺凌"的第一道防线开始。还孩子一片洁净而健康的校园环境,已刻不容缓,促社会一方和谐,任重而道远,需要我们全体专门教育工作者一起努力。

(章建华)

参考文献

图书：

[1] B. A. 苏霍姆林斯基. 把整个心灵献给孩子[M]. 唐其慈,毕淑芝,赵玮,译. 天津:天津人民出版社,1981.

[2] B. A. 苏霍姆林斯基. 给教师的一百条建议[M]. 杜殿坤,译. 北京:教育科学出版社,1984.

[3] 陈琦,刘儒德. 当代教育心理学[M]. 2版. 北京:北京师范大学出版社,2007.

[4] 邓旭阳,桑志芹,费俊峰,等. 心理剧与情景剧理论与实践[M]. 北京:化学工业出版社,2009.

[5] 付瑶. 输赢[M]. 北京:北京大学出版社,2008.

[6] 高思刚. 中小学校园心理剧[M]. 福州:福建教育出版社,2008.

[7] 海姆·G. 吉诺特. 老师怎样和学生说话[M]. 冯杨,周呈奇,译. 海口:海南出版社,2005.

[8] 黄丽,骆宏. 焦点解决模式:理论和应用[M]. 北京:人民卫生出版社,2010.

[9] 简·尼尔森,琳·洛特,斯蒂芬·格伦. 教室里的正面管教[M]. 梁帅,译. 北京:北京联合出版公司,2014.

[10] 李希贵. 面向个体的教育[M]. 北京:教育科学出版公司,2014.

[11] 刘华山,江光荣. 咨询心理学[M]. 上海:华东师范大学出版社,2010.

[12] 刘晓明. 学生问题行为:心理、道德、法制综合教育策略[M]. 长春:吉林大学出版社,2008.

[13] 卢家楣,贺雯. 青少年心理与辅导[M]. 上海:上海教育出版社,2000.

[14] 孟沛欣. 艺术疗法[M]. 北京:开明出版社,2012.

[15] 乔建中. 现代心理学基础[M]. 南京:南京师范大学出版社,2001.

[16] 申荷永. 社会心理学:原理与应用[M]. 广州:暨南大学出版社,2004.

[17] 谭虎.家庭教育的热门话题[M].南昌:江西高校出版社,2002.

[18] 王晓春.今天怎样做教师[M].上海:华东师范大学出版社,2014.

[19] 亚米契斯.爱的教育[M].夏丏尊,译.北京:人民文学出版社,2007.

[20] 姚本先,方双虎.学校心理健康教育导论[M].合肥:中国科学技术大学出版社,2002.

[21] 叶素贞,曾振华.情绪管理与心理健康[M].北京:北京大学出版社,2007.

[22] 茵素·金·柏格,特蕾西·史丹纳.儿童与青少年焦点解决短期心理咨询[M].黄汉耀,译.成都:四川大学出版社,2005.

[23] 于永正.做一个学生喜欢的老师[M].北京:教育科学出版社,2014.

[24] 约翰·布雷萧.回归内在——与你的内在小孩对话[M].傅湘雯,译.呼和浩特:内蒙古人民出版社,1999.

[25] 张大均.教育心理学[M].北京:人民教育出版社,2004.

[26] 张日昇.箱庭疗法的心理临床[M].北京:北京师范大学出版社,2016.

[27] 张万祥.今天怎样做德育[M].北京:教育科学出版社,2014.

[28] 张文新.儿童社会性发展[M].北京:北京师范大学出版社,1998.

[29] 浙江省中小学心理健康教育指导中心.中小学心理危机筛查与干预工作手册[M].宁波:宁波出版社,2019.

[30] 中国保健协会,国家卫生计生委卫生发展研究中心.健康管理与促进理论及实践[M].北京:人民卫生出版社,2017.

[31] 周国韬.校园心理剧的实践探索[M].长春:长春出版社,2008.

[32] 朱小蔓.教育的问题与挑战——思想的回应[M].南京:南京师范大学出版社,2002.

期刊论文:

[1] 白书忠.中国健康产业体系与健康管理学科发展[J].中华健康管理学杂志,2007,1(2):67-70.

[2] 包克冰,徐琴美.学校归属感与学生发展的探索研究[J].心理学探新,2006,26(2):51-54.

[3] 蔡晓晖,戴忠恒.上海市工读学校学生的心理特征的测查报告[J].心理科学,1991(4):56-58.

[4] 曹连元,邸晓兰.心理健康管理概述[J].中华健康管理学杂志,2010,4(5):309-313.

[5] 曹艳丽.摆脱了早恋的困扰[J].青少年犯罪问题,2001(6):44-46.

[6] 曹缨,姜春燕.大力推进健康管理,努力构建和谐社会[J].国医学导报,2006(15):281.

[7] 陈会昌,张东,张慕蕴,等.离异家庭子女的社会性发展特点[J].心理发展与教育,1990,6(3):87-89.

[8] 陈璟,李红,张仲明.论青春期慢性反社会行为的生物心理社会模型[J].贵州师范大学学报(社会科学版),2004(5):82-85.

[9] 陈妙瑛,唐英毅,许正伟.中国传统家庭教育的发展研究[J].青年与社会,2013(10):262-263.

[10] 陈然.学生偷窃行为的心理分析及教育策略初探[J].都市家教,2017(11):295-296.

[11] 陈苇,王鹏.澳大利亚儿童权益保护立法评介及其对我国立法的启示——以家庭法和子女抚养(评估)法为研究对象[J].甘肃政法学院学报,2007(3):10-18.

[12] 陈晓峰.健康管理在中国——健康管理的历史、现状和挑战[J].中华医护杂志,2007,4(9):856-859.

[13] 陈欣银,李伯黍,李正云.中国儿童的亲子关系、社会行为及同伴接受性的研究[J].心理学报,1995,27(3):329-336.

[14] 陈燕.问题学生与家庭教育[J].科教文汇(中旬刊),2013(1):128-130.

[15] 崔丽霞,郑日昌.中学生问题行为的问卷编制和聚类分析[J].中国心理卫生杂志,2005,19(5):313-315.

[16] 戴艳.焦点解决短期治疗(SFBT)的理论述评[J].心理科学,2004,27(6):1442-1445.

[17] 戴云云,何国平.健康管理在中国的发展现状趋势及挑战[J].中国预防医学杂志,2011,12(5):452-454.

[18] 邓世英,刘视湘,郑日昌.西方有关父母教养方式与青少年问题行为关系的理论及其研究综述[J].心理发展与教育,2001,17(2):50-54.

[19] 邓晓倩,黄建始,张晓方.健康定义的历史演进及其在健康管理实践中的意义[J].中华健康管理学杂志,2010,4(1):51-53.

[20] 杜淑娟.学生心理健康与家庭教育的关系[J].集宁师专学报,2006,28(2):77-78.

[21] 樊珂.大学生心理健康管理模式研究[J].湖南大众传媒职业技术学院学报,2012(2):105-107.

[22] 方建移,刘宣文,张英萍,等.心理咨询新模式:聚焦于问题解决的短

期咨询[J].心理科学,2006,29(2):430-432.

[23] 王美萍,张文新.青少年期亲子冲突与亲子亲合的发展特征[J].心理科学,2007,30(5):1196-1198.

[24] 傅华,高俊岭.健康是一种状态,更是一种资源——对WHO有关健康概念的认识和解读[J].中国健康教育,2013,29(1):3-4.

[25] 顾莉.美国家庭教育对青少年主流价值观的培育及启示[J].当代青年研究,2018(2):102-108.

[26] 郭歌,史慧颖.萨提亚沟通姿态研究:回顾与展望[J].长江大学学报(社会科学版),2013(11):219-220.

[27] 郭晓丽,江光荣.暴力电子游戏对儿童及青少年的影响研究综述[J].中国临床心理学杂志,2007,15(2):188-190.

[28] 韩国强.如何对待学生的偷窃行为[J].新课程・教师,2014(4):18-19.

[29] 韩仁生.归因理论在教育中的应用[J].教育理论与实践,2004,24(2):4-7.

[30] 郝文武.从本体存在到本质生成的教育建构论[J].教育研究,2004,25(2):21-25.

[31] 胡晓南.问题家庭面面观[J].青少年犯罪问题,1998(5):39-41.

[32] 黄建始.什么是健康管理?[J].中国健康教育,2007,23(4):298-300.

[33] 黄学军,李荐中.中国社区中的心理健康案例研究(十八)——偏执型人格障碍[J].中国全科医学,2016(16):1986-1988.

[34] 黄振鑫,张瑛.国内外健康管理研究进展[J].中国公共卫生管理,2012,28(3):254-256.

[35] 姜亚静.学校、家庭、社会三位一体的心理健康教育研究[J].中国校外教育,2014(1):9.

[36] 江英.未成年人适当行为产生的家庭环境因素研究[J].法制与社会,2006(17):206-207.

[37] 琚晓燕,刘宣文.焦点解决短期咨询在学校辅导中的应用[J].中小学心理健康教育,2004(1):35-37.

[38] 蓝瑛波.青春期:一个动态的概念[J].中国青年研究,2002(1):45-47.

[39] 劳凯声.中小学学生伤害事故及责任归结问题研究[J].北京师范大学学报,2004(2):13-23.

[40] 李季.家长学校发展:问题、对策、创新[J].广东教育学院学报,

2009,29(4):1-8.

[41] 李倩. 后现代主义对心理咨询与治疗的影响[J]. 太原师范学院学报(社会科学版),2009,8(1):42-44.

[42] 李蔚. 心理健康的定义和特点[J]. 教育研究,2003(10):69-75.

[43] 李智. 认知疗法治疗偏执型人格障碍[J]. 中国健康心理学杂志,2008,16(6):611-613.

[44] 廖艳华. 近十年来我国儿童问题行为研究现状[J]. 浙江教育学院学报,2007(6):33-37.

[45] 林江,杨继峰,刘强. 健康状态认知理论的研究概述[J]. 广西中医药大学学报,2010,13(1):74-78.

[46] 林媛媛. 浅谈学生偷窃行为成因及对策分析[J]. 读写算:教育教学研究,2013(18):29.

[47] 刘丽. 自我价值感·自尊需要·自尊自信人格的培养[J]. 江苏师范大学学报(哲学社会科学版),2016(1):134-138.

[48] 刘录护. 青少年偷窃的类型化分析[J]. 当代青年研究,2012(12):74-80.

[49] 刘鹏志. "空椅子技术"在心理咨询中的应用[J]. 思想理论教育,2005(9):71-73.

[50] 刘晓杰,王美萍. 医学新生的儿童期心理虐待与忽视、认知偏差和自我价值感[J]. 中国健康心理学杂志,2017,25(3):446-449.

[51] 刘晓秋,陈亚萍. 大学生攻击性与社会支持、安全感的相关性[J]. 中国健康心理学杂志,2014,22(4):628-630.

[52] 刘宣文,何伟强. 焦点解决短期心理咨询原理与技术述评[J]. 心理与行为研究,2004(2):451-455.

[53] 卢元奎,王相立,张泽花,等. 不同家庭结构类型卫校学生心理健康状况比较[J]. 职业与健康,2001,17(5):61-62.

[54] 彭文涛. 父母教养方式研究概述[J]. 阴山学刊,2008,21(1):69-74.

[55] 秦娟. 校园心理剧[J]. 中国职业技术教育,2005(23):29-31.

[56] 秦瑞. 离异家庭和青少年犯罪的关系探索与预防控制[J]. 法制博览(中旬刊),2014(12):288.

[57] 任传波,李晓非,姜季妍,等. 大连市1200名儿童行为问题的调查研究[J]. 中国健康心理学杂志,2005,13(3):218-219.

[58] 任真. 国外心理健康管理[J]. 中国工商,2005(3):22-23.

[59] 涂绍红. 如何面对中学生早恋[J]. 教育教学论坛,2011(1):7.

[60] 王爱玲. 在家庭教育中渗透心理健康教育[J]. 教育理论与实践,

2008(1):56-58.

[61] 王江洋.工读男生与普通男生人格特征及父母教养方式差异比较[J].中国健康心理学杂志,2006,14(2):147-149.

[62] 王丽敏,刘爱书.初中生行为问题的家庭影响因素及其干预对策的研究[J].中国儿童保健杂志,2002,10(4):243-245.

[63] 王玲.焦点解决短期心理咨询法的评介[J].中国心理卫生,2002,16(10):675-676.

[64] 王小玲.离异家庭学生心理及行为改变的成因分析与辅导[J].教育论坛,2009(21):15.

[65] 王新友,李恒芬,肖伟霞.父母教养方式对青少年网络成瘾的影响[J].中国健康心理学杂志,2009,17(6):685-686.

[66] 武留信.中华医学会健康管理学分会学术与学科发展回顾与展望[J].中华健康管理学杂志,2015(3):153-156.

[67] 武天雷.学生"心理孤儿"的成因及解决方法[J].黑龙江教育学院学报,2007,26(8):69-70.

[68] 谢巍.重组家庭青春期子女的家庭教育[J].鸡西大学学报,2013,13(1),27-28.

[69] 徐斌.从WHO的健康定义到安康(wellness)运动——健康维度的发展[J].医学与哲学,2001,22(6):53-55.

[70] 杨慧慧,郑莉君.现代教学中情绪管理理论与策略探讨[J].现代教育科学,2008(2):8-9.

[71] 叶玉清,张劲松.家庭结构缺陷对青少年心理成长的影响[J].中国青年研究,2006(7):74-77.

[72] 俞国良,侯瑞鹤.论学校心理健康服务及其体系建设[J].教育研究,2015,36(8):125-132.

[73] 袁宗金.儿童情绪管理的意义与策略[J].外国中小学教育,2005(1):42-46.

[74] 张波.高中学生偷窃行为的心理辅导[J].中小学心理健康教育,2006(13):30-31.

[75] 张成年.浅谈高职高专班主任工作中爱的互融[J].交通职业教育,2008(5):57-59.

[76] 张东.论大学生村官心理健康管理能力的培养[J].健康教育与健康促进,2009(3):74-75.

[77] 张福娟.工读生不良人格和行为形成的原因及教育对策[J].心理科学,2002,25(4):468-469.

[78] 张建忠.班级管理中的"严爱相济"[J].文学教育,2017(2):133.

[79] 张晓君."问题女生"的家庭责任分析[J].卫生职业教育,2006,24(12):46-47.

[80] 章之江.中学生"早恋"及疏导[J].青少年犯罪问题,2000(1):6-8.

[81] 赵景欣,刘霞,张文新.同伴拒绝、同伴接纳与农村留守儿童的心理适应:亲子亲合与逆境信念的作用[J].心理学报,2013(7):797-810.

[82] 郑新蓉.尊重生命应是道德教育的基本内容和原则之一[J].江西教育科研,1996(5):29-31.

[83] 郑艺红.从苏霍姆林斯基的作品中看他的女子教育思想[J].高校之窗,2007(6):17.

[84] 中华医学会健康管理学分会,中华健康管理学杂志编委会.健康管理概念与学科体系的中国专家初步共识[J].中华健康管理学杂志,2009,3(3):141-147.

[85] 周路平.问题行为早期发现量表在初中生中的应用[J].湖南教育学院学报,2001,19(1):146-148.

[86] 朱佳佳,卢珊,尤娜.初中生的应对方式与心理控制源:自我价值感的中介作用[J].中国心理卫生杂志,2013,27(3):208-212.

[87] 朱晓云.年轻时候,我们不懂爱情——一则高中生早恋的辅导个案[J].科学大众,2008(10):144-145.

[88] 朱艳新,王江洋,徐广湘.工读男生不良行为归因与人格、父母教养方式的关系[J].中国健康心理学杂志,2008,16(10):1089-1091.

[89] 庄志权.让学生在赏识中健康成长[J].作文成功之路,2015(2):2.

[90] Amato P R,Juliana M. The effects of divorce and marital discord on adult children's psychological well-being[J]. American Sociological Review,2000,66(6):900-921.

[91] Aquilino W S,Andrew J. Long-term effects of parenting practices during adolescence on well-being outcomes in young adulthood[J]. Journal of Family Issues,2001,22(3):289-308.

[92] Birch H S,Ladd G W. Children's interpersonal behaviors and the teacher-child relationship[J]. Developmental psychology,1998,34(5):934-946.

[93] De Shazer S,Berg I K. Doing therapy:A post-structural revision [J]. Journal of Marital and Family Therapy,1992,18(1):71-81.

[94] Frances F P. The contribution of parenting practices in a risk and

resiliency model of children's adjustment[J]. British Journal of Developmental Psychology,2003,21(4):469-480.

[95] Greenberg L S. Emotion-focused therapy[J]. Clinical Psychology and Psychotherapy,2004,11(1):3-16.

[96] Lowenstein L F. The bullied and non-bullied child[J]. Home & School,1978(31):316-318.

[97] Susan L B. Family structure transitions and adolescent well-being [J]. Demography,2006,43(3),447-461.

学位论文：

[1] 白杨. 初一至高一学生时间维度上自我价值感的初步研究[D]. 重庆：西南大学,2010.

[2] 曹加平. 初中生同伴交往现状研究[D]. 南京：南京师范大学,2006.

[3] 陈立民. 亲子关系、同伴关系与青少年攻击性行为的相关研究[D]. 广州：华南师范大学,2007.

[4] 高婷婷. 父亲心理缺位对青少年问题行为的预测作用：母子关系的中介效应[D]. 大连：辽宁师范大学,2019.

[5] 李闻戈. 工读学生攻击性行为社会认知特点的研究[D]. 上海：华东师范大学,2004.

[6] 刘红梅. 中学生情绪调节策略特点及其与人际关系的相关研究[D]. 重庆：西南大学,2010.

[7] 刘新学. 工读学校学生执行功能及其与攻击性行为关系的研究[D]. 上海：华东师范大学,2008.

[8] 王锐. 慢性病患者自我健康管理能力的评估研究[D]. 南京：南京中医药大学,2016.

[9] 王智. 工读学校学生情绪行为问题的干预策略现状研究[D]. 重庆：重庆师范大学,2015.

[10] 向芳. 亲子沟通与初中生自我教育的双向互动[D]. 长沙：湖南师范大学,2012.

[11] 曾蓉. 父母教养方式对初中生自立人格的影响[D]. 重庆：西南大学,2009.

[12] 张曼. 发展性小组工作介入流动青少年朋辈交往问题的实务探究——以深圳市 H 社区为例[D]. 郑州：郑州大学,2016.